BEST-SELLER DO *NEW YORK TIMES*

CHIP HEATH & DAN HEATH
Autores de IDEIAS QUE COLAM e SWITCH

O PODER DOS MOMENTOS

O PORQUÊ DO IMPACTO EXTRAORDINÁRIO
DE CERTAS EXPERIÊNCIAS

ALTA BOOKS
EDITORA
Rio de Janeiro, 2019

O Poder dos Momentos: O porquê do impacto extraordinário de certas experiências
Copyright © 2019 da Starlin Alta Editora e Consultoria Eireli. ISBN: 978-85-508-0446-0

Translated from original The Power of Moments. Copyright © 2017 by Chip Heath and Dan Heath. All rights reserved. ISBN 978-1-5011-4776-0. This translation is published and sold by permission of Simon & Schuster, the owner of all rights to publish and sell the same. PORTUGUESE language edition published by Starlin Alta Editora e Consultoria Eireli, Copyright © 2019 by Starlin Alta Editora e Consultoria Eireli.

Todos os direitos estão reservados e protegidos por Lei. Nenhuma parte deste livro, sem autorização prévia por escrito da editora, poderá ser reproduzida ou transmitida. A violação dos Direitos Autorais é crime estabelecido na Lei nº 9.610/98 e com punição de acordo com o artigo 184 do Código Penal.

A editora não se responsabiliza pelo conteúdo da obra, formulada exclusivamente pelo(s) autor(es).

Marcas Registradas: Todos os termos mencionados e reconhecidos como Marca Registrada e/ou Comercial são de responsabilidade de seus proprietários. A editora informa não estar associada a nenhum produto e/ou fornecedor apresentado no livro.

Impresso no Brasil — 2019 — Edição revisada conforme o Acordo Ortográfico da Língua Portuguesa de 2009.

Publique seu livro com a Alta Books. Para mais informações envie um e-mail para autoria@altabooks.com.br

Obra disponível para venda corporativa e/ou personalizada. Para mais informações, fale com projetos@altabooks.com.br

Produção Editorial	Produtor Editorial	Marketing Editorial	Vendas Atacado e Varejo	Ouvidoria
Editora Alta Books	Juliana de Oliveira	marketing@altabooks.com.br	Daniele Fonseca	ouvidoria@altabooks.com.br
Gerência Editorial	Thiê Alves		Viviane Paiva	
Anderson Vieira	**Assistente Editorial**	**Editor de Aquisição**	comercial@altabooks.com.br	
	Illysabelle Trajano	José Rugeri		
		j.rugeri@altabooks.com.br		
Equipe Editorial	Adriano Barros	Kelry Oliveira	Paulo Gomes	
	Bianca Teodoro	Keyciane Botelho	Thales Silva	
	Ian Verçosa	Maria de Lourdes Borges	Thauan Gomes	
Tradução	**Copidesque**	**Revisão Gramatical**	**Diagramação**	**Capa**
Bruno Menezes	Alberto Gassul	Fernanda Lutfi	Daniel Vargas	Bianca Teodoro
		Luciano Gonçalves		

Erratas e arquivos de apoio: No site da editora relatamos, com a devida correção, qualquer erro encontrado em nossos livros, bem como disponibilizamos arquivos de apoio se aplicáveis à obra em questão.

Acesse o site www.altabooks.com.br e procure pelo título do livro desejado para ter acesso às erratas, aos arquivos de apoio e/ou a outros conteúdos aplicáveis à obra.

Suporte Técnico: A obra é comercializada na forma em que está, sem direito a suporte técnico ou orientação pessoal/exclusiva ao leitor.

A editora não se responsabiliza pela manutenção, atualização e idioma dos sites referidos pelos autores nesta obra.

Dados Internacionais de Catalogação na Publicação (CIP) de acordo com ISBD

H437p	Heath, Chip
	O poder dos momentos: o porquê do impacto extraordinário de certas experiências / Chip Heath , Dan Heath ; traduzido por Bruno Menezes. - Rio de Janeiro : Alta Books, 2019.
	320 p. : il. ; 14cm x 21cm.
	Tradução de: The Power of Moments
	Inclui índice.
	ISBN: 978-85-508-0446-0
	1. Autoajuda. 2. Desenvolvimento pessoal. I. Heath, Dan. II. Menezes. Bruno. III. Título.
2019-519	CDD 158.1
	CDU 159.947

Elaborado por Odilio Hilario Moreira Junior - CRB-8/9949

Rua Viúva Cláudio, 291 — Bairro Industrial do Jacaré
CEP: 20970-031 — Rio de Janeiro - RJ
Tels.: (21) 3278-8069 / 3278-8419
www.altabooks.com.br — altabooks@altabooks.com.br
www.facebook.com/altabooks

*Para nossas filhas Emory,
Aubrey e Josephine, cujos momentos
marcantes se tornaram nossos.*

Sumário

1. Os Momentos Marcantes 1
2. O Ato de Pensar em Momentos 19

ELEVAÇÃO

3. Construa os picos 49
4. Saia do Script 77

INSIGHT

5. Encare a Realidade 107
6. Se Force em Direção ao Insight 123

ORGULHO

7. Reconheça o Outro 153
8. Multiplique os Marcos 173
9. Pratique a Coragem 193

CONEXÃO

10. Crie um Sentido Compartilhado 221
11. Aprofunde os Laços 241
12. Traga Importância aos Momentos 273

Apêndice 287

Agradecimentos 293

Notas 295

Índice 311

1
Os Momentos Marcantes

1.

Chris Barbic e Donald Kamentz estavam sentados em um pub em Houston enquanto se recuperavam de mais um dia de 14 horas administrando sua escola. Eles bebiam cerveja, assistiam à ESPN e compartilhavam uma pizza congelada, a única coisa que tinha no bar. Eles não tinham a menor ideia, naquela noite de outubro de 2000, de que estavam a momentos de uma epifania que afetaria milhares de vidas.

A ESPN estava cobrindo o *National Signing Day*, o primeiro dia em que os jogadores de futebol americano do ensino médio podem assinar uma "carta de intenções" para frequentar uma faculdade específica. Para os fãs de futebol americano universitário, é um grande dia.

Enquanto assistia à exuberante cobertura, Kamentz ficou tocado com algo: "Fico boquiaberto de celebrarmos os atletas dessa maneira, mas não temos coisa alguma que celebre os acadêmicos assim". Alunos em sua escola, principalmente crianças de famílias hispânicas e de baixa renda, mereciam celebrar. Muitos deles seriam os primeiros em suas famílias a concluir o ensino médio.

Barbic havia fundado uma escola para atender esses alunos. Ao lecionar no sexto ano em uma escola local de Ensino Fundamental, ele havia se desiludido. "Via muitos dos meus alunos indo para a escola do próximo nível escolar animados e ansiosos para buscar seus sonhos, e retornarem alguns meses depois com aquela luz totalmente apagada." Eles voltavam para visitá-lo contando histórias de grupos criminosos, drogas e gravidez. Tudo isso o abalava. Ele sabia que tinha duas escolhas: parar de lecionar a fim de se poupar, ou construir a escola que estes estudantes mereciam. Então, em 1998, Barbic fundou a YES Prep. Uma das primeiras pessoas que ele contratou foi Donald Kamentz.

Naquela noite, enquanto assistiam ao noticiário do dia sobre o *Signing Day*, eles tiveram uma inspiração súbita: *e se nós criássemos nosso próprio "Signing Day", quando nossos alunos anunciassem para qual faculdade iriam?* O evento permitiria que eles homenageassem todos os formandos, já que, na YES Prep, havia uma condição para obtenção do diploma: todos os alunos tinham que se candidatar e ser aceitos na faculdade, mesmo que, no final das contas, decidissem não prosseguir nos estudos acadêmicos.

O entusiasmo deles cresceu quando projetaram a ideia: eles o chamariam de *Senior Signing Day*. Naquele dia em especial, os formandos seriam tratados com o mesmo entusiasmo e adulação dos atletas universitários.

Cerca de seis meses depois, no dia 30 de abril de 2001, eles realizaram o primeiro *Senior Signing Day*. Cerca de 450 pessoas se aglomeravam em um centro comunitário próximo à escola: dezessete formandos e suas famílias, juntamente com todos os outros alunos do sistema YES Prep, desde estudantes dos primeiros anos do ensino médio até alunos do sexto ano.

Cada um dos formandos subia ao palco e anunciava onde ele ou ela cursaria a faculdade no outono: "Meu nome é Eddie Zapata e, no outono, estarei na Universidade Vanderbilt!" Eles então revelariam uma camisa ou um galhardete com a insígnia da instituição escolhida. Muitos alunos mantiveram a decisão final da escola em segredo dos amigos, então havia um clima de suspense no ar. Após cada anúncio, a sala explodia com aplausos.

Mais tarde, os estudantes se sentavam ao redor de uma mesa com suas famílias e assinavam as cartas de matrícula, confirmando assim o registro na instituição. Barbic ficou impressionado com a emoção do momento da "assinatura": "Isso toca no fundo da alma. Sacrifícios que foram feitos para fazer com que seus filhos chegassem lá. Ninguém fazia isso sozinho. Havia muita gente envolvida". No final da cerimônia, poucos olhos não estavam marejados.

O *Senior Signing Day* se tornou o evento anual mais importante da rede de escolas YES Prep. Para os formandos, o evento era uma celebração, o ápice da conquista deles. No entanto, ele tinha um significado diferente para os alunos mais jovens. No terceiro *Senior Signing Day*, que havia se expandido para um auditório na Universidade de Houston, havia uma aluna do sexto ano na plateia chamada Mayra Valle. Foi a sua primeira experiência no

Signing Day e este dia a marcou para sempre. Ela lembra de pensar naquele momento: *poderia ser eu. Ninguém na minha família sequer cursou a universidade. Eu quero estar nesse palco.*

Em 2010, seis anos depois, a turma havia crescido para 126 formandos, e o Signing Day havia se expandido tanto que se mudou para o ginásio de basquete da Universidade Rice, com um público de 5.000 pessoas. Naquele ano, 90% dos graduandos foram os primeiros membros das suas famílias a irem para a faculdade.

O orador principal do evento, o secretário de educação dos EUA, Arne Duncan, ficou comovido com o que viu. Após se desfazer de suas falas preparadas, Duncan ficou à vontade para se expressar: "Nenhum jogo de basquete, nenhum jogo de futebol americano se compara com a magnitude e a importância do que aconteceu aqui hoje. . . . Obrigado por inspirar, não apenas seus irmãos e irmãs, não apenas os seus colegas de escola mais novos, mas todo o país."

Uma das formandas foi Mayra Valle. Seis anos depois de se imaginar naquele palco, hoje era o dia dela. "Boa tarde a todos, meu nome é Mayra Valle", disse ela, abrindo um enorme sorriso. "E neste outono estarei na CONNECTICUT COLLEGE!" A instituição foi classificada como uma das 50 melhores faculdades com bacharelados interdisciplinares do país.

A multidão foi à loucura.

2.

Todos nós temos momentos marcantes em nossas vidas — experiências significativas que se destacam em nossa memória. Muitas delas são fruto do acaso: um encontro de sorte com alguém que se torna o amor da sua vida. Um novo professor que enxerga um talento que você não sabia que tinha. Uma perda repentina que subverte as certezas da sua vida. A percepção de que você não quer passar mais um dia sequer em seu trabalho. Esses momentos parecem ser o produto do destino ou da sorte, ou talvez das intervenções de um poder superior. Não podemos controlá-los.

Seria isso verdade? Nossos momentos decisivos devem *simplesmente acontecer conosco*?

O *Senior Signing Day* não aconteceu, simplesmente. Chris Barbic e Donald Kamentz decidiram *criar* um momento marcante para seus alunos. Quando Mayra Valle e centenas de outros formandos da YES Prep caminhavam naquele palco, eles entraram em um momento marcante, cuidadosamente elaborado e que não era menos especial por ter sido planejado. Eles nunca se esquecerão deste momento.

Os momentos marcantes moldam nossas vidas, porém não precisamos esperar que eles aconteçam. Nós somos capazes de criá-los. E se um professor pudesse desenvolver uma lição sobre a qual os alunos ainda refletissem anos depois? E se um gerente soubesse exatamente como transformar o momento de falha de um funcionário em um momento de crescimento? E se você tivesse uma noção melhor de como criar memórias eternas para seus filhos?

Neste livro, temos dois objetivos: primeiro, queremos examinar os momentos marcantes e identificar os traços que eles têm em comum. O que, especificamente, torna uma determinada experiência memorável e significativa? Nossa pesquisa mostra que os momentos marcantes compartilham um conjunto de elementos comuns.

Em segundo lugar, queremos mostrar como você pode *criar* os momentos marcantes fazendo uso desses elementos. Por que você os desejaria criar? Para enriquecer sua vida. Para se conectar com os outros. Para marcar memórias. Para melhorar a experiência de clientes, pacientes ou funcionários.

Nossas vidas são medidas em momentos e os momentos marcantes são aqueles que perduram em nossas memórias. Nas páginas seguintes, mostraremos como criar mais destes momentos.

3.

Por que nos lembramos de certas experiências e esquecemos de outras? No caso do *Signing Day*, a resposta é bem clara: ele é uma celebração grande em escala e rica em emoção. Não é surpreendente que ele seja mais memorável do que uma lição sobre a multiplicação de frações. No entanto, para outras experiências da vida, desde férias a projetos profissionais, não há tanta clareza do porquê nos lembramos do que fazemos.

Psicólogos descobriram algumas respostas contraintuitivas para este quebra-cabeça chamado memória. Digamos que você leve sua família para a Disney World. Durante a sua visita, nós lhe enviamos uma mensagem de texto a cada hora, pedindo que você classifique sua experiência naquele momento em uma escala de 1 a 10, em que 1 é péssimo e 10 é ótimo. Vamos supor que façamos esta verificação com você por seis vezes. Esta é a agenda do seu dia:

> **9 horas da manhã:** Hora de arrebanhar seus filhos para fora do quarto de hotel. Alegria está no ar. Avaliação: 6
>
> **10 horas da manhã:** Todo mundo no trenzinho cantando "*It is a Small World*" juntos, com pais e filhos, cada um com a impressão de que o outro deve estar gostando disso. Avaliação: 5
>
> **11 horas da manhã:** Fluxo de dopamina pulsante no seu corpo logo após andar na montanha-russa *Space Mountain*. Seus filhos estão implorando para ir novamente nela. Avaliação: 10
>
> **Meio-dia:** Hora de curtir a comida cara do parque com seus filhos, que poderiam estar curtindo menos se soubessem que você a comprou com a poupança dos estudos universitários deles. Avaliação: 7
>
> **1 hora da tarde:** Espera na fila, agora por 45 minutos, em um calor de 35 graus da Flórida. Momento de impedir seu filho de roer os corrimãos. Avaliação: 3
>
> **2 horas da tarde:** Compra de chapéus com orelhinhas de rato na saída do parque. Seus filhos parecem tão fofos. Avaliação: 8

Para termos um resumo geral do seu dia, podemos simplesmente tomar a média dessas avaliações: 6,5. Um belo dia.

Agora, digamos que enviamos uma mensagem de texto novamente, algumas semanas depois, e pedimos para você avaliar sua experiência Disney *no geral*. Uma previsão razoável da sua resposta seria 6,5, uma vez que abrange todos os altos e baixos do seu dia.

Porém os psicólogos diriam que isso está errado. Eles teriam uma previsão de que, olhando para o dia na Disney, sua avaliação geral seria 9! Isso ocorre porque, de acordo com algumas pesquisas, ao lembrarmos de uma experiência, ignoramos a maior parte do que aconteceu e nos concentramos em alguns momentos em particular. Dois momentos em especial se destacam: andar na Space Mountain e comprar chapéus com orelhinhas de rato. Para entender o motivo pelo qual esses dois momentos importam mais do que os outros, vamos explorar um pouco da psicologia por trás deles.

Considere um experimento em que os participantes foram convidados a passar por três experiências dolorosas. No primeiro, eles mergulharam as mãos por 60 segundos em baldes cheios de água gelada a aproximadamente 13 graus. (Tenha em mente que a água a 13 graus é *muito* mais fria do que o ar a 13 graus).

A segunda experiência foi semelhante, exceto para o fato de que os participantes mantiveram suas mãos submersas por 90 segundos, em vez de 60, e durante os 30 segundos finais, a água aqueceu até 15 graus. Aquele meio minuto final ainda era desagradável, mas visivelmente menos para a maioria dos participantes. (Observe que os pesquisadores estavam monitorando o tempo com cuidado, porém os participantes não sabiam quanto tempo havia decorrido).

Para a terceira experiência dolorosa, os participantes tiveram uma escolha: você prefere repetir a primeira experiência ou a segunda?

Esta é uma pergunta fácil: ambos os testes apresentaram 60 segundos de dor idêntica, e o segundo teste acrescentou mais 30 segundos de dor levemente reduzida. Parece o mesmo que perguntar: *você prefere ser esbofeteado por 60 segundos ou 90?*

No entanto, 69% escolheram a experiência mais longa.

Os psicólogos desvendaram as razões para este intrigante resultado. Quando as pessoas avaliam uma experiência, elas tendem a esquecer ou ignorar sua duração — um fenômeno chamado de "negligência com a duração". Em vez disso, elas parecem avaliar a experiência com base em dois momentos principais: (1) o melhor ou pior momento, conhecido como o "pico"; e (2) o fim. Os psicólogos chamam isso de "regra do pico-fim".

Dessa forma, nas memórias dos participantes, a diferença entre 60 e 90 segundos desapareceu. Esta é a negligência com a duração. O que se destacou para eles foi que o experimento mais longo *terminou mais confortavelmente* do que o mais curto. (Ambos os experimentos, a propósito, tiveram um momento de pico com dor similar: perto da marca de 60 segundos.)

Esta pesquisa explica por que, ao refletir sobre sua experiência na Disney, você se lembrará da Space Mountain (o pico) e das orelhinhas de rato (o final). Todo o resto tenderá a desaparecer. Em virtude disso, sua memória do dia é muito mais favorável do que as avaliações que você forneceu de hora em hora.

A regra do pico-fim é válida para muitos tipos de experiências. A maioria dos estudos relevantes tende a se concentrar em experiências curtas, fáceis de serem reproduzidas: assistir clipes, suportar sons irritantes, etc. Em períodos mais longos, os picos continuam sendo importantes, porém a importância relativa dos "momentos finais" diminui um pouco. Os começos também são importantes: quando os ex-alunos universitários foram questionados sobre suas memórias da faculdade, 40% dessas lembranças vieram do mês de setembro (o início do período letivo norte-americano)! Além disso, começos e fins podem se confundir — se você mudar de cidade por causa de um novo emprego, isto seria um fim, um começo, ou ambos? Por isso que é preferível falarmos sobre *transições,* pois elas englobam fins e começos.

O fato indiscutível é que, quando avaliamos nossas experiências, não medimos nossas sensações minuto a minuto. Em vez disso, temos a tendência de nos lembrar dos momentos emblemáticos: os picos, os fossos e as transições.

Esta é uma lição fundamental para qualquer pessoa na área de prestação de serviços, desde restaurantes a clínicas médicas, centros de atendimento a spas, lugares no quais o sucesso depende da experiência do cliente. Considere o Magic Castle Hotel que, no momento da impressão deste livro, era um dos três hotéis mais bem cotados em Los Angeles, entre centenas. Ele triunfou sobre a concorrência de hotéis como o Four Seasons Hotel, em Beverly Hills, e o Ritz-Carlton, em Los Angeles. As avaliações sobre o Magic Castle são impressionantes: entre mais de 2.900 avaliações no TripAdvisor, mais de 93% dos hóspedes classificam o hotel como "excelente" ou "muito bom".

No entanto, há algo de estranho no ranking deste hotel: ao ver as fotos online do local, você nunca chegaria à conclusão de que "este é um dos melhores hotéis em Los Angeles". A área interna possui uma piscina qualificável como de tamanho olímpico, se os jogos olímpicos fossem realizados no seu quintal. Os quartos são antigos, os móveis são simples e a maioria das paredes não tem decoração alguma. Na verdade, até mesmo a palavra *hotel* parece forçada. O Magic Castle é, na verdade, um complexo de apartamentos de dois andares dos anos 50 que foi convertido em hotel e pintado de amarelo-claro.

Não é que o hotel seja um lugar feio, ele é bom. Ele tem a aparência de um hotel econômico e respeitável. Mas não se compara a um Four Seasons. Além disso, o Magic Castle não é particularmente barato, pois seu preço é comparável aos hotéis Hilton ou Marriott. Como ele pode ser um dos hotéis mais bem avaliados em Los Angeles?

Vamos começar pelo telefone vermelho-cereja montado em uma parede perto da piscina. Ao colocá-lo no ouvido, você ouve do outro lado da linha: "Olá, somos do disque-picolé!" Você faz um pedido e, minutos depois, um funcionário de luvas brancas entrega seus picolés de cereja, laranja ou de uva na beira da piscina. Em uma bandeja de prata. De graça.

Depois tem um menu de lanches, com uma lista de guloseimas, variando de Kit-Kats, cerveja caseira, até Cheetos, e que podem ser solicitados sem nenhum custo. Há também um menu de jogos de tabuleiro e um menu de DVDs, com todos os itens emprestados gratuitamente. Três vezes por semana, há mágicos fazendo truques no café da manhã. Já mencionamos também que você pode deixar volumes ilimitados de roupa suja para lavar, de graça? Suas roupas são devolvidas no final do dia, embrulhadas em papel pardo e amarradas com barbante e um raminho de lavanda. Isso é muito mais pompa e cerimônia do que o médico utilizou no momento em que lhe entregou seu primeiro filho.

As avaliações dos hóspedes do Magic Castle Hotel são arrebatadoras. O que o Magic Castle descobriu é que, para agradar os clientes, não é necessário ficar obcecado com cada detalhe. Os clientes perdoarão falhas como piscinas pequenas e uma decoração abaixo do esperado, contanto que alguns momentos sejam mágicos. A surpresa sobre as grandes experiências na prestação de serviços é que elas são *esquecíveis na maioria das vezes e inesquecíveis em algumas das vezes.*

Agora, quando você liga para a "o disque-picolé", isso não é um momento marcante? No contexto da vida cotidiana, certamente não. (Difícil imaginar um arrependimento no leito de morte: "ah, se eu tivesse escolhido o picolé de uva...")

Mas, e no contexto das férias? É claro que este é um momento marcante. Quando os turistas conversam com seus amigos sobre as férias no sul da Califórnia, eles dirão: "Fomos à Disneylândia, vimos a Calçada da Fama e ficamos neste hotel, o Magic Castle, e você não vai acreditar, mas há um telefone à beira da piscina..." O disque-picolé é um daqueles momentos que marcam a viagem. E foi um momento preparado — aquele tipo de momento que outros hotéis não conseguem conceber. (As áreas externas do Marriott são lugares ótimos, mas você consegue se imaginar *falando de forma animada* sobre eles para um amigo?)

A ideia aqui é simples: alguns momentos são muito mais significativos do que outros. Para os turistas, o disque-picolé é uma experiência de 15 minutos que se destaca de um período de férias de duas semanas. Para os alunos da YES Prep, o *Senior Signing Day* é uma manhã única que surge de uma jornada de 7 anos.

No entanto, tendemos a ignorar essa verdade. Não somos muito bons em *investir* nesses momentos. Um professor de história, por exemplo, faz seu planejamento semestral, mas cada uma das aulas recebe praticamente a mesma atenção. Não há tentativa alguma na elaboração de alguns momentos "de pico". Um outro exemplo pode ser um executivo que leva sua empresa a um período de crescimento rápido, porém com pouca distinção de uma semana para outra. Nós mesmos, por exemplo, passamos todos os fins de semana com nossos filhos, embora todos estes momentos se misturem na memória.

Como podemos lutar contra esta constância e fazer os momentos valerem a pena? Vamos começar com o básico: como vamos definir o que é o "momento marcante"? No uso comum, o termo é aplicado de várias maneiras. Alguns usam este termo para definir momentos dramáticos em que as pessoas têm seu caráter testado, como no momento em que um soldado mostra coragem em batalha. Outros usam o termo de forma mais livre, quase como sinônimo da expressão "os maiores sucessos de todos os tempos". (Por exemplo, uma pesquisa online do termo produz resultados como "Momentos Marcantes da televisão dos anos 70", que devem formar uma pequena lista, de fato.)

Para o propósito deste livro, momento marcante é uma experiência curta, memorável e significativa. ("Curto" é um conceito relativo aqui — um mês pode ser uma experiência curta no período de sua vida, e um minuto pode ser curto no contexto de uma ligação para uma central de atendimento.) Possivelmente há uma dúzia de momentos na sua vida que capturam a essência de quem você é — estes são os momentos marcantes de maior grandeza.

No entanto, há experiências menores, como o disque-picolé, que são momentos marcantes no contexto de férias, de um semestre no exterior, ou de um ciclo de desenvolvimento de um produto.

De que são feitos esses momentos e como criamos mais deles? Em nossa pesquisa, descobrimos que os momentos marcantes são criados a partir de um ou mais dos seguintes quatro elementos:

ELEVAÇÃO: Os momentos marcantes se destacam um nível acima do cotidiano. Eles provocam não apenas uma felicidade passageira, como rir da piada de um amigo, mas uma satisfação memorável. (Você pega o telefone vermelho e alguém diz: "Disque-picolé! Em um minuto estaremos aí".) Para a construção de momentos elevados, precisamos estimular os prazeres sensoriais — os picolés devem ser entregues à beira da piscina, em uma bandeja de prata, é claro — e, se for apropriado, vale acrescentar um elemento surpresa. Entenderemos o motivo pelo qual a surpresa pode distorcer nossas percepções do tempo e o porquê de as experiências mais memoráveis da maioria das pessoas estarem concentradas na adolescência e na juventude. Os momentos de elevação transcendem o curso normal dos acontecimentos, eles são, literalmente, extraordinários.

INSIGHT: Os momentos marcantes reconstroem nossa compreensão de nós mesmos ou do mundo. Em poucos segundos, ou minutos, percebemos algo que pode influenciar nossas vidas por décadas: *agora é a hora de eu começar este negócio*. Ou, *esta é a pessoa com quem vou casar*. O psicólogo Roy Baumeister estudou casos de mudanças na vida que decorriam da "cristalização do descontentamento", momentos em que as pessoas repentinamente viam as coisas como elas eram, tais como membros de um determinado grupo religioso que, de repente, descobriam a verdade sobre seu líder. Embora esses momentos de insight muitas vezes pareçam acontecer de surpresa, podemos projetá-los ou, no mínimo, estabelecer as bases para eles. Em uma história inesquecivelmente repugnante, veremos como alguns trabalhadores humanitários provocaram uma mudança social, fazendo com que a comunidade "esbarrasse na verdade".

ORGULHO: Os momentos marcantes captam o nosso melhor — momentos de conquista, momentos de coragem. Para criar esses momentos, precisamos entender algo sobre a arquitetura do orgulho — como planejar uma série de momentos marcantes que se constroem a caminho de uma meta maior. Vamos explorar o motivo pelo qual o programa "Couch to 5K" fazia tanto sucesso, e o porquê ele foi muito mais eficaz em estimular a atividade física do que um simples comando como "pratique mais corrida". Aprenderemos também algumas coisas inesperadas sobre os atos de coragem e os efeitos surpreendentes que eles criam.

CONEXÃO: Os momentos marcantes são sociais: casamentos, formaturas, batismos, férias, triunfos no trabalho, cerimônias judaicas do *bar/bat mitzvás*, discursos e eventos esportivos. Esses momentos são fortalecidos porque os compartilhamos com os outros. Qual é a origem dos momentos de conexão? Vamos observar um importante procedimento laboratorial que permite que duas pessoas entrem em uma sala como estranhos e saiam, 45 minutos depois, como amigos íntimos. E analisaremos o que um cientista social acredita ser um tipo de teoria unificada sobre o que torna os relacionamentos mais fortes, seja o vínculo entre marido e mulher, médico e paciente, ou até mesmo entre o comprador e o lojista.

Os momentos marcantes normalmente disparam emoções positivas — usaremos as expressões "picos" e "momentos marcantes positivos" de maneira alternada e com o mesmo significado ao longo do livro. No entanto, há categorias de momentos *negativos* também, como momentos de ressentimento: experiências de constrangimento ou de amargura, que fazem as pessoas expressarem a frase "Eles vão ver!" Há outra categoria que é muito comum: os momentos de trauma, que nos deixam de coração partido e de luto. Nas próximas páginas, encontraremos várias histórias de pessoas que lidam com o trauma, mas não exploraremos esta categoria em detalhes, pela simples razão de que nosso foco é a criação de momentos mais positivos. Ninguém quer experimentar mais momentos de perda. No apêndice, compartilhamos alguns recursos possivelmente úteis para pessoas que sofreram algum trauma.

Os momentos marcantes possuem, pelo menos, um dos quatro elementos acima, mas eles não precisam ter todos os quatro. Muitos momentos de insight, por exemplo, são privados — eles não envolvem uma conexão. Além disso, um momento divertido como ligar para o disque-picolé não oferece muito insight ou orgulho.

Alguns momentos decisivos e poderosos contêm todos os quatro elementos. Pense no *Senior Signing Day* da YES Prep: a ELEVAÇÃO dos alunos tendo seu momento no palco, o INSIGHT de uma aluna da sexta série pensando *"poderia ser eu"*, o ORGULHO de ser aceito na faculdade e a CONEXÃO de compartilhar o dia com um ginásio contendo milhares de pessoas na torcida (consulte a nota de rodapé sobre um recurso para memorizar este quadro dos momentos marcantes).[1]

Às vezes, estes elementos podem ser muito pessoais. Em algum lugar da sua casa, há um baú cheio de coisas que são preciosas para você e sem valor para qualquer outra pessoa. Pode ser um álbum de recortes, uma gaveta em uma cômoda, ou uma caixa no sótão. Talvez alguns de seus itens favoritos estejam presos na geladeira para que você possa vê-los todos os dias. Onde quer que seu tesouro esteja, seu conteúdo provavelmente incluirá os quatro elementos que estamos analisando:

- **ELEVAÇÃO:** Uma carta de amor. Um canhoto de ingresso. Uma camisa bem gasta. Desenhos aleatoriamente coloridos de seus filhos que fazem você sorrir com satisfação.

- **INSIGHT:** Citações ou artigos que mudaram sua vida. Livros que mudaram sua visão de mundo. Diários que capturaram seus pensamentos.

---

[1] Isso pode não ter escapado à sua atenção, mas se você trocar a ordem do insight e orgulho (*pride* em inglês), você terá uma sigla útil: EPIC (que é traduzida como ÉPICO). Temos sentimentos múltiplos sobre este recurso. Uma sigla, em um livro como este, aumenta a memorização ao custo de uma breguice. No passado, abraçamos com entusiasmo este recurso e usamos duas siglas em livros anteriores para ajudar as pessoas a se lembrarem das estruturas relevantes. Aqui, decidimos ir contra esta onda. Por um lado, não estamos aconselhando que você busque momentos "épicos". Algumas das histórias que você encontrará se encaixam nessa descrição, mas muitas outras são pequenas e pessoais, ou dolorosas, porém transformadoras. A palavra *épico* parece, ao mesmo tempo, muito grandiosa e muito superficial. Além disso, e isso é uma falha pessoal, não podemos ler a palavra *épico* sem imaginá-la sendo falada por um surfista chapado (percebeu o dilema agora?). Portanto, se a sigla EPIC ajudar na hora de lembrar os quatro elementos, guarde-a e estaremos agradecidos. Porém, esta é a última vez que vamos mencionar isso.

- **ORGULHO:** Fitas, boletins, notas de reconhecimento, certificados, agradecimentos, prêmios (*dói* tanto jogar fora um troféu).
- **CONEXÃO:** Fotos do casamento. Fotos de férias. Fotos de família. Fotos de Natal de suéteres horrorosos. Muitas fotos. Provavelmente é a primeira coisa que você pegaria se sua casa pegasse fogo.

Todos estes itens que você está salvando são essencialmente as relíquias dos momentos que definem sua vida. Como você está se sentindo agora enquanto reflete sobre o conteúdo do seu baú do tesouro? E se você pudesse dar esse mesmo sentimento para seus filhos, seus alunos, seus colegas, seus clientes?

Momentos são importantes. Imagine a oportunidade que perdemos quando os deixamos ao acaso! Professores tem a capacidade de inspirar, cuidadores de confortar, prestadores de serviço de atender, políticos de unir e gerentes de motivar. Tudo o que precisamos é de um pouco de insight e de premeditação.

Este é um livro sobre o poder dos momentos e a sabedoria sobre como prepará-los.

2
O Ato de Pensar em Momentos

1.
Como foi seu primeiro dia no trabalho atual (ou no mais recente)?

É justo dizer que ele *não* foi um momento marcante?

A julgar pelas histórias que ouvimos de funcionários desiludidos, a seguir temos uma descrição bastante típica de um primeiro dia: você aparece. A recepcionista pensava que você começaria na semana que vem. Uma mesa é mostrada para você. Há um monitor e um cabo de rede na mesa, mas nenhum computador. Há também um clipe. A cadeira ainda tem a marca do dono anterior, como um fóssil de nádegas ergonômico.

Seu chefe ainda não chegou. Você recebe um manual de ética e conformidade para analisar. "Por que você não dá uma lida nisso e eu volto daqui a algumas horas?", diz a recepcionista. A política corporativa de assédio sexual é tão longa e abrangente que faz você se perguntar um pouco sobre seus colegas.

Em determinado momento, uma pessoa amistosa do seu andar se apresenta e leva você pelo escritório, interrompendo 11 pessoas diferentes para apresentá-lo. Em virtude disso, bate uma preocupação se você conseguiu aborrecer todos os seus colegas na primeira hora de seu trabalho. Você imediatamente se esquece de todos os nomes deles. Exceto o de Lester. Será que ela pode ser o motivo da política de assédio sexual?

Será que isto está certo?

A falta de atenção ao primeiro dia de um funcionário é algo incompreensível. Uma oportunidade perdida de fazer um novo membro da equipe se sentir incluído e reconhecido. Imagine se você tratasse uma pessoa no primeiro encontro como um novo funcionário: "Eu tenho algumas reuniões acumuladas agora, então por que você não se acomoda no banco do passageiro do carro e eu volto daqui a algumas horas?"

A fim de evitarmos este tipo de omissão, precisamos entender quando os momentos especiais são necessários. Precisamos aprender a *pensar em momentos,* identificar as ocasiões que são dignas de investimento.

Este hábito de "detectar o momento" pode ser antinatural. Nas organizações, por exemplo, somos consumidos com metas. O tempo é significativo apenas na medida em que esclarece ou mede nossas metas. A meta é o essencial.

Porém, para um ser humano, momentos são essenciais. Momentos são aquilo que lembramos e o que amamos. Certamente podemos celebrar uma meta alcançada, como completar uma maratona ou fisgar um cliente importante, mas a conquista é incorporada a um momento.

Toda cultura tem seu conjunto prescrito de grandes momentos: aniversários, casamentos, formaturas, é claro, mas também há as celebrações de feriados, ritos fúnebres e tradições políticas. Eles parecem "naturais" para nós. Observe, porém, que cada um deles foi inventado e sonhado por autores anônimos que queriam dar forma ao tempo. Isto é o que entendemos por "pensar os momentos": reconhecer onde a prosa da vida exige uma demarcação.

Exploraremos três situações que merecem demarcação: as transições, os marcos e os fossos. As transições são ocasiões clássicas para os momentos marcantes. Muitas culturas têm um ritual de "maioridade", como o bar e bat mitzvah judaico ou a festa de 15 anos. Na tribo Sateré-Mawé, na Amazônia brasileira, quando um menino faz 13 anos, ele atinge a maioridade usando um par de luvas cheias de formigas-bala furiosas, deixando as mãos cobertas de irritações. Tudo isso porque, aparentemente, um dia alguém perguntou: "Como podemos tornar a puberdade mais difícil?"

Os rituais de maioridade são marcadores de limites e são tentativas de compactar, de alguma forma, uma evolução gradual da adolescência para a idade adulta. *Antes deste dia eu era uma criança. Depois deste dia, sou um homem. (Um homem com as mãos muito inchadas.)*

As transições, assim como os marcos e os fossos, são momentos marcantes *naturais*. A transição do casamento é um momento marcante na vida, independentemente da sua celebração. No entanto, se reconhecermos a importância desses momentos definidores naturais, podemos prepará-los e torná-los mais memoráveis e significativos.

Essa lógica demonstra o motivo pelo qual o primeiro dia de trabalho é uma experiência na qual vale a pena investir. Para os novos funcionários, são três grandes transições simultâneas: intelectual (o novo trabalho), social (novas pessoas) e de ambiente (o novo lugar). O primeiro dia não deveria ser um conjunto de atividades burocráticas em um checklist. Ele deve ser um momento de pico.

Lani Lorenz Fry entendeu esta oportunidade. Fry, que trabalhou na área global de estratégia e de marketing da marca John Deere, tinha ouvido dos líderes da empresa na Ásia que eles estavam com dificuldades para lidar com o envolvimento e a retenção dos funcionários. "A John Deere não é uma marca bem conhecida lá", dizia Fry. "Não era como no Centro-Oeste dos EUA, onde seu avô provavelmente tinha um trator da John Deere". Em virtude disso, os funcionários tinham menos empatia emocional com a marca.

Fry e seus colegas da equipe de gestão da marca viram uma oportunidade de construir essa conexão — e ela tinha que começar no primeiro dia do funcionário. Em colaboração com o consultor de experiência com o cliente, Lewis Carbone, a equipe desenvolveu a Experiência do Primeiro Dia. Aqui está como eles queriam que o dia se desenrolasse (é possível notar algumas diferenças da história do primeiro dia contada lá em cima):

> *Pouco depois de aceitar a carta de oferta da John Deere, você recebe um e-mail de um Amigo da John Deere. Vamos chamá-la de Anika. Ela se apresenta e compartilha algumas noções básicas: onde estacionar, quais são as normas de vestuário e assim por diante. Ela também diz que estará esperando para recebê-lo no lobby às 9 da manhã no seu primeiro dia.*

Quando seu primeiro dia chegar, você estacionará no lugar certo e seguirá seu caminho em direção ao lobby, e lá estará Anika! Você a reconhece pela foto. Ela aponta para o monitor de tela plana no saguão, que apresenta um título gigante: "Bem-vindo, Arjun!"

Anika mostra sua mesa de trabalho. Há um banner de aproximadamente 1,80 ao lado. Ele se ergue acima das mesas de trabalho para alertar as pessoas de que há um novo contratado. Ao longo do dia, as pessoas param ao lado para cumprimentá-lo.

Conforme você se instala, há um fundo de tela em seu monitor: uma bela foto dos equipamentos John Deere em uma fazenda ao pôr do sol, e a imagem diz: "Bem-vindo(a) ao trabalho mais importante que você já fez".

Você percebe que já recebeu seu primeiro e-mail. Ele foi enviado por Sam Allen, o CEO da John Deere. Em um pequeno vídeo, ele fala um pouco sobre a missão da empresa: "Fornecer comida, abrigo e infraestrutura que serão necessários para a população mundial crescente". Ele conclui dizendo: "Aproveite o resto do seu primeiro dia, e espero que você desfrute de uma longa e bem-sucedida carreira como parte da equipe da John Deere".

Agora você percebe que há um presente em sua mesa. Uma réplica em aço inoxidável do "arado autolimpante" original da John Deere, criado em 1837. Um cartão ao lado explica o motivo dos fazendeiros adorarem este arado.

> *Ao meio-dia, Anika o recolhe para um almoço fora do local com um pequeno grupo. Os membros deste grupo perguntam sobre seu histórico e lhe contam sobre alguns dos projetos nos quais estão trabalhando. No final do dia, o gerente do departamento (o chefe do seu chefe) vem e faz planos para almoçar com você na próxima semana.*
>
> *Você sai do escritório naquele dia pensando: eu pertenço a este lugar. O trabalho que estamos fazendo é importante. E eu sou importante para eles.*

Depois que a equipe da marca John Deere concluiu seu plano para a Experiência do Primeiro Dia, alguns escritórios em toda a Ásia começaram a implementá-lo. No escritório de Pequim, a iniciativa foi um sucesso tão grande que os funcionários contratados anteriormente até brincavam: "Posso sair e voltar?" Na Índia, o programa ajudou a diferenciar a John Deere em um mercado de trabalho altamente competitivo.

Você não acha que todas as organizações do mundo deveriam ter uma versão desta Experiência do Primeiro Dia?

2.

A Experiência do Primeiro Dia da John Deere é um momento de pico disponibilizado em *um período de transição*. Porém, quando falta um "momento" em uma transição da vida, ela pode se tornar sem forma. Muitas vezes nos sentimos ansiosos porque não sabemos como agir ou quais regras aplicar. Pense nesta história compartilhada por Kenneth Doka, um orientador licenciado sobre saúde mental e também especialista em luto.

Veio a ele uma mulher que havia perdido o marido para a doença de Lou Gehrig (esclerose lateral amiotrófica ou ELA). Eles tiveram um casamento feliz, ela disse. Ele era um bom pai e um bom marido. No entanto, a ELA é uma doença cruel e degenerativa e, à medida que a doença do marido avançava, ele exigia mais e mais cuidados. Foi difícil para os dois. Ele era um homem orgulhoso — dono de uma pequena empresa de construção, e "não adoeceu bem", ela disse. Eles lutaram mais do que nunca.

Porém eram católicos devotos e tinham uma tremenda fé em seu casamento. Ela disse que todas as noites, depois de um dia difícil, colocavam as mãos juntas na cama para que suas alianças se tocassem e repetiam os votos de casamento um para o outro.

Quando ela veio ver Doka, fazia seis anos que o marido havia partido, e ela disse que achava que estava pronta para começar a namorar novamente. "Mas eu não posso tirar minha aliança de casamento", disse ela. "Não consigo namorar usando minha aliança e não consigo tirá-la". Ela acreditava que os casamentos eram para toda a vida, mas também sabia que havia honrado seu compromisso. Ela estava confusa e presa.

Há algum tempo, Doka escreve de forma ampla sobre o poder dos "rituais terapêuticos" para ajudar as pessoas que estão de luto. Ele sugeriu que ela precisava de um "ritual de transição" para tirar a aliança, e ela gostou da ideia. Então, com a permissão dela, ele trabalhou com o padre para criar uma pequena cerimônia.

A cerimônia aconteceu em um domingo à tarde, depois da missa, na igreja em que ela se casou. O padre havia convocado um grupo de amigos íntimos e familiares, muitos dos quais haviam comparecido ao casamento dela.

O padre os chamou ao redor do altar e, então, começou a fazer algumas perguntas a ela.

"A senhora foi fiel nos bons e maus momentos?"

"Sim", ela disse.

"Na saúde e na doença?"

"Sim."

O padre a conduziu através de seus votos de casamento, porém no pretérito perfeito. Ela afirmou, na presença das testemunhas, que tinha sido fiel, que havia amado e honrado o marido.

Então o padre disse: "A senhora pode me dar a aliança, por favor?" Ela a tirou do dedo e entregou ao padre. Ela diria a Doka, mais tarde, que "a aliança saiu como num passe de mágica".

O padre aceitou a aliança dela. Ele e Doka haviam combinado que a aliança dela fosse interligada com a aliança do marido e depois afixada na frente da foto do casamento.

A cerimônia permitiu que ela atestasse, para si mesma e para as pessoas que amava, que havia cumprido seus votos. A situação sinalizou para todos os presentes que a identidade dela estava prestes a mudar. Esta situação era o momento que permitiu um novo começo a ela.

No coração da história do "casamento reverso", há um insight poderoso. No momento em que a viúva foi ver Doka, ela estava pronta para começar a namorar novamente. Mesmo que ela não conhecesse Doka, é claro que em algum momento ela teria começado, por si só, a namorar. Talvez demorasse um mês, talvez um ano, talvez cinco anos. E, durante todo aquele período incerto, ela teria se sentido ansiosa: *Estou pronta? Estou bem com o fato de estar pronta?* O que a viúva na história de Doka precisava era de um momento emblemático para garantir a transição que ela estava fazendo. *Depois daquela cerimônia de domingo à tarde, eu estava pronta.*

Temos uma fome natural por esses marcos no tempo. Veja a preponderância dos votos de Ano-Novo. A professora da Wharton School, Katherine Milkman, disse que achou impressionante que "no começo de um novo ano, nós sentimos que temos uma ficha limpa". Este é o "efeito do recomeço"... todos os meus fracassos do passado são do ano passado e então posso pensar: "Isso não sou eu. Isso é o meu velho 'eu'. Isso não é meu novo 'eu'. O novo 'eu' não vai cometer esses erros."

Em outras palavras, a importância dos votos de Ano-Novo não são realmente os votos. Afinal, para a maioria das pessoas, os votos não mudaram. A maioria das pessoas também desejou perder peso e economizar dinheiro em 31 de dezembro. O que fazemos no dia de Ano-Novo é mais um truque mental de contabilidade. Nossos fracassos passados são deixados no livro-razão do velho "eu". O novo "eu" começa hoje.

Os votos de Ano-Novo deviam ser chamados de absolvições de Ano-Novo.

Milkman percebeu que, se sua teoria do "recomeço" estivesse correta, o efeito ficha limpa não deveria se restringir ao dia de Ano-Novo. Talvez, isso também fosse verdade para outras datas marcantes, que nos dariam uma desculpa para reiniciar nossos registros, como o início de um novo mês ou, até mesmo, de uma nova semana.

Milkman e sua colega Hengchen Dai acompanharam os dados de frequência em uma academia universitária e encontraram fortes evidências da hipótese do "recomeço". A probabilidade de os alunos irem à academia aumentou no início de cada nova semana (em 33%), no novo mês (em 14%) e no novo semestre (em 47%).

Assim, os "recomeços" acontecem não apenas no dia de Ano-Novo, mas também em qualquer outra data de referência. Se você está lutando para fazer uma transição, crie um momento marcante que desenhe uma linha divisória entre o velho "você" e o novo "você".

3.

Existem certas datas de referência que são quase universais. Um estudo feito pelos pesquisadores Adam Alter e Hal Hershfield pediu aos participantes que especificassem os aniversários mais significativos da vida de uma pessoa. As idades vencedoras (classificadas em ordem de votos) foram as seguintes:

18

21

30

40

50

60

100

Estes são aniversários *dos marcos* e cada um deles pede uma celebração ou, no caso do 100° aniversário, uma gratidão relutante de que o velocímetro ainda está em movimento. Além dos 18 e 21, que vêm com uma expansão dos direitos cívicos e alcoólicos, respectivamente, estes números são arbitrários. Fazer 50 anos parece um limite real de algum tipo, mas é claro que não é. Não há um dia sequer, em toda a sua vida, em que você fique mais do que um dia mais velho do que no dia anterior (a menos que o horário de verão seja algum tipo de magia negra, como parece ser). O envelhecimento é primorosamente incremental. Para dar sentido às nossas vidas, porém, inventamos esses limiares — 30, 40, 50 anos — e depois surtamos quando nos aproximamos deles.

No entanto, ser arbitrário não torna essas ocasiões menos significativas. Marcos são marcos. Além disso, da mesma forma que há momentos familiares marcantes, que estabelecem as transições, como as cerimônias de formatura, há outras que comemoram os marcos: aniversários de 40 anos. Viagens do 25° aniversário de casamento. Placas ou relógios de ouro para 30 anos de empresa.

Não nos deteremos a marcos, pois as pessoas parecem ter um talento natural para percebê-los. No entanto, quanto aos momentos de transição, há alguns marcos que parecem ser ignorados. Alunos que não são percebidos, por exemplo. Claro que eles avançam na "série", mas por que não comemorar o milésimo dia na sala de aula ou a leitura do seu quinquagésimo livro? E por que não celebramos os professores pelo milésimo aluno ensinado?

Nesta era de aplicativos e dispositivos de rastreamento pessoal, as empresas se tornaram muito mais inteligentes sobre o surgimento de marcos, antes invisíveis. O aplicativo Pocket, que armazena artigos da internet em seu telefone para leitura posterior, informa os usuários quando eles leram 1 milhão de palavras. A pulseira fitness Fitbit oferece prêmios aos usuários, como a insígnia 747, concedida por subir 4.000 lances de escadas (que sobem aproximadamente até a altitude que o 747 voa) e a insígnia Migração da Monarca, descrita a seguir: "Todos os anos, a borboleta Monarca migra aproximadamente 4.000 quilômetros para climas mais quentes. Com a mesma quilometragem de vida no seu bolso, você esquenta a competição com essas borboletas!"

Estas empresas estão evocando, de maneira hábil, momentos de orgulho — pelo custo trivial de um e-mail. Foi necessário apenas um pouco mais de atenção aos marcos.

4.

O ato de pensar os momentos é estar sintonizado com as transições e os marcos, bem como com um terceiro tipo de experiência: os fossos. Os fossos estão do lado oposto aos picos. Eles são compostos de momentos marcantes negativos, momentos de dificuldades, de dor ou de ansiedade.

Os fossos são lacunas que precisam de *preenchimento*. Na maioria das vezes, isso é simplesmente senso comum. A Disney sabe, por exemplo, que as pessoas odeiam filas longas. Assim, a Disney investe em maneiras de preencher as lacunas destes fossos, criando exibições de interesse como uma distração, fazendo os artistas interagirem com os convidados e estabelecendo expectativas sobre a espera. Nas nossas vidas pessoais isto é igualmente óbvio. Não é necessário um livro sobre momentos marcantes para entender a necessidade de suporte para um companheiro se ele estiver sofrendo.

No entanto, como vimos, o senso comum pode ter um alcance limitado. As formaturas são senso comum; experiências do primeiro dia de trabalho não são. Festas de 40 anos são senso comum; festas do milésimo dia na escola não são. O mesmo acontece com os fossos. Como um pequeno exemplo, considere alguém que financiou um carro, mas que morreu durante o período de financiamento. Sem dúvida, seu senso comum diz que a família do falecido poderia simplesmente devolver o carro e interromper o contrato. Errado. Em vez de reconhecer uma oportunidade de realizar um simples ato de bondade em um momento difícil, a maioria das empresas de financiamento de automóveis diz o seguinte: pague. A Mercedes-Benz Financial Services, rara entre os seus concorrentes, envia uma carta de condolências à família do locatário com uma oferta para perdoar as obrigações do financiamento.

Pense, por exemplo, em pacientes que acabaram de descobrir que têm câncer. Médicos e enfermeiros sabem ser compassivos e solidários nesses momentos tensos. No entanto, o conforto é só momentâneo; que tal uma *ação* rápida? Em muitos casos, os pacientes precisam esperar por várias semanas, ou mais, para começar a ver a cadeia de especialistas que os tratará. Isso não acontece na Intermountain Healthcare. Conforme o relato de Leonard Berry e dois colegas, o paciente e sua família são convidados para uma reunião no prazo de uma semana após o diagnóstico de câncer. Eles ficam em uma sala e os integrantes da equipe de cuidados circulam para dentro e para fora desta sala: cirurgiões, oncologistas, nutricionistas, assistentes sociais e enfermeiros. Os pacientes saem no final do dia com um plano abrangente de atendimento e um conjunto de consultas agendadas. Este conjunto de ações não significa a minimização da importância do conforto a um paciente. Claro que isso é vital. Estas ações simplesmente dizem que o consolo é senso comum. No entanto, o agendamento de uma rápida reunião com todos, para formular um plano de ataque, isso não é senso comum. Trata-se de um esforço consciente para preencher um fosso.

Menos senso comum é o fato de que os fossos às vezes podem ser transformados em picos. Um estudo sobre prestadores de serviços pediu aos clientes que lembrassem as interações recentes que foram satisfatórias e insatisfatórias com funcionários de companhias aéreas, hotéis ou restaurantes. Quase 25% das interações positivas citadas pelos clientes foram, na verdade, respostas às *falhas na prestação de serviço* dos funcionários: lentidão no serviço, pedidos errados, reservas perdidas, voos atrasados e assim por diante. Quando os funcionários lidavam bem com essas situações, eles transformavam um momento negativo em positivo. Toda grande empresa de serviços é magistral na *recuperação* de serviços. (Inclusive, um executivo de uma empresa que constrói casas personalizadas compartilhou conosco uma visão de seus dados de satisfação do cliente. Para maximizar a satisfação do cliente, ele disse, não é necessário desejar a perfeição. Basta fazer duas coisas erradas, fazer com que o cliente leve esses erros à sua atenção e, em seguida, se apressar como um louco para consertar esses problemas. Felizmente, ele não havia instruído sua equipe a começar a cometer erros de propósito. Mas podemos dizer que ele estava tentado a isso...)

Os líderes empresariais que conseguem identificar os momentos de insatisfação e vulnerabilidade de seus clientes, juntamente com a tomada de medidas decisivas para dar apoio a esses clientes, não terão dificuldade em se diferenciarem dos concorrentes. A oferta de ajuda para alguém em um momento difícil é, ao mesmo tempo, a meta e a recompensa destes líderes. Há também o efeito colateral de ser bom para os negócios.

Veja a história de Doug Dietz, um projetista industrial da General Electric. Ele passou dois anos trabalhando em uma nova máquina de ressonância magnética e, no outono de 2007, teve sua primeira chance de ver a máquina instalada em um hospital. Ele disse que se sentia como um "pai orgulhoso" indo ver seu bebê.

Ao entrar na sala de ressonância magnética, ele viu a nova máquina de diagnóstico por imagem e "fez uma dancinha feliz", disse ele em uma palestra no TED Talk de 2012. Dietz voltou para o salão para observar os primeiros pacientes. Enquanto esperava, viu um casal e sua jovem filha descendo o corredor. A garota estava chorando. Quando se aproximaram da sala, o pai se inclinou para a garota e disse: "Nós já conversamos sobre isso. Você consegue ser corajosa".

Assim que a menina entrou na sala, ela congelou, aterrorizada. Naquele momento, Dietz pôde ver a aparência da sala através dos olhos da garota.

Na parede, havia um gigantesco sinal de aviso com um imã e um ponto de exclamação. No chão, havia uma fita amarela e preta que parecia pertencer à cena de um crime. A sala era estranhamente escura, com luzes fluorescentes e todas as cores eram de um tom de bege antisséptico. A atmosfera era estéril, quase ameaçadora.

"E a máquina em si, *que eu projetei*, basicamente parecia um tijolo furado", contou Dietz.

Ele também sabia que a experiência só pioraria. A menina seria inserida no claustrofóbico orifício da ressonância magnética e teria que ficar ali deitada, imóvel, por 30 minutos, tentando ignorar os zumbidos altos e estranhos da máquina.

Dietz viu os pais trocarem um olhar angustiado. Eles não sabiam como lidar com a dificuldade da filha na próxima hora.

Ele ficou arrasado. Em um instante, seu orgulho se transformou em horror. "Aquilo simplesmente partiu meu coração", disse Dietz.

O que ele percebeu foi que ele e seus colegas projetistas haviam se concentrado na *máquina:* como podemos torná-la mais rápida? Mais elegante? Mais poderosa?

Os pacientes, no entanto, se concentravam na experiência. E, quando eles tinham medo do equipamento de ressonância magnética, havia consequências reais para a saúde: 80% das crianças submetidas à ressonância magnética tinham que ser sedadas para passar pela experiência, e toda sedação traz riscos. Após sua epifania na sala de ressonância magnética, Dietz reformulou sua missão como projetista industrial. Ele se perguntou: e se pudéssemos criar uma experiência que fosse realmente *divertida*?

Ele convocou uma equipe para ajudá-lo a repensar a experiência: líderes de um museu para crianças, especialistas em design thinking de Stanford, professores de uma creche, funcionários de assistência médica que trabalhavam com crianças, entre outros. As conversas o ajudaram a perceber o poder da imaginação de uma criança para transformar uma situação.

"O que são três cadeiras de cozinha e um cobertor?", ele perguntou. Para uma criança, é um castelo. Uma espaçonave. Um caminhão.

E que tal se a máquina de ressonância magnética não fosse uma máquina de ressonância magnética, mas uma nave espacial? Um submarino? A equipe de Dietz reinventou o scanner como parte de uma história maior. Uma das primeiras salas projetadas pela equipe para o centro médico da Universidade de Pittsburgh era conhecida como a "Aventura na Selva". No corredor que levava à sala, a equipe colocou adesivos no chão que se pareciam com pedras. As crianças iriam instintivamente pular de uma rocha para outra. Todas as paredes dentro da sala foram pintadas com cenas detalhadas e coloridas de uma selva. As pedras do corredor também levavam a um lago de carpas pintadas, cheio de peixes, que rodeavam a máquina.

A mesa do scanner de ressonância baixava para que as crianças pudessem subir. A máquina tinha sido redesenhada para se parecer com uma canoa furada, e as crianças eram encorajadas a ficar paradas para que não caíssem da canoa enquanto ela flutuava pela floresta. As crianças prontamente abraçavam o desafio de não balançarem a canoa. Em sua palestra, Dietz imitou um garoto com os braços estendidos ao seu lado apenas com os olhos em movimento. "As crianças ficavam como estátuas, congeladas", ele contava.

Outro tema era a "Ilha dos Piratas" e lá as crianças conseguiam "andar na prancha" para chegar à máquina, que era pintada como um navio pirata. Na parede, um macaco com uma bandana de pirata deslizava pelo ar em uma corda. Os armários de suprimentos estavam disfarçados de cabanas havaianas.

Dietz e seus colegas se concentraram nos "pontos de ansiedade" das crianças, como os altos ruídos produzidos pelas máquinas. Em um hospital de São Francisco, eles criaram a sala da "Aventura no Teleférico". Quando as crianças chegavam, elas recebiam um ingresso para o teleférico. Um dia, Dietz viu um funcionário do hospital conversar com um menino: "Bobby, você já esteve em um teleférico da cidade? Lembra de como era meio barulhento? O nosso é assim também!"

Um dia, na sala da "Ilha dos Piratas", Dietz conversava com a mãe de uma menina que acabara de fazer um exame. Enquanto conversavam, a menininha continuava puxando a camisa da mãe. Finalmente, a mãe disse: "O que foi, amor?"

A menina perguntou: "Podemos voltar amanhã?"

Dietz começou a chorar. Ele havia transformado o terror em satisfação.

A série "Aventuras" da GE, liderada por Dietz, já foi instalada em dezenas de hospitais infantis, e os resultados são impressionantes. O Hospital Infantil de Pittsburgh, um dos primeiros a adotar o modelo de Dietz, descobriu que o número de crianças que precisaram de sedação caiu de 80% para 27%. Para uma tomografia computadorizada mais curta, apenas 3% das crianças precisaram de sedação. O principal momento de ansiedade da criança — deitar-se em uma mesa estéril que alimenta uma máquina ameaçadora — havia sido eliminado. As crianças, conta Dietz, "estão animadas para chegar à aventura, ao invés de ficarem segurando a perna da mãe... Antes, levava-se 10 minutos para colocá-las na mesa, e o exame demorava 4 minutos. Agora elas sobem à mesa em 1 minuto, e o exame leva 4."

Por causa do conforto das crianças, despesas extras para maquinários fáceis de usar não importam mais, já que os exames são mais rápidos e os hospitais conseguem realizar mais exames em um dia.

O triunfo de Dietz é uma história de um design inteligente e empático. Porém, também é uma história para se pensar em momentos. Ele percebeu que não era a *máquina* que precisava de mais atenção, mas sim a *experiência*. Para os pacientes, um momento de agonia foi transformado em um momento de elevação. Dietz transformou o local de um fosso em um pico.

5.

Transições devem ser marcadas, marcos comemorados e fossos preenchidos. A essência para pensar os momentos é essa. Só para esclarecer, nem todos os momentos definidores se encaixam nessas três categorias. Muitos momentos marcantes podem acontecer a qualquer momento. O disque-picolé, por exemplo, é uma fonte de satisfação sob encomenda. Da mesma forma, você poderia escolher *qualquer* sábado para surpreender seus filhos com uma ida ao zoológico e eles provavelmente não se queixariam.

Para a maioria dos tipos de momentos deste livro — como os momentos de elevação, de conexão e de orgulho — quase toda hora é uma boa hora. Quanto mais você puder multiplicá-los, melhor. O ponto que estamos enfatizando aqui é que certas circunstâncias *exigem* atenção. E nas organizações, em especial, essas circunstâncias tendem a passar despercebidas, como na experiência negligenciada do primeiro dia.

Aqui estão alguns outros exemplos de momentos potenciais nas organizações que clamam para serem moldados:

Transições

Promoções: A promoção é um momento bom por natureza, é claro, pois é um clássico momento de orgulho. Porém, também pode ser uma transição difícil para alguns gerentes. Muitas pessoas são colocadas em suas primeiras tarefas gerenciais sem treinamento algum sobre como dar feedback ou motivar equipes. O que é necessário é um rito de passagem gerencial, que combine a celebração da honra com, digamos, uma semana de acompanhamento e aconselhamento por parte de um gerente experiente.

O primeiro dia de aula: Michael J. Reimer, diretor da Roosevelt Middle School, em São Francisco, queria ajudar alunos do sexto ano a fazer a transição do Ensino Fundamental I para o Ensino Fundamental II. Ele criou um programa de orientação de dois dias que revisava os principais conceitos de matemática e ciências e, mais importante, deixava os alunos confortáveis para "passear" pelo prédio da escola e pelo cronograma escolar, agora mais complexo. Ele até criou a "corrida dos armários", que estimulava os estudantes a abrir mais rapidamente seus armários com combinações (uma tecnologia desconhecida para a maioria). Ele disse que dois dias depois, quando os alunos do sétimo e oitavo ano surgiam, os alunos do sexto ano "se sentiam como os donos da escola".

O fim dos projetos: Na maioria das organizações, o final de um projeto é comemorado pelo início imediato de um novo. O fechamento de algo, porém, é útil. Como modelo de inspiração,

Steve Jobs uma vez realizou um funeral simulado no palco pela morte do sistema operacional Mac 9: "O OS 9 da Mac era um amigo de todos nós. Trabalhava incansavelmente em nosso nome, sempre recebendo nossos pedidos, nunca recusando um comando, sempre à nossa disposição, exceto quando às vezes ele esquecia quem era e reiniciava". Foi uma marcação de referência boba, mas significativa naquele momento.

Marcos

Aposentadoria: Quando uma pessoa se aposenta depois de uma longa carreira, é um momento híbrido de uma transição e um marco — e, para alguns, trata-se também de um fosso devido a uma perda de propósito ou de um senso de realização. No entanto, as comemorações de aposentadoria tendem para algo simples demais: um bolo comum em uma sala de conferência com alguns colegas de trabalho, convocados às pressas. O momento merece muito mais. Na área de auditoria da Deloitte, os colegas aposentados são homenageados na reunião anual do grupo. Um colega sobe ao palco e conta a história da vida e da carreira do aposentado. No final, todos os parceiros brindam ao aposentado, que então tem a chance de se dirigir ao grupo. Trata-se de uma misto vitorioso de um brinde de casamento com um tributo. (Observação: Sabemos que alguns introvertidos podem desejar se esconder no armário do almoxarifado do que suportar isso, mas certamente há maneiras menos públicas de se obter a mesma consideração. Um livro de recordações com lembranças manuscritas dos colegas é um exemplo interessante.)

Realizações não anunciadas: Nós normalmente celebramos a *nomeação* dos funcionários nas organizações, mas e suas *realizações*? Não vale a pena comemorar o décimo milionésimo dólar de receita do vendedor? Que tal um gerente talentoso que teve 10 subordinados diretos promovidos?

Fossos

Abordagem de um feedback negativo: Sua organização pode oferecer avaliações "360" aos gerentes. (O 360 é uma ferramenta que coleta feedback dos funcionários, colegas e gerentes de um líder, proporcionando uma visão de "360 graus" de como essa pessoa é percebida.) Neste caso, o que acontece se alguém receber uma avaliação negativa? Você possui um plano de ação pronto para ajudá-los a escapar deste fosso?

Perda de entes queridos: No geral, funcionários perderão entes queridos e, quando isso acontecer, merecem apoio. As organizações não deveriam estar prontas com um plano para esses momentos imprevisíveis? Imagine se uma equipe pudesse ser montada rapidamente para garantir uma folga, uma delegação ininterrupta de tarefas urgentes e fornecer um auxílio pessoal (refeições, creches, recados) na medida do necessário.

A vida e o trabalho estão cheios de momentos que urgem por investimento. Nas páginas a seguir, aprenderemos a arte de planejá-los.

———————— Momento prático 1 ————————
Os momentos perdidos do banco de varejo

Observação para os leitores: Ao final de cada seção, incluímos um "momento prático" para demonstrar como é possível usar as ideias do livro para resolver problemas do mundo real. Este momento prático se concentra na arte de "pensar em momentos".

Eis a situação. Os grandes bancos de varejo — Citibank, Wells Fargo, PNC Bank e outros — gastam bilhões de dólares para se tornarem confiáveis. Eles também investem prodigamente em tecnologia e em seus ambientes físicos para melhorar a "experiência do cliente". O que é chocante, porém, é que, mesmo que esses bancos compitam ferozmente pela lealdade do cliente, eles parecem cegos para os momentos que importam na vida destes clientes. Os clientes podem ter um relacionamento com um banco que dura décadas. Imagine quantos momentos de referência acontecerão nesse período! Indo direto ao ponto, muitos desses momentos *realmente envolvem o banco:* A compra de casas, troca de empregos, poupanças para educação, casamentos, aposentadoria, etc.

O desejo. Os bancos poderiam aprender a "pensar em momentos"?

Quais momentos um banco de varejo poderia criar?

Como vimos neste capítulo, três situações constituem momentos marcantes naturais e merecem nossa atenção: (1) as transições; (2) os marcos; e (3) os fossos. Vamos examinar cada categoria no que se refere aos relacionamentos bancários.

Transições: (1) *a compra de uma casa*. Uma mudança tão grande como esta não merece uma comemoração? Muitos corretores de imóveis deixam um presente de boas-vindas a seus clientes. E o banco com o seu financiamento de seis dígitos — que tipo de presente ele envia?

Seu primeiro extrato mensal. Que oportunidade perdida! (2) *O primeiro contracheque de um novo emprego.* E se um banco lhe enviasse uma carta de felicitações? Ou um cartão-presente de um audiobook para ouvir no seu trajeto? (3) *Um jovem que abre sua primeira conta.* Em um banco canadense, um menino trouxe seu cofrinho para abrir uma conta. Suas economias totalizaram (digamos) US$ 13,62. O bancário disse: "Estamos muito orgulhosos por você ter economizado seu dinheiro — por que não arredondamos isso para um valor de US$ 20?" O menino e seus pais ficaram emocionados e o momento custou apenas alguns dólares. E se os bancários tivessem o poder de fazer esses gestos com mais frequência, tornando seu trabalho mais divertido e significativo? (Consulte e inspire-se com a história da rede Pret A Manger, no capítulo 4.) (4) *O casamento.* Imagine um cliente ligando para o banco para adicionar o nome de seu cônjuge a suas contas e, alguns dias depois, descobrindo que o banco havia comprado um item em sua lista de casamento! Ou se o banco oferecesse aconselhamento financeiro gratuito para casais de noivos?

Marcos: Lembre-se de como o Fitbit e o Pocket comemoram os momentos que as pessoas do contrário perderiam? (1 milhão de palavras lidas!) Os bancos poderiam facilmente fazer a mesma coisa de inúmeras maneiras durante o envio de mensagens de felicitações: (1) quando o seu saldo de poupança atingir determinados marcos como $ 1.000 ou $ 10.000; (2) quando você mantiver um saldo de "fundo de emergência" por seis meses ou um ano; (3) quando você ganhar US$ 100 ou US$ 1.000 em juros do banco; (4) ao pagar 25 ou 50 ou 75% de seu financiamento. E quando finalmente você paga sua hipoteca por completo. Não seria impressionante se alguém do banco entregasse pessoalmente a escritura em sua casa (agora sua) e apertasse sua mão? (Gerentes em um banco australiano admitiram para nós que não apenas *não* entregavam pessoalmente a escritura, mas, na verdade, *cobravam dos clientes uma taxa* para transferi-la!)

Fossos: (1) *O divórcio ou a demissão.* E se os bancos dessem aos seus clientes a opção de uma pausa de três meses nas parcelas do financiamento durante este momento de reerguida? O mesmo número de pagamentos do financiamento seria feito no total. O pagamento final somente se deslocaria para três meses posteriores. Essa mesma "pausa" também poderia ser oferecida para famílias com recém-nascidos: "Achamos que vocês devem estar precisando comprar coisas novas para casa, e por isso devem aproveitar alguns meses de férias do financiamento!". (2) *Assistência no manejo dos assuntos familiares após casos de morte ou invalidez.* Tantas pessoas têm dificuldades nesta situação, tentando resolver contas, bens e dívidas, e os bancos estão em uma posição única para oferecer orientação e suporte.

Reflexões finais: Algumas dessas sugestões possivelmente são muito caras ou muito intrusivas. (Algumas pessoas podem não gostar que os bancos "notem" um novo emprego ou um novo cônjuge.) O ponto é que os bancos perdem inúmeras oportunidades de aumentar a fidelidade do cliente através da criação dos momentos. A falta de atenção a esses momentos contradiz a fala dos bancos sobre a construção de fortes relacionamentos com os clientes. O relacionamento em que uma das partes é alheia aos momentos mais profundos da vida da outra não é verdadeiramente um relacionamento.

Seu negócio pode não ter um papel central na vida das pessoas como um banco tem. Será que você, no entanto, está perdendo oportunidades de oferecer suporte, parabéns ou orientações nos momentos críticos? Você está pensando em momentos?

Momentos de ELEVAÇÃO

Momentos de INSIGHT

Momentos de ORGULHO

Momentos de CONEXÃO

Introdução aos Momentos de Elevação

Até agora, respondemos três questões principais: *O que* são os momentos marcantes? *Por que* você desejaria criá-los? E *quando* você deve estar pronto para "pensar em momentos"? No entanto, ainda não abordamos a questão mais importante: *Como* criamos os momentos marcantes?

Como vimos, os líderes da YES Prep criaram o *Signing Day*, um momento marcante para os graduandos do Ensino Médio. Doug Dietz e seus colegas criaram a linha de "aventuras" para as instalações de ressonância magnética, capazes de transformar a experiência do fosso em um momento de pico para pacientes infantis. Então agora sabemos que os momentos marcantes podem ser conscientemente criados. Você pode ser o arquiteto dos momentos que importam.

Nas seções a seguir, ofereceremos algumas estratégias práticas para a criação de momentos especiais usando os quatro principais elementos das experiências memoráveis: a elevação, o insight, o orgulho e a conexão.

Começaremos com a elevação. Os momentos de elevação são experiências que estão acima do dia a dia. Períodos para serem saboreados. Momentos que nos fazem sentir engajados, alegres, maravilhados e motivados. Estes são os picos.

Os momentos de elevação podem ser ocasiões sociais que marcam as transições: festas de aniversário, festas de aposentadoria, bar/bat mitzvahs judaico, festas de quinze anos e casamentos.

Depois, há outros momentos de elevação nos quais nos sentimos elevados em virtude de estarmos "no palco", por assim dizer: ao competir em eventos esportivos, fazer uma apresentação, atuar em uma peça. As apostas são maiores. Estamos absorvidos no momento.

Finalmente, há momentos de elevação que acontecem espontaneamente: a viagem não planejada. A caminhada em um dia ensolarado que faz você sorrir. O primeiro toque da mão da pessoa amada.

Somos capazes de criar mais momentos de elevação? Sem dúvida. Também podemos aprender a "tornar maior" um pico já existente, como redesenhar uma festa de aniversário ou tornar uma apresentação mais memorável para um cliente. A receita para construir um momento de elevação é simples e vamos descrevê-la em detalhes em breve. Embora os momentos elevados sejam simples de conceber, pode ser enlouquecedor dar vida a eles (sobre esse assunto, há uma reviravolta surpreendente da história da "Experiência do Primeiro Dia" da John Deere). A ausência ou negligência dos picos é particularmente evidente nas organizações — desde as igrejas, até as escolas e empresas —, onde as rotinas implacáveis tendem a reduzir os picos a solavancos.

Nos dois capítulos a seguir, você verá como encontrar e aprimorar os momentos de elevação e descobrir o quanto este esforço pode ser difícil. Você também perceberá por que vale a pena lutar por esses momentos. Ninguém refletindo sobre a própria vida jamais desejou menos situações dessas.

3
Construa os picos

1.
Você é um estudante de segundo ano na Hillsdale High School, uma escola pública de ensino médio em San Mateo, na Califórnia. Em sua aula de história, você estudou a ascensão do fascismo, a Segunda Guerra Mundial e o Holocausto.

Enquanto isso, em inglês, você está lendo o *Senhor das Moscas*, de William Golding, que conta a história de um grupo de garotos que estão isolados em uma ilha. Alheios às influências estabilizantes da sociedade e da cultura, eles retornam a um estado de selvageria. Golding contou uma vez que escreveu o romance em parte como uma reação à brutalidade que ele observou durante seu serviço militar na Segunda Guerra Mundial. O livro foi sua "tentativa de buscar a origem dos defeitos da sociedade a partir dos defeitos da natureza humana".

Um dia, nas aulas de inglês, sua turma está discutindo uma parte do romance em que a violência irrompe entre os meninos, mas, então, a conversa é interrompida. Para sua surpresa, você recebe um texto de uma acusação similar à oficial (veja a seguir).

O documento anuncia que William Golding foi acusado de difamação, por interpretar de maneira grosseira e errônea a natureza humana em sua representação dos meninos. Você e seus colegas conduzirão o julgamento de Golding. Cada um de vocês escolherá um papel: a testemunha, o advogado ou o juiz.

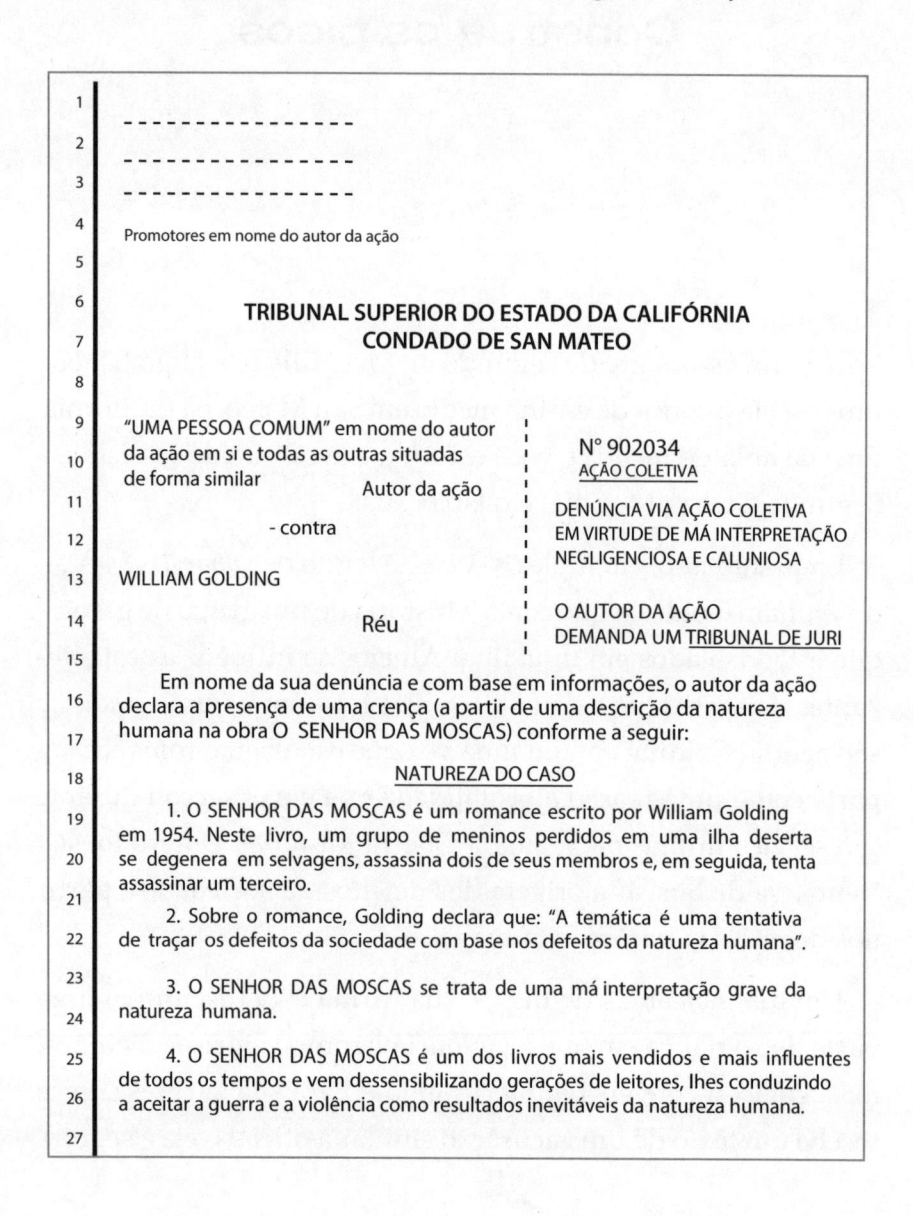

1
2 ------------------
3 ------------------
4 ------------------
   Promotores em nome do autor da ação
5
6   **TRIBUNAL SUPERIOR DO ESTADO DA CALIFÓRNIA**
7   **CONDADO DE SAN MATEO**
8

9 "UMA PESSOA COMUM" em nome do autor
10 da ação em si e todas as outras situadas   N° 902034
   de forma similar   AÇÃO COLETIVA
11   Autor da ação
                                                    DENÚNCIA VIA AÇÃO COLETIVA
12   - contra   EM VIRTUDE DE MÁ INTERPRETAÇÃO
                                                    NEGLIGENCIOSA E CALUNIOSA
13 WILLIAM GOLDING
                                                    O AUTOR DA AÇÃO
14   Réu   DEMANDA UM TRIBUNAL DE JURI
15
       Em nome da sua denúncia e com base em informações, o autor da ação
16 declara a presença de uma crença (a partir de uma descrição da natureza
17 humana na obra O SENHOR DAS MOSCAS) conforme a seguir:

18   NATUREZA DO CASO

19   1. O SENHOR DAS MOSCAS é um romance escrito por William Golding
   em 1954. Neste livro, um grupo de meninos perdidos em uma ilha deserta
20 se degenera em selvagens, assassina dois de seus membros e, em seguida, tenta
   assassinar um terceiro.
21
       2. Sobre o romance, Golding declara que: "A temática é uma tentativa
22 de traçar os defeitos da sociedade com base nos defeitos da natureza humana".

23   3. O SENHOR DAS MOSCAS se trata de uma má interpretação grave da
24 natureza humana.

25   4. O SENHOR DAS MOSCAS é um dos livros mais vendidos e mais influentes
   de todos os tempos e vem dessensibilizando gerações de leitores, lhes conduzindo
26 a aceitar a guerra e a violência como resultados inevitáveis da natureza humana.

27

O julgamento dependerá de perguntas grandiosas e provocativas: Golding estava certo ao dizer que a natureza humana é defeituosa? A civilização é apenas um verniz sobre uma essência violenta?

Este evento acontece todos os anos para alunos do segundo ano da escola e se tornou conhecido como o Julgamento da Natureza Humana (ou o Julgamento de Golding). Você e seus colegas terão cerca de dois meses para se preparar. Então, quando chega o grande dia, você vai pegar um ônibus escolar até um tribunal e conduzir o julgamento na frente de um júri formado por professores e ex-alunos da escola Hillsdale. Seus pais e colegas lotam uma galeria para assistir ao julgamento.

Como um dos advogados, você convocará testemunhas famosas da história e da literatura — pessoas que têm uma forte opinião sobre a verdadeira natureza da humanidade, seja ela boa ou ruim. Algumas das figuras previstas tomarão lugar, como Hitler, Hobbes, Gandhi e Madre Teresa, mas as testemunhas também incluirão algumas surpresas: Jane Goodall, Mark Twain, Darth Vader e até Tupac Shakur. Todos eles serão representados, com fantasia e tudo, por seus colegas, que terão diligentemente pesquisado e ensaiado seus testemunhos sobre a questão da natureza humana.

Ao longo dos anos, muitos júris condenaram Golding. Muitos o libertaram. Cabe a você decidir o que vai acontecer desta vez.

O Julgamento da Natureza Humana foi criado em 1989 por Greg Jouriles, professor de ciências sociais em seu terceiro ano como professor, e Susan Bedford, professora de inglês com 20 anos de experiência. Eles não se conheciam bem até o momento em que seus alunos reclamaram que ambos os professores haviam escolhido a mesma data de entrega para um trabalho importante.

Este fato os fez conversar e eles perceberam que tinham muito em comum. Por um lado, ambos tinham se desiludido com o ensino e estavam em um conflito pessoal interno para saber se queriam continuar no magistério.

"Eu havia caído na rotina da professora de língua inglesa de 'ler um romance, falar sobre ele e elaborar uma prova'", contou Bedford. "Eu estava procurando por algo que pudesse reacender a chama que senti no começo da minha carreira".

Eles também ansiavam por algo para seus alunos e, enquanto conversavam, chegaram a uma conclusão perturbadora: embora os alunos do ensino médio passem mais tempo na sala de aula do que em qualquer outro lugar, suas experiências mais memoráveis raramente acontecem na sala. Em vez disso, eles se lembram do baile de formatura, dos jogos de futebol, das produções musicais, das eleições representativas dos estudantes, encontros de natação, dos shows de talentos.

Jouriles e Bedford fizeram, então, uma pergunta que guiaria o resto de suas carreiras: *E se pudéssemos criar uma experiência acadêmica que fosse tão memorável quanto a formatura?*

Pense sobre isso. Eles queriam construir um momento de pico. Um momento tão memorável quanto o baile de formatura, a noite em que os adolescentes alugam limusines e vomitam um no outro. Essa é uma tarefa difícil.

Eles também queriam que a experiência se baseasse em alguns dos grandes temas de seus cursos, incluindo um mistério básico que eles compartilhavam: qual é a verdadeira natureza da humanidade?

A inspiração ocorreu quando Jouriles descobriu por um acaso um relato de alguém que conduziu a simulação de um julgamento de Caim, filho de Adão e Eva e que matou seu próprio irmão, Abel (na Bíblia, Caim é a primeira pessoa nascida e também o primeiro assassino, fato que acaba sendo a própria análise bíblica sobre a natureza humana). O formato do julgamento simulado parecia perfeito — seria diferente, dramático e imprevisível.

"Nós tentamos, deliberadamente, pensar em maneiras de arriscar mais", contou Bedford. "Para dar à experiência mais desafio, mais valor, para pedir às crianças que se esforçassem de uma maneira que nunca haviam feito antes".

No primeiro ano do Julgamento, eles aumentaram as apostas e convidaram o diretor da escola, o capitão do time de futebol americano, entre outras celebridades de Hillsdale, a se juntarem ao júri. Eles queriam que seus alunos sentissem o desafio de se apresentar na frente das figuras poderosas da escola.

À medida que as semanas de preparação se desdobravam, Jouriles e Bedford sentiram uma certa pressão dentro deles. Se falhassem, eles falhariam com o diretor observando em primeira mão. "Estávamos passando pela mesma pressão que os alunos", disse Bedford. "Eu nunca havia dito que sou o tipo de pessoa que gosta de se arriscar".[1]

---

[1] Devemos notar que Jouriles e Bedford foram extremamente generosos em compartilhar o crédito com os outros — ambos deram créditos a um diretor apoiador e a um ambiente escolar, e ambos citaram uma longa lista de influências intelectuais em seu trabalho. Foi nossa decisão manter a história focada neles para fins de simplificação.

A confiança da dupla cresceu quando viram como os alunos estavam levando as tarefas dadas a sério. "Havia intensidade, entusiasmo e envolvimento", disse Jouriles, "e um esforço extra que nunca havíamos pedido. As crianças estavam ficando depois do horário da escola para fazer mais."

"Os alunos nunca perguntaram: 'Quantos pontos isso vai valer?'", contou Bedford, incrédula. "Esse é *sempre* o primeiro questionamento das crianças, mas elas nunca o fizeram. Nós pensamos, *Opa! Tem algo grande nesta isca*".

Em seu primeiro ano, o julgamento estava longe de ser tranquilo. Algumas testemunhas eram brilhantes, enquanto outras estavam lamentavelmente despreparadas ou abaladas pelo nervosismo. O espetáculo, no entanto, foi inesquecível: testemunhas tomando seu lugar em um verdadeiro banco de testemunhas da Suprema Corte. Os estudantes/advogados, vestindo ternos, posicionando seus argumentos orais na frente de uma plateia. Observadores assistindo ao *interrogatório de Gandhi*. Foi incrível. Quando saiu o veredito — inocente! — as crianças explodiram de felicidade com muitos aplausos.

Após o julgamento, Jouriles observou um estudante que nunca havia demonstrado muito interesse pela sala de aula "pulando pelo corredor como se tivesse acabado de ganhar um jogo importante". O aluno disse: "Isso foi ótimo. O que vamos fazer na próxima?"

Desde então, o Julgamento da Natureza Humana se institucionalizou na escola. O outono de 2017 terá o 29º julgamento consecutivo.

Bedford e Jouriles conseguiram criar um evento acadêmico tão memorável quanto a formatura. Na verdade, muito mais memorável. Como disse Jouriles, muito orgulhoso: "Em todos os discursos dos formandos que eu ouvi, houve menção ao julgamento. Eu nunca ouvi menção ao baile".

O espírito do Julgamento era contagiante. Um grupo de outros professores da Hillsdale High School até ficou chateado de ouvir que seus alunos do terceiro ano relembravam, todos os anos, como o julgamento havia sido tão memorável. Houve um pouco de ciúme profissional. Estes professores queriam suas próprias experiências de pico para seus alunos de terceiro ano. Eles criaram então a "Exposição do Terceiro Ano". Ela desafiava os alunos a criar um projeto de pesquisa próprio, desenvolvê-lo ao longo do ano e depois prepararem-se para uma "defesa oral" final de seu trabalho, na primavera. Os tópicos iam desde o realismo mágico até a anorexia e o futuro da fusão nuclear.

Muitos pais compareceram às sessões de defesa oral. O orgulho deles era óbvio. "Acho muito raro os pais enxergarem o trabalho de seus filhos", disse Jeff Gilbert, um dos criadores da Exposição do Terceiro Ano e agora diretor da Hillsdale High School. "Eles comparecem a encontros de natação. Eles comparecem a apresentações de dança. Eles assistem peças. Muito raro, porém, são aqueles pais que enxergam o trabalho acadêmico que seus filhos fazem.

"A escola precisa ser muito mais parecida com os esportes", ele acrescentou. "Nos esportes, há um jogo diante de um público. Nós conduzimos a escola como se fosse uma prática ininterrupta. Nunca há um jogo. Ninguém sairia de casa por causa do time de basquete, se nunca houvesse um jogo de basquete. O que é o *jogo* para os alunos?

Isso é pensar em momentos. Na realidade, Gilbert está se perguntando: "Onde está o pico?" Nos esportes, os jogos proporcionam os picos. A experiência de um atleta escolar pode ser descrita conforme o gráfico abaixo. Ele mapeia o nível de entusiasmo de um aluno ao longo de uma semana, com os três treinos (todos uma chatice) abaixo da linha média e o jogo acima dela, uma vez que o pico faz o sacrifício valer a pena:

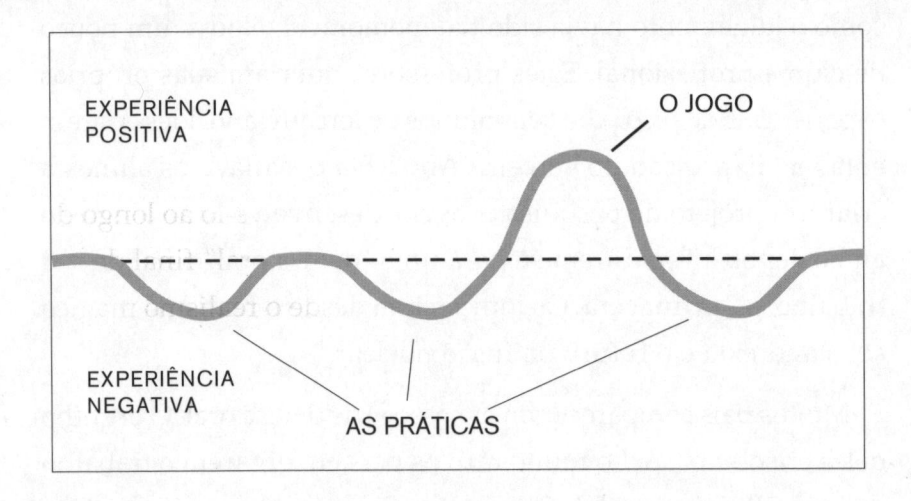

Com a escola, no entanto, há uma constância na experiência. As provas finais podem criar fossos, mas, em geral, as emoções do dia a dia são bastante parecidas:

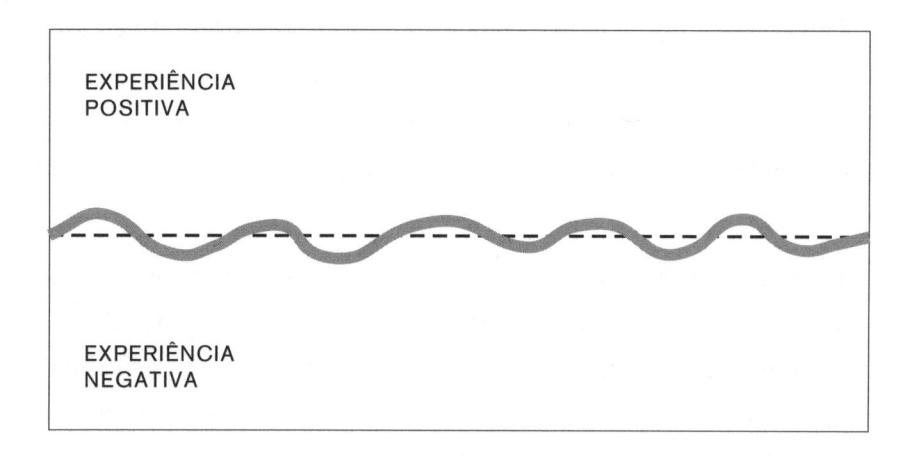

O Julgamento da Natureza Humana, ou a Exposição do Terceiro ano, acrescentam um pico à linha plana:

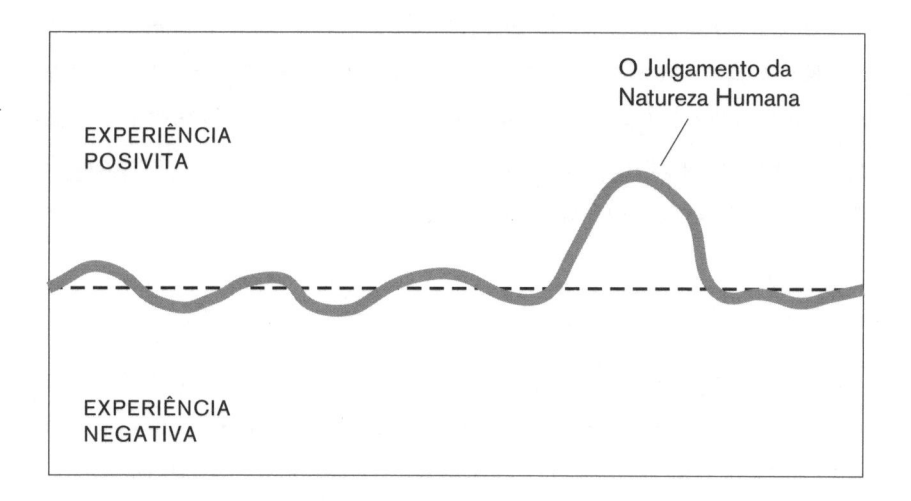

Perceba que isso envolve custos. O tempo e a energia investidos no Julgamento da Natureza Humana tinham que vir de algum lugar. Jouriles e Bedford sacrificaram parte de seu tempo livre, e é provável que tenham investido um pouco menos de tempo em outras aulas para se concentrar no julgamento.

Este sacrifício vale a pena? Certamente sim, quase sempre. Lembre-se do mantra sobre as grandes experiências de serviço do primeiro capítulo: "Esquecíveis na maioria das vezes e inesquecíveis em algumas das vezes". Esse mantra se aplica também à experiência escolar e da vida. Os momentos "inesquecíveis em algumas das vezes" não devem ser deixados ao acaso! Eles devem ser planejados e trabalhados. São os picos que devem ser construídos. Se não conseguirmos fazer isso, olhe para as experiências que nos restam: *esquecíveis na maioria das vezes*.

Existem mais de 35.000 escolas de ensino médio nos Estados Unidos. Quantas delas têm uma experiência estudantil que se compara com o Julgamento da Natureza Humana? Nossas escolas de ensino médio, que eram excelentes escolas públicas, certamente não o fizeram. A sua fez algo assim?

2.

Embora as experiências "esquecíveis na maioria das vezes" sejam decepcionantes na escola e em nossas vidas pessoais, elas podem parecer bem diferentes no mundo dos negócios. Há a expectativa de que suas experiências sejam esquecíveis na maioria das vezes com: prestadoras de serviços de energia elétrica, água, TV a cabo, internet, transportadoras de encomendas, postos de gasolina, serviços de encanadores e atendimento odontológico. Seria ótimo, não? Isso acontece porque em muitos relacionamentos com clientes, os momentos dos fossos são aqueles com maior probabilidade de serem lembrados. O sinal de TV a cabo some. O banheiro que entope. O dentista usa um pouco mais de vigor na limpeza dos dentes. Em outras palavras, o status de "esquecível na maioria das vezes" é, na verdade, desejável em muitas empresas! Isso significa que nada deu errado. Você teve o serviço que esperava.

Pense nisso como o primeiro estágio de uma experiência de sucesso com o cliente. Primeiro, você preenche os fossos. Isso, por sua vez, lhe deixa livre para se concentrar no segundo estágio: criar os momentos que tornarão a experiência "inesquecível em algumas das vezes". Preencha os fossos e, em seguida, construa os picos.

O que chama a atenção, porém, é que muitos líderes empresariais nunca se voltam para esse segundo estágio. Em vez disso, após terem preenchido os fossos em sua prestação de serviço, eles se esforçam para tapar os *buracos* — os pequenos problemas e aborrecimentos. É como se os líderes desejassem criar um serviço sem reclamações, em vez de um serviço extraordinário.

Pegue o Magic Castle Hotel como um exemplo. Se o hotel não tivesse água quente, ele seria um fosso. E até que fosse preenchido, os hóspedes não se encantariam com picolés. Na indústria hoteleira, a satisfação dos seus hóspedes é uma meta inatingível até que você forneça o básico: um check-in razoavelmente rápido, quartos razoavelmente atraentes, camas razoavelmente confortáveis e assim por diante. Só que alguns clientes ainda vão reclamar! A lâmpada não era brilhante o suficiente. Você não tinha a HBO. Não havia a opção de lanches sem glúten no menu.

Nas empresas de serviços, há um grande número de buracos para serem tapados, e é por isso que os executivos conseguem ficar presos em um ciclo interminável de gerenciamento de reclamações. Eles estão sempre na defensiva e nunca na ofensiva.

Os líderes do Magic Castle estão na ofensiva. Eles não tentam fazer tudo perfeito (o lobby lembra vagamente uma área de espera de uma oficina). Mas eles arrasam ao criar os momentos que marcam você. O gerente geral, Darren Ross, está sempre incentivando os funcionários a buscar momentos que deixem o cliente boquiaberto. Em um dos casos, um casal voltou para o hotel uma noite, falando todo entusiasmado com um funcionário sobre um coquetel que experimentaram em um bar local. No dia seguinte, após voltarem do passeio para seu quarto, ficaram surpresos com o presente que estava esperando por eles. O funcionário havia buscado a receita de coquetel do bar *e comprado todos os ingredientes para que pudesse fazê-lo*. Isso sim é jogar na ofensiva.

(Consulte as notas finais do livro para uma exceção a esta lógica. Estudos sugerem que, quando os clientes entram em contato com você porque tiveram problemas com um produto ou serviço, você deve se concentrar na defesa — ou seja, é necessário se concentrar na eficiência e não em tentar "encantá-los".)

"Alguns estudos já mostraram, de forma consistente, que a confiabilidade, a segurança e a competência *atendem* às expectativas dos clientes", conta o especialista em serviços Leonard Berry, professor da Texas A&M University. "A fim de *exceder* as expectativas do cliente e criar uma experiência memorável, você precisa dos fatores comportamentais e interpessoais do serviço. O elemento da surpresa agradável é fundamental. E isso acontece quando os seres humanos interagem." No entanto, observe a surpresa: a maioria dos executivos da área de serviços vêm ignorando as pesquisas sobre o atendimento *versus* superação de expectativas.

Os estudiosos sobre experiência do cliente da Forrester, empresa líder em pesquisa e consultoria, realizam uma pesquisa anual com mais de 120.000 clientes sobre sua experiência mais recente em empresas de uma ampla variedade de setores: bancos, hotéis, montadoras, fabricantes de PCs e muitas outras. Uma pesquisa recente chamada "Índice de Experiência do Cliente dos EUA (Índice CX), de 2016" perguntou como os clientes se sentiam a respeito da experiência citada acima. Eles classificaram suas emoções em uma escala de 1 a 7, onde 1 refletiu um sentimento muito ruim e 7 um sentimento muito bom.

1	2	3	4	5	6	7
Muito Ruim			Neutro			Muito Bom

Se você fosse um executivo da área de serviços, o que faria com os resultados dessa pergunta? Provavelmente você não se concentraria nos números 7; eles te amam, eles estão felizes. No entanto, dado que todos os outros — das notas 1 a 6— dão margem para melhorias, quem receberá a atenção? Você tentaria consertar problemas para os clientes das notas 1, ou seja, as pessoas que você torturou? Ou você tentaria encantar os clientes das notas 6 para empurrá-los até um 7? Em um mundo ideal, você faria tudo de uma vez — encontrando maneiras de conduzir todos até um 7. No nosso mundo, porém, você enfrenta dilemas de tempo e atenção. Em quais clientes você se concentraria, então?

Vamos simplificar um pouco mais a decisão. Digamos que você tenha que escolher entre dois planos. O plano A eliminaria magicamente todos os seus clientes insatisfeitos (os clientes das notas 1, 2 e 3) e os aumentaria para um 4:

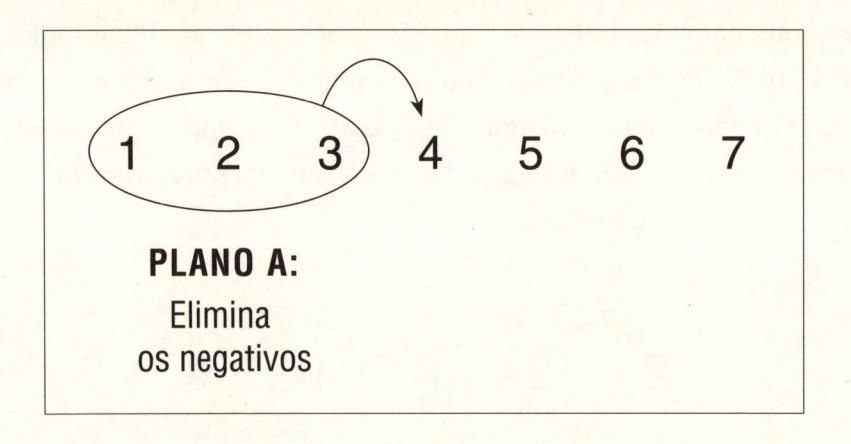

PLANO A:
Elimina os negativos

Por outro lado, o plano B instantaneamente levaria todos os seus clientes de uma posição neutra ou positiva até um 7:

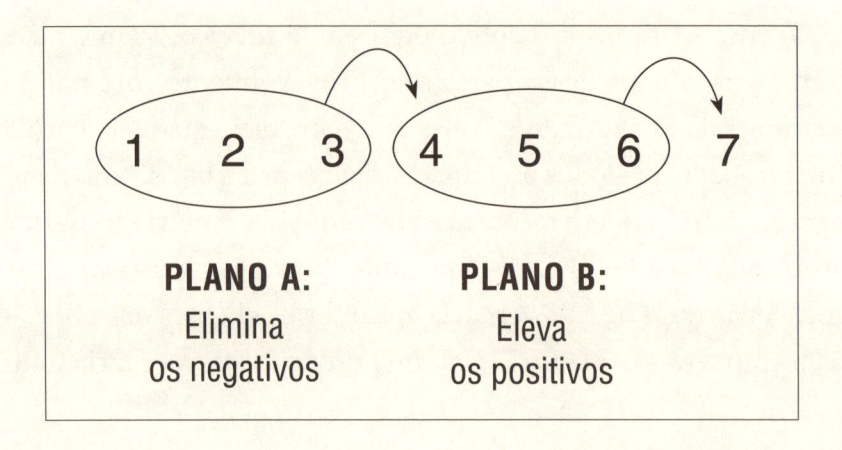

PLANO A:
Elimina os negativos

PLANO B:
Eleva os positivos

Qual você escolheria?

Apresentamos esse cenário a dezenas de executivos com atuação focada na experiência do consumidor, incluindo líderes de marcas conceituadas como Porsche, Disney, Vanguard, Southwest Airlines e Intuit, e perguntamos a eles qual plano descrevia melhor a maneira como sua empresa alocava seu tempo e recursos. Eles estimaram, em média, que suas empresas gastaram 80% de seus recursos tentando melhorar a experiência de clientes extremamente infelizes.

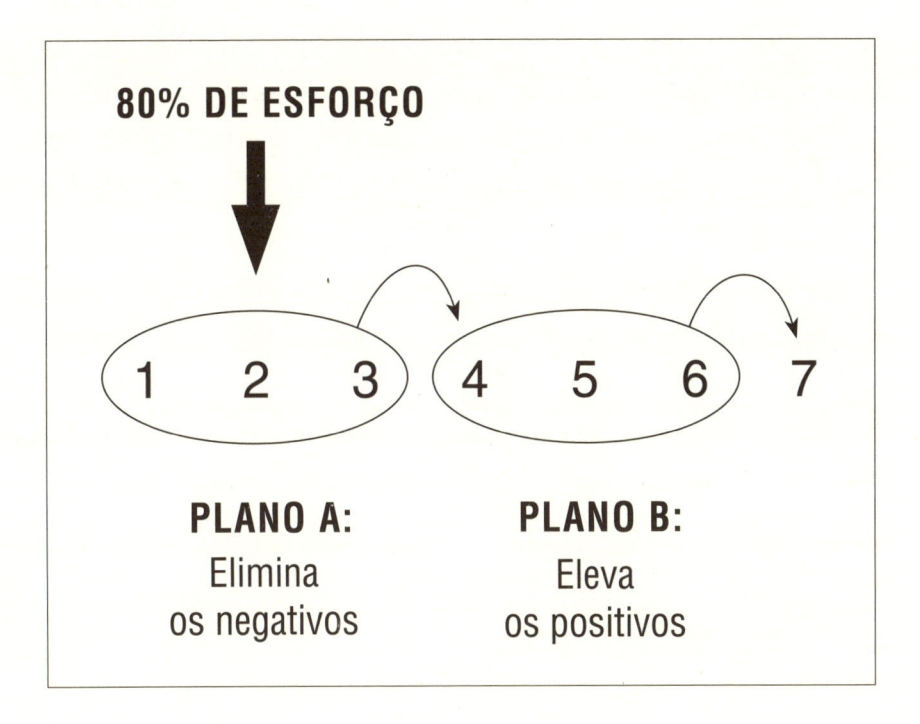

80% DE ESFORÇO

1 2 3   4 5 6   7

PLANO A: Elimina os negativos

PLANO B: Eleva os positivos

Isso parece razoável à primeira vista — eles estão tentando eliminar os piores problemas dos clientes. Mas, como investimento estratégico, é loucura.

Eis o porquê. Os pesquisadores da Forrester construíram modelos do valor financeiro de um cliente. Com base nas respostas da pesquisa eles sabem, por exemplo, que um cliente de uma companhia aérea que dá uma avaliação 7 (muito positiva) gastará cerca de US$ 2.200 em viagens aéreas durante o próximo ano. Um cliente dando uma classificação 4, por outro lado, gastará apenas US$ 800. Os números respectivos para o setor de envio de encomenda são de US$ 57 e US$ 24.

Em outras palavras, as pessoas mais felizes em qualquer setor tendem a gastar mais, então mover um 4 para um 7 gera mais gastos do que mover uma avaliação nota 1 para uma avaliação nota 4. Além disso, há *muito mais pessoas* na zona de "sentimento positivo" 4-6 do que na "zona de sentimento negativo" 1-3. Com o Plano B, portanto, você vai criar mais valor financeiro por pessoa *e* alcançar mais pessoas ao mesmo tempo.

Em virtude disso, a escolha entre o plano A e o plano B não resultará em pequenas consequências. E aqui está a constatação surpreendente dos dados da Forrester: se você elevar os positivos (plano B), você ganhará *cerca de 9 vezes mais receita* do que se eliminar os negativos (plano A). (8,8 vezes, para ser mais preciso.)

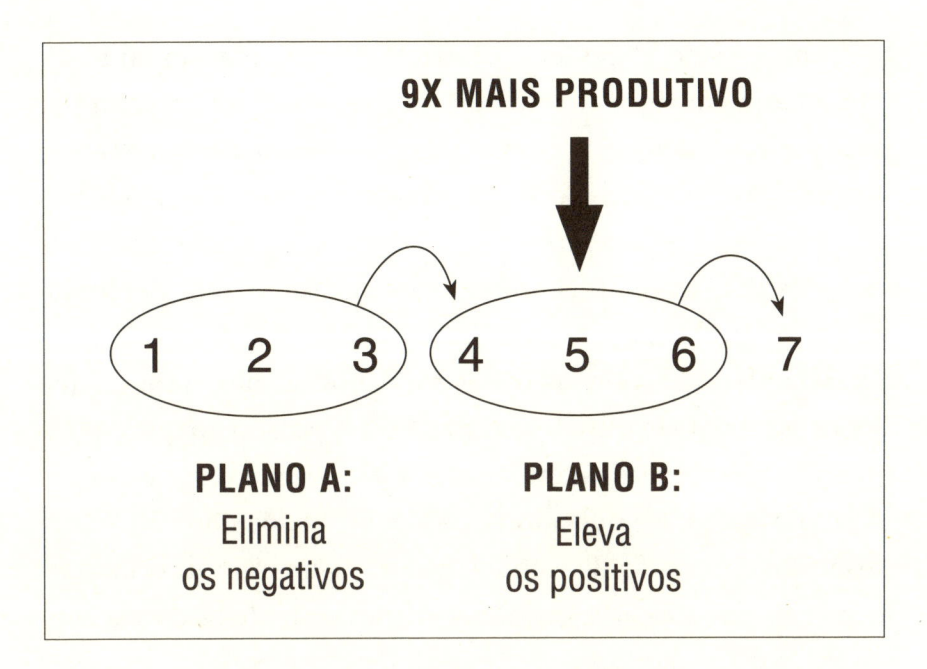

```
                    9X MAIS PRODUTIVO
                            ↓
    ⟨ 1   2   3 ⟩ ⤴  ⟨ 4   5   6 ⟩ ⤴  7

        PLANO A:              PLANO B:
         Elimina                Eleva
       os negativos          os positivos
```

No entanto, a maioria dos executivos ainda vai buscar o plano A. (Consulte a nota de rodapé para mais informações sobre a metodologia e sobre a "falação" antecipada).[2]

---

2 (1) Metodologia: Esses dados foram extraídos de uma análise de 16 indústrias: companhias aéreas, fabricantes de automóveis, seguros automotivos e residenciais, bancos de varejo, bancos diretos, aluguel de carros, cartões de crédito, plano de saúde, hotéis, fabricantes de PC, transportadoras, varejistas tradicionais, varejo online, prestadoras de serviços de internet, de TV a cabo e de telefonia móvel. Embora houvesse diferenças entre as indústrias, é claro, o padrão fundamental que estamos citando foi consistente. (2) A "falação" antecipada. Você pode estar pensando: "E aquele boca a boca negativo que pode ser espalhado pelos seus clientes insatisfeitos caso você não gaste algum tempo com eles?" A Forrester mediu esse efeito e constatou que os clientes que desencorajavam os outros a respeito da marca eram incrivelmente raros. O efeito negativo do boca a boca foi tão pequeno, na verdade, que acabaram por eliminá-lo do modelo.

Como os líderes podem priorizar tão mal quando tanto dinheiro está em jogo? A verdade é que devemos ter empatia por eles, porque todos cometemos o mesmo erro em diferentes áreas da vida. Por repetidas vezes, pesquisas mostram que tendemos a ficar obcecados com problemas e informações negativas. Fãs de esportes pensam mais sobre os jogos que seus times perderam do que os que eles ganharam. Em nossos diários, passamos mais tempo refletindo sobre as coisas ruins que aconteceram do que sobre as boas. O feedback negativo é mais pesado do que o positivo; ficamos obcecados com 1 comentário negativo em um acervo de 10 positivos. Pesquisadores da Universidade da Pensilvânia resumiram dezenas de estudos que posicionaram informações negativas em relação a positivas. A conclusão deles estava bem no título do artigo: "O mau é mais forte que o bom".

Logo, quando se trata do modo de pensar dos executivos da área de serviços, não é de se surpreender que o mau seja mais forte que o bom. A atenção deles é naturalmente atraída para os clientes que tiveram as piores experiências. No entanto, ao ceder a esse instinto, eles perdem uma enorme oportunidade.

Só para esclarecer, não estamos recomendando que os líderes abandonem seus esforços para reparar problemas maiores. Em vez disso, eles devem realocar sua atenção. Há nove vezes mais a ganhar na elevação dos clientes positivos do que na eliminação dos negativos.

Este processo de elevação — de mover os clientes para um 7 — não se refere a preencher fossos ou pavimentar buracos. Para criar o fã, você precisa do notável e isso exige os picos. Picos não surgem naturalmente. Eles precisam ser construídos.[3]

3.

Como você constrói picos? Você cria um momento positivo com elementos de elevação, insight, orgulho e/ou conexão. Vamos explorar estes três elementos finais mais tarde, mas, por enquanto, vamos nos concentrar na elevação. Para elevar um momento, faça três coisas: primeiro, impulsione o apelo sensorial. Em segundo lugar, aumente as apostas. Em terceiro lugar, saia do script. (Sair do script significa violar as expectativas sobre uma experiência — o próximo capítulo é dedicado ao conceito.) Os momentos de elevação não precisam ter todos os três elementos, mas a maioria tem, pelo menos, dois.

Aumentar o apelo sensorial tem a ver com "aumentar o volume" da realidade. A aparência é melhor, o gosto é melhor, algo soa melhor ou faz a gente se sentir melhor do que o normal. Casamentos têm flores, comida, música e dança. (E não precisam ser supercaros — consulte a nota de rodapé para saber mais sobre

---

[3] É importante acrescentar que, à medida que conhecemos a equipe da Forrester, percebemos que compartilhamos uma perspectiva semelhante e começamos a explorar uma parceria de consultoria com eles e que ajudaria as empresas a oferecer melhores experiências aos clientes. No momento, a parceria não foi formalizada, mas estamos intrigados com a ideia de ajudar os clientes a construir os picos.

isso[4].) O disque-picolé oferece seus agrados entregues em bandejas de prata por garçons de luvas brancas. O Julgamento da Natureza Humana é conduzido em um tribunal de verdade.

A quantidade de vezes que as pessoas usam *roupas* diferentes para os eventos de pico é impressionante: roupas de formatura, vestidos de noiva e as cores do time da casa. Na escola Hillsdale, os advogados usavam ternos e as testemunhas se vestiam a caráter. Um pico significa que algo especial está acontecendo; deve parecer diferente.

Aumentar as apostas é adicionar um elemento de pressão produtiva: uma competição, um jogo, uma apresentação, um prazo, um compromisso público. Pense no nervosismo antes de um jogo de basquete, ou na emoção e nas mãos suadas ao subir no palco do *Signing Day*, ou na pressão da defesa oral na Exposição do Terceiro Ano na Hillsdale High School. Lembre-se de como a professora Susan Bedford disse que, ao projetar o julgamento, ela e Greg Jouriles estavam deliberadamente tentando fazer com que seus alunos "arriscassem mais". Eles fizeram com que seus alunos pudessem conduzir o julgamento na frente de um júri que incluía o diretor e o jogador mais importante do time da escola. Isso se chama pressão.

---

4 O aumento do apelo sensorial não exige extravagância. O dinheiro pode ser facilmente mal gasto. Quando pesquisadores da Universidade Emory entrevistaram 3.000 pessoas sobre seus casamentos, eles constataram que os casamentos mais caros estavam correlacionados com uma chance maior de divórcio. Isso não é uma declaração de causa-efeito — portanto, se você está planejando um casamento, não se preocupe se você está colocando seu casamento em risco ao ostentar com flores. Os resultados, no entanto, são um bom lembrete para se concentrar no significado, e não no dinheiro. Se você imaginar um casamento de US$ 1 mil versus um casamento de US$ 30 mil, por exemplo, qual terá a probabilidade de ocorrer em um local pessoalmente significativo e cheio de emoções, ao invés de um salão de festas bonito, porém genérico? Qual deles provavelmente dará a impressão de ter sido "artesanal" ao invés de produzido?

Um diagnóstico simples para avaliar se você transcendeu o normal é perceber se as pessoas sentem a necessidade de retirar as câmeras de suas bolsas. Se elas tiram fotos, há certamente uma ocasião especial. (Sem contar, é claro, o viciado em selfies que acha que seu rosto é uma ocasião especial). Nosso instinto de capturar um momento diz: *Eu quero lembrar disso*. Este é um momento de elevação.

A diminuição de um momento vem de instintos opostos: diminuição do apelo sensorial ou diminuição das apostas. Imagine algumas coisas que um chefe não iluminado poderia dizer:

- Entendi. Servir picolés para os hóspedes é uma ideia interessante, mas, honestamente, não é prático ter um "disque-picolé" disponível o dia inteiro. Então por que não os armazenamos em um freezer perto da máquina de gelo?

- Um veredito no Julgamento da Natureza Humana é realmente necessário? Os dois lados não deveriam sair se sentindo vencedores?

- Sim, o *Signing Day* é uma tradição fantástica, mas temos muitos alunos! Que tal imprimirmos suas escolhas de faculdade em um papel, para que assim pudéssemos arranjar tempo para um palestrante inspirador?

Cuidado com a força sugadora de almas chamada "razoabilidade". Caso contrário, você corre o risco de esvaziar seus picos. Quebra-molas são razoáveis. O Monte Everest não é razoável.

Neste momento, nosso palpite é que você curte a ideia de introduzir mais picos em sua vida ou no seu trabalho. Você pegou a ideia. No entanto, você pode estar subestimando a dificuldade de fazer isso acontecer. O conceito é simples, mas sua execução é difícil.

Uma das razões para esta dificuldade é que a criação de um pico normalmente não é a tarefa de pessoa alguma. Jouriles e Bedford eram *obrigados* a ensinar inglês e história. Eles eram *obrigados* a dar nota para os trabalhos e notas de seus alunos. No entanto, o julgamento era puramente opcional e, para que isso acontecesse, eles tinham que superar incontáveis obstáculos logísticos e políticos. (Pense nisso: imagine o que seria necessário para organizar ônibus escolares para transportar estudantes pela cidade em um horário fora do padrão para um tribunal de verdade, especialmente quando não há um item sequer no orçamento para tal expedição). Seria tão fácil para a razoabilidade entrar na jogada.

Um outro exemplo: lembra da Experiência do Primeiro Dia da John Deere? O programa é de fácil implementação, não é? Você deve ter imaginado que ele foi implementado no mundo todo.

Não foi. A implementação tem sido irregular. A equipe de Lani Lorenz Fry, que criou a experiência, faz parte de um grupo interno da área de gestão da marca. Seu grupo *projetou* a experiência, mas não controlou sua implementação. Isso foi deixado para escritórios individuais da John Deere na Ásia. Embora em alguns lugares, como Índia e Pequim, a experiência tenha sido adotada com entusiasmo, em outros ela foi ignorada por completo. Por quê? Não é trabalho de ninguém, é um aborrecimento e sempre há algo acontecendo que parece ser mais urgente.

Esta mesma dinâmica é o que torna tão difícil criar picos em nossas vidas pessoais também. Imagine que você e um bom amigo sempre sonharam em ver a aurora boreal. Vocês dois tem este sonho em sua "lista de desejos". Você até mesmo achou um lugar específico em Yukon, no Canadá, que seria o local perfeito para ver o fenômeno. E se você ligasse para aquele amigo agora e tentasse fazer a viagem acontecer?

Você provavelmente tem uma noção do que aconteceria: primeiro, três semanas de contatos telefônicos sem sucesso. Depois, o entusiasmo inicial ("precisamos fazer isso!") é seguido por um senso de retorno à vida normal. Preocupações sobre como conseguir uma folga do trabalho. Dificuldade em alinhar calendários. E quanto aos horários escolares das crianças? Problemas de dinheiro. Culpa por excluir os companheiros ou companheiras — eles ou elas deveriam vir? Claro. OK, agora há quatro calendários para alinhar e novos problemas com a babá.

A conclusão: "Talvez tentaremos novamente ano que vem?"

Não estamos tentando jogar água no seu chope. Ao invés disso, queremos construir sua determinação: a criação de picos vai ser muito mais difícil do que você imagina. Mas uma vez feito isso, você vai considerar que cada esforço valeu a pena. Você terá criado seus próprios momentos marcantes.

4.

Eugene O'Kelly dedica seu comovente livro de memórias, *Claro como o Dia*, para dar sentido a uma declaração extraordinária que inicia o livro: "Eu fui abençoado. Me disseram que eu tinha três meses de vida."

Na última semana de maio de 2005, os médicos de O'Kelly lhe disseram que ele sofria de um raro câncer chamado glioblastoma multiforme. Três tumores malignos, do tamanho de bolas de golfe, haviam crescido em seu cérebro e não havia cura. Na época, O'Kelly tinha 53 anos, era o CEO da KPMG, uma firma de contabilidade no valor de US$ 4 bilhões e 20.000 funcionários. Era casado com Corinne e tinha duas filhas. Sua filha mais nova, Gina, de 14 anos, ainda estava na escola esperando as férias de verão. Gina provavelmente voltaria para a escola no outono sem um pai.

"Todos os planos que Corinne e eu tínhamos feito para o nosso futuro precisavam ser descartados", disse ele. "Quanto mais rápido eu desmantelava os planos para uma vida que não existia mais, melhor. Eu precisava criar novos objetivos. E rápido". Em 8 de junho, duas semanas após o diagnóstico, ele deixou o cargo de líder da KPMG. Então, ele fez algo que surgiu naturalmente: ele fez um plano. "O que posso dizer? Eu era um contador não somente pelos negócios, mas também nos hábitos... não sabia como fazer as coisas sem planejamento — incluindo a morte."

Uma noite, à mesa da sala de jantar, ele desenhou cinco círculos concêntricos. Era um mapa de seus relacionamentos. Sua família estava no círculo central e no anel externo havia relacionamentos mais distantes, como os parceiros nos negócios. Ele resolveu desdobrar seus relacionamentos — "resolvê-los lindamente" — e trabalhar sistematicamente do círculo externo para o meio. Ele refletiu que, à medida que sua doença progredisse, ele iria querer mais tempo ininterrupto com as pessoas mais próximas, especialmente sua família.

Ele manteve os primeiros desdobramentos de forma simples — um telefonema ou uma troca de e-mails compartilhando lembranças ou apreciações mútuas. Ele teve o cuidado de não deixar as conversas ficarem muito tristes ou mórbidas; ele queria que elas fossem especiais.

O terceiro e quarto círculos eram compostos de amigos e colegas mais próximos, e ele os encontrava pessoalmente. O'Kelly queria que seus encontros fossem cheios de "satisfação e satisfações". Uma hora eles compartilhavam uma refeição requintada. Outra hora se encontravam em um lugar bonito: sentados em um banco do parque perto da água ou passeando pelo Central Park (aumentando o apelo sensorial em uma atmosfera de apostas elevadas). Nestes desdobramentos, O'Kelly e seus amigos trocaram experiências e histórias e conversaram sobre a vida. Ele expressou gratidão pela amizade deles.

O'Kelly chegou a pensar nesses picos como momentos perfeitos, e sua missão, como ele logo percebeu, foi criar o maior número possível deles em um tempo de vida cada vez menor.

Com o passar do verão, ele começou a passar mais tempo com seus amigos e familiares mais próximos. Ele havia se deslocado para o círculo central. Ele se despediu de suas irmãs, Rose e Linda, e depois, em agosto, ele, Corinne e Gina foram para a segunda casa da família, em Lake Tahoe, no estado de Nevada. Naquela época, O'Kelly havia passado por um tratamento de radioterapia destinado a encolher seus tumores e ganhar mais algumas semanas de vida. Ele estava muito fraco.

No final de agosto, sua mãe e seu irmão voaram para Tahoe no final de semana. Seria a visita do desdobramento final. Naquele domingo, que foi um dia lindo, eles pegaram o barco para passearem no lago. O'Kelly escreveu: "Depois de algum tempo lá fora, peguei a mão da minha mãe e a levei até a frente do barco para conversarmos, só nós dois. Disse a ela que estava em um bom lugar. Disse a ela que a veria no paraíso. Pelo fato de ser uma pessoa de fé profunda, ela estava confortável com isso... Foi um dia perfeito. Eu me senti completo. Cansado, mas completo."

Na noite seguinte à partida da mãe e do irmão, Corinne estava deitada nos braços de O'Kelly no sofá. Ela sentiu que ele estava começando a partir e comentou sobre a "ausência" dele. Ele disse: "Você vai ter que assumir agora. Eu fiz tudo que podia fazer."

Cerca de duas semanas depois, em 10 de setembro de 2005, O'Kelly morria de embolia pulmonar.

O que O'Kelly percebeu, na sombra de seus últimos dias, foi o extraordinário poder de um momento. Ele escreveu:

> *Eu experimentei mais momentos perfeitos e dias perfeitos em duas semanas do que eu tive nos últimos cinco anos, ou do que provavelmente teria nos próximos cinco anos, se minha vida continuasse do jeito que estava antes do meu diagnóstico. Olhe para o seu próprio calendário. Você vê os dias perfeitos adiante? Ou eles estão escondidos e você*

tem que descobrir uma maneira de encontrá-los? Se eu lhe dissesse para tentar criar 30 dias perfeitos, você conseguiria? Quanto tempo levaria? Trinta dias? Seis meses? Dez anos? Nunca? Eu senti como se estivesse vivendo uma semana em um dia, um mês em uma semana, um ano em um mês.

Agora, dê uma segunda olhada no início do livro de memórias de O'Kelly, especialmente as duas últimas palavras: "Eu fui abençoado. Me disseram que eu tinha três meses *de vida*".

Essa oportunidade *de viver* foi o porquê de ele ter se sentido abençoado. Não deveríamos compartilhar o zelo de O'Kelly pelos momentos importantes? Podemos até ter mais tempo para viver do que ele, mas será que isso deveria ser motivo para se afastar destes momentos?

Esta é a grande armadilha da vida: um dia vira o próximo, um ano se passa, e ainda não tivemos aquela conversa que sempre quisemos ter. Ainda não criamos este momento de pico para nossos alunos. Ainda não vimos a aurora boreal. Caminhamos por uma planície que poderia ter sido uma cordilheira.

Não é fácil sair dessa tendência. Gene O'Kelly precisou de uma doença terminal para abandoná-la.

O que seria necessário para motivar você a criar um momento perfeito?

4
Saia do Script

1.

O filho de Chris Hurn não conseguia dormir. Era a primeira noite do garoto em casa, após ter passado as férias em Amelia Island, na Flórida, e ele havia acidentalmente deixado Joshie para trás, sua amada girafa de pelúcia. Não havia como dormir sem Joshie. No entanto, Joshie estava na Flórida. Então Hurn estava em uma situação difícil.

Na longa tradição de pais desesperados para fazer seus filhos dormirem, Hurn avaliou suas opções e concluiu que seria melhor começar a mentir. "Joshie está bem", ele disse ao filho. "Ela só está tirando umas férias mais longas no resort". Seu filho parecia ter comprado a ideia, adormecendo no final das contas.

Mais tarde naquela noite, para grande alívio de Hurn, um funcionário do hotel Ritz-Carlton ligou para informar que Joshie havia sido encontrada. Hurn pediu um favor ao funcionário. Ele explicou o que havia dito ao filho e perguntou se alguém no Ritz poderia tirar uma foto de Joshie em uma espreguiçadeira à beira da piscina, para mostrar que ela estava de férias.

Alguns dias depois, Joshie chegou — junto com um álbum cheio de fotos. Uma das fotos mostrava Joshie à beira da piscina, outra mostrava Joshie dirigindo um carrinho de golfe. Outras capturavam a girafa de pelúcia dando um passeio com o papagaio do hotel, outra sendo massageada em um SPA (com fatias de pepino em seus olhos) e havia até fotos de Joshie na sala de monitoramento das câmeras de segurança do local.

Hurn e sua esposa ficaram encantados e o filho deles estava em êxtase. Hurn escreveu um post sobre a experiência, que viralizou.

Por que todo mundo amou a história de Joshie? Porque ela quebrou nossas expectativas. O que esperamos que aconteça quando um menino perde um bicho de pelúcia nas férias? Que seja devolvido, talvez. Se ele tiver sorte. (E, se assim for, provavelmente estaria amassado dentro de uma caixa para diminuir o tamanho da postagem.)

Em vez disso, alguém no Ritz passou algumas horas passeando pelo resort com uma girafa de pelúcia, tirando fotos absurdas — "alguém pegue aí umas fatias de pepino para os olhos!" — a fim de agradar uns hóspedes *que já haviam feito o checkout e ido para casa*. Foi uma coisa estranha e mágica de se fazer.

A equipe do Ritz saiu do script. O termo *script*, usado desta maneira, remonta a algumas pesquisas dos anos 70, ele se refere às nossas expectativas de uma experiência estereotipada. O "script do restaurante", por exemplo, é algo assim: entramos pela porta. Alguém nos cumprimenta, nos mostra uma mesa e nos entrega os cardápios. Então alguém traz copos de água. Nosso garçom se estaciona ao nosso lado para anotar os pedidos de bebidas. E assim por diante. É assim que os restaurantes funcionam.

Os psicólogos Roger Schank e Robert Abelson usaram o conceito de um script para explicar como nossos cérebros armazenam e acessam o conhecimento. Tome como base, por exemplo, este cenário simples:

JOHN PEDIU UM HAMBÚRGUER.

O LANCHE CHEGOU FRIO.

ELE DEIXOU UMA GORJETA PEQUENA.

É fácil visualizar este cenário, o que é estranho, porque nunca menciona um garçom, um prato, uma mesa ou mesmo um restaurante. Nosso script implícito de um restaurante fornece todos os detalhes que faltam. Agora, considere um cenário diferente:

HARRIET FOI À FESTA DE ANIVERSÁRIO DO JACK.

O BOLO TINHA UM GOSTO HORROROSO.

HARRIET DEIXA UMA GORJETA MUITO PEQUENA PARA A MÃE DO JACK.

Como assim? Temos um "script de festa de aniversário" muito claro aqui: pais dando presentes, amigos comendo bolo, crianças aprendendo a espancar animais até que saiam doces. Mas nunca damos uma gorjeta à mãe do Jack — nunca. A história sai do script.

No capítulo anterior, vimos que criar momentos de elevação envolve aumentar os prazeres sensoriais e aumentar as apostas. O ato de sair do script — desafiar as expectativas alheias sobre como uma experiência se desdobrará — é o terceiro método.

Não seria "sair do script" simplesmente a surpresa com um nome diferente? Sim, a surpresa é o que torna o momento memorável. Só que a conclusão não é tão simples como uma "surpresa, pessoal!". A surpresa é barata e fácil. Se a sua empresa de energia local promovesse as "Terças do Blackout!", isso seria surpreendente (especialmente se este evento fosse para armazenar energia para os "Sábados do Mata-Insetos Elétrico!"). Esta surpresa, no entanto, não leva a lugar algum.

Sair do script não significa apenas uma surpresa, mas sim uma surpresa estratégica. O Ritz-Carlton criou o álbum de fotos de Joshie porque queria ser conhecido pela sua extraordinária prestação de serviço. Não foi simplesmente um ato aleatório de bondade.

A outra diferença entre "sair do script" e a surpresa genérica é que o primeiro nos força a pensar no *script*. Nossas vidas já estão cheias de scripts: o script de como sua família passa os domingos. O script das reuniões de equipe. O script para um check-in no hotel. Para sair do script, precisamos primeiro entender o script.

O script de comer no McDonald's é tão familiar que é uma fonte de conforto. Em qualquer lugar do mundo, é confortável saber que você entenderá exatamente o que esperar. Só que aqui vive o problema: familiaridade e recordações são muitas vezes conflitantes. Quem aprecia a lembrança da última vez de comer no McDonald's? Se você deseja criar momentos memoráveis para seus clientes, é preciso sair do script.

Um estudo sobre as resenhas de hotéis no TripAdvisor constatou que, quando os hóspedes relataram a experiência de uma "surpresa agradável", 94% deles impressionantemente expressaram uma disposição incondicional de recomendar o hotel, em comparação com apenas 60% dos hóspedes que ficaram "muito satisfeitos". E "muito satisfeito" é um nível alto! A surpresa tem sua importância (pense no disque-picolé). No entanto, como é possível replicar as "surpresas agradáveis"?

De certa forma, é fácil para o Magic Castle Hotel, porque seus hóspedes talvez fiquem lá apenas uma ou duas vezes na vida. O disque-picolé nunca envelhece. E se seus clientes vierem semanalmente ou até mesmo diariamente? Isso é mais complicado.

Imagine, por exemplo, que o dono de uma cafeteria decidiu dar biscoitos de graça toda sexta-feira. Na primeira sexta-feira, seria uma surpresa agradável. Na quarta sexta-feira, porém, o biscoito de graça seria uma *expectativa*. Se a oferta for suspensa, é fácil imaginar clientes (infelizes ingratos!) reclamando disso.

Como, então, sair do script de forma consistente o suficiente para que isso tenha importância — mas de uma forma não tão consistente para evitar uma adaptação da clientela a um script? Uma solução seria introduzir um pouco de aleatoriedade. Na rede de cafés Pret A Manger, por exemplo, os clientes regulares notaram que, de vez em quando, recebiam algo de graça com o pedido. Um especialista na área de prestação de serviços escreveu sobre ter ganhado café de graça: "Isso aconteceu algumas vezes nos últimos anos, muitas vezes para que seja uma coincidência, mas tão pouco frequente que beira o inesperado. Isso me faz sentir valorizado como cliente, coloca um sorriso no meu rosto e me encoraja a frequentar o local novamente."

Estes presentes "espontâneos" são apenas meio espontâneos, como foi observado. Os funcionários da Pret A Manger são autorizados a distribuir, gratuitamente, um certo número de bebidas quentes e alimentos toda semana. O CEO da Pret,

Clive Schlee, contou sobre seus funcionários: "São eles quem decidem que 'Gostei da pessoa na bicicleta' ou 'Gostei do cara de gravata' ou 'Curti aquela garota ou aquele garoto'. Isso significa que 28% das pessoas tiveram algo de graça."

Pense nisso. Quase um terço dos clientes conseguiram algo de graça pelo menos uma vez (provavelmente mais de uma vez, se tiverem covinhas).

Outras redes de varejo oferecem descontos ou brindes para clientes que usam cartões de fidelidade, é claro, mas Schlee contou ao jornal *Standard* que rejeitou essa abordagem: "Nós analisamos os cartões de fidelidade, mas não queríamos gastar todo este dinheiro criando uma análise complicada no estilo cartão de benefícios."

Isso foi engenhoso. A Pret A Manger restaurou a surpresa e a humanidade em regalias que, em um esquema de cartões de fidelidade, teriam sido sistematizadas. Note que os brindes são satisfatórios para a equipe e para os clientes. Em uma indústria na qual as regras tendem a reger o comportamento de cada funcionário, é um alívio para eles receberem algum nível de autonomia: *Olha, toda semana, dê algumas coisas para quem você quiser*. Esta ação saiu do script para eles também. Na área de serviços, uma boa surpresa é aquela que encanta os funcionários e os clientes.

Um outro exemplo de boa surpresa vem da Southwest Airlines, que prosperou ao oferecer aos passageiros a combinação de tarifas baixas e um serviço amigável. Os comissários de bordo da Southwest tentam se divertir até com as partes chatas do trabalho, como na hora das instruções de segurança do voo. Muitas de suas atrevidas instruções de segurança se tornaram virais ao longo dos anos, na verdade, há um "mural da fama" na sede da Southwest que comemora algumas das melhores piadas:

- Senhoras e senhores, se quiserem fumar, a seção de fumantes deste avião está sobre asa. Se conseguirem acender os cigarros, podem fumar.

- Para ativar o fluxo de oxigênio, puxe a máscara para baixo, coloque-a sobre o nariz e a boca, depois insira uma moeda de 25 centavos nos primeiros cinco minutos de oxigênio e uma moeda de 10 centavos a cada cinco minutos. Usem trocados, por favor!

- Caso precise usar o colete salva-vidas em uma situação real, pode ficar com ele.

- Coloque a máscara de oxigênio em você primeiro, depois no seu filho. Se você estiver viajando com mais de um filho, comece com aquele que tenha um potencial maior, ou que tenha menos chance de dar mais trabalho em casa.

Estas piadas criam picos — elas saem do script das instruções habituais e monótonas. Mas o que elas *valem*? Elas têm algum valor financeiro? Em um workshop com a equipe analítica da Southwest — as pessoas que analisam os dados dos clientes em busca de informações úteis — Chip perguntou a eles: "Quantos voos extras um cliente faz quando ouve uma instrução engraçada de segurança de voo?"

Houve um silêncio na sala. Eles nunca haviam sido questionados sobre isso. Eles, no entanto, também sabiam que *poderiam* responder — eles tinham os dados certos. A Southwest, como muitas empresas, tem quantidades obsessivas de dados dos clientes. Porém, diferentemente da maioria das empresas, eles tinham os dados em uma forma que poderia ser usada para tomar decisões fundamentais. A equipe analítica já havia descoberto, por exemplo, que os passageiros perdoam os curtos atrasos nos voos, porém, depois de 25 ou 30 minutos de atraso, eles se tornam menos propensos a embarcar em voos futuros com a Southwest. Em virtude disso, os executivos da Southwest avaliaram a compra de dois Boeing 737 adicionais como aeronaves de reserva, o que proporcionava uma opção auxiliar quando outros aviões precisavam ser retirados da operação. O investimento não eliminaria atrasos, mas os mitigaria. Custo total? Aproximadamente US$ 50 a 70 milhões por avião, em um total de cerca de US$ 120 milhões.

Intrigados com a pergunta sobre as instruções de segurança, a equipe de insights, incluindo Frank Tooley, Katie Boynton e Michael Overly, investigou a fundo os dados dos clientes. Nas enquetes da empresa, cerca de 1 em cada 70 clientes mencionará, espontaneamente, que ouviram uma instrução engraçada de segurança de voo. A equipe de insights usou estas enquetes para identificar todos os passageiros naquele mesmo voo, pois todos teriam ouvido a mesma instrução.

A equipe estava particularmente interessada em analisar os hábitos dos clientes que viajam mais de uma vez por ano na Southwest, vamos chamá-los de "clientes fiéis". (Outros passageiros voam tão raramente que é difícil detectar mudanças em seu comportamento.) Veja o que a análise mostrou: quando os clientes fiéis estavam em um voo com uma instrução engraçada de segurança, eles voaram uma vez e meia a mais ao longo do ano seguinte do que clientes semelhantes que não ouviram uma instrução engraçada. (Estas são médias, é claro, já que é difícil voar meio voo sem um paraquedas).

Qual é o valor desses meio voos extras? O grupo de analistas calculou que se a Southwest pudesse dobrar o número de clientes que ouvissem uma instrução engraçada de segurança, o resultado seria mais de US$ 140 milhões em receita! Isso é mais do que o custo de dois 737s. No entanto, o valor da receita é um número *anual*, ou seja, a cada ano que você pudesse manter o desempenho cômico, você ganharia uma receita extra igual ao valor de dois jatos. Só porque sua equipe contou mais algumas piadas. Isso é um retorno surpreendente sobre o investimento, dado que não há nenhum investimento financeiro real. (Você nem mesmo precisa treinar os participantes — apenas circule gravações ou transcrições das partes engraçadas.) Como vimos com a rede Pret A Manger, há grande valor agregado em uma boa surpresa.

O empreendedor em série Scott Beck acredita que a boa surpresa é um princípio fundamental dos negócios de varejo. Beck, que ocupou posições de liderança em três grandes cadeias de varejo — Blockbuster Video, Boston Chicken e Einstein Bros —, disse que o segredo para o crescimento de um negócio é "reduzir a variação negativa e aumentar a variação positiva". A redução na variação negativa significa impedir que as lojas operem de maneira diferente, prejudicando assim a experiência do cliente. Se uma loja Einstein Bros assar um bagel perfeitamente e outra o queimar na metade das vezes, isso representa uma variação negativa. Para gerenciar o problema, os proprietários de lojas precisam de sistemas que garantam que os bagels sempre sejam assados corretamente.

Beck, no entanto, acredita que é um erro impedir a variação na maneira como os clientes são tratados. Certamente deve haver um nível básico na prestação do serviço: os funcionários devem ser educados e fazer contato visual. O que os clientes querem e precisam, no entanto, irá variar bastante. Alguns clientes querem bater papo, outros querem velocidade. Alguns estão com um humor entusiasta, outros têm lágrimas secas sob os olhos. Aumentar a variação positiva significa recepcionar a humanidade e a espontaneidade no sistema. E isso significa permitir que os funcionários saiam do script.

Este insight se aplica não apenas aos funcionários, mas também aos pais. Nas famílias, muitas vezes, nos esforçamos para "minimizar a variação negativa" — levar as crianças à escola na hora certa, administrar o caos doméstico, manter as brigas entre irmãos sob controle. Focamos, porém, a mesma quantidade de energia em aumentar a variação positiva de semana a semana?

Como exemplo, ao realizar pesquisas para este livro, fizemos testes periódicos dos exercícios com grupos de pessoas, para vermos se estavam achando que as ideias do livro eram práticas. Um dos nossos exercícios mais populares foi o que chamamos de "Surpresa do Sábado". As instruções eram absurdamente simples: sair do script nas suas rotinas de sábado.

As pessoas se divertiam muito fazendo isso. Dois amigos falidos que moravam juntos fizeram uma vaquinha para visitar o Red Rocks, um famoso anfiteatro no Colorado, cercado por afloramentos rochosos. Um marido romântico preparou um piquenique para sua esposa no San Antonio Riverwalk, no sábado à noite. Uma mulher pediu que a filha planejasse as atividades do dia e ficou surpresa quando ela (a filha) voltou com um plano logístico hora a hora. (A mulher disse: "Eu sou engenheira, então meu coração disparou na hora!")

A "Surpresa do Sábado" rendeu pequenos momentos marcantes. Ao interrompermos as rotinas, podemos criar mais picos.

2.

Os picos temperam a nossa experiência. Eles podem enriquecer o ensino médio (o julgamento), iluminar voos (Southwest) e encantar as crianças (as férias de Joshie). Nesse sentido, eles são sempre perenes — podem acontecer a qualquer momento e manter o poder de elevação que possuem. Não se esqueça, porém, de que os picos também podem ser usados para marcar transições. (Pense nos casamentos e nas formaturas.) Executivos que lideram a mudança devem decidir sobre a criação de picos que demarquem a mudança do "velho jeito" para o "novo jeito". O coração da mudança, afinal, é a necessidade de sair do script.

Em 2008, o CEO da VF Corporation pediu a Stephen Dull, vice-presidente da área de estratégia, que liderasse um esforço para tornar a empresa mais inovadora. Dull e um colega que ele havia contratado recentemente, Soon Yu, lideraram o projeto de inovação, e os dois prepararam uma apresentação perspicaz e enriquecida de dados para a descrição de seu plano. A dupla, ambos ex-consultores, continuou adicionando refinamentos inteligentes ao plano, até que a apresentação final do PowerPoint ficou com 120 slides.

Então, dois meses antes de apresentar o plano para toda a empresa, Dull perdeu a fé na abordagem e a descartou. Ele percebeu que, se quisessem ser bem-sucedidos, eles teriam que sair do script.

A situação na VF estava complicada. Você pode não reconhecer o nome da empresa, mas ela possui um portfólio de marcas famosas da moda, incluindo a Wrangler e Lee Jeans, Vans, Nautica, JanSport, Timberland e The North Face. As marcas tradicionalmente haviam sido tocadas de forma autônoma, com a holding VF Corporation mantendo-se em segundo plano, e fornecendo suporte financeiro e logístico. No entanto, com a queda da economia em 2008, a empresa atingiu um obstáculo e os principais executivos começaram a reconsiderar a estratégia de administrar a VF como uma organização solta.

As marcas North Face e JanSport, por exemplo, tinham muito em comum: ambas eram focadas em moda outdoor e até comercializavam produtos similares, como mochilas. Em San Leandro, Califórnia, as equipes dividiam uma instalação, separadas por uma parede da altura de uma célula de uma central de telemarketing. No entanto, de acordo com Yu, "essa parede era tratada como o equivalente à Zona Desmilitarizada Coreana. Ninguém se comunicava. As equipes não compartilhavam informações entre si, mas conversavam com os mesmos fornecedores, criando praticamente a mesma coisa. Eles, no entanto, não compartilhavam ideias."

As marcas não eram apenas independentes, elas eram insulares. Elas haviam se tornado dependentes demais dos caprichos de seus "mercadores", que eram as pessoas responsáveis por antecipar os gostos dos consumidores nas empresas de moda. "Há uma tentação de dizer: 'Bem, os consumidores não sabem o que vão querer daqui a três anos'", conta Yu, "então vou *dizer a eles* o que querem".

O fato de colocar tanta confiança nos tais mercadores entorpecia o instinto das marcas em *aprender*. Elas pararam de se aproximar do cliente, pararam de ficar obcecadas com os concorrentes e pararam de procurar novas parcerias. No fundo, essa era a estagnação cultural que Dull e Yu estavam tentando reverter. Eles queriam que as marcas pudessem aprender umas com as outras e, mais do que isso, aprender com o mundo gigante que existia do lado de fora de suas portas.

Quando Dull decidiu jogar fora os 120 slides do PowerPoint, ele e Yu tiveram que reiniciar do zero. Eles perceberam que não precisavam que seus colegas *entendessem* sobre algo. Ao invés disso, seus colegas precisavam *sentir* algo. E isso tinha que acontecer na reunião de lideranças marcada para setembro de 2010, em Los Angeles.

"Decidimos que tínhamos que mudar absolutamente tudo sobre a reunião que iria acontecer", conta Dull. "Qual é o padrão? Bem, você vai para um lugar que tem aquela mesma cadeira de metal desconfortável, em torno de mesas redondas, em alguma sala de conferências de teto baixo. Em seguida, você tem uma sequência de gente chata falando sem parar, a maior parte deles são internos... e essa é a sua reunião de liderança."

Dull inventou um plano para sair do script naquela reunião. Uma mudança cultural é difícil e lenta. Para haver alguma chance de sucesso, a reunião precisava dar uma sacudida.

Quando seus 150 colegas chegaram ao salão em Los Angeles, não havia mesas nem cadeiras. Apenas sofás com espaço suficiente para todos eles. O CEO da VF Corporation, Eric Wiseman, se levantou para dar início à reunião. "Todo mundo meio que preparado para se aninhar durante uma abertura de 30 minutos", disse Dull. Mas, em vez disso, algo mais aconteceu. Wiseman anunciou que o grupo passaria a reunião de dois dias "na rua para buscar novas ideias".

Em cinco minutos, todos estavam saindo para embarcar em ônibus para vários locais diferentes. Um grupo participou de um workshop de ciências da beleza, no qual os profissionais faziam uma maquiagem em cada pessoa do grupo, ajudavam a escolher uma roupa para ela e depois a conduziam para uma sessão de fotos. Outro grupo "marcou" um prédio (de maneira legal) com grafiteiros no centro de Los Angeles. Outros grupos fizeram aulas de surfe em Malibu, praticaram comédia improvisada ou prepararam uma refeição com Wolfgang Puck.

"A maioria das organizações fazem com que as pessoas *pensem* sobre um discurso de PowerPoint, com a esperança de que desenvolvam um *sentimento* sobre algo, e que *façam* algo diferente", disse Yu. "Encaremos os fatos: a maioria das apresentações em PowerPoints não vai criar muita emoção. Decidimos então virar isso de cabeça para baixo. Vamos, então, pôr as pessoas para *fazer* algo ativo e imersivo. Isso vai gerar uma resposta mais emocional para que elas tenham um *sentimento* sobre algo. Assim, eles vão poder *pensar* sobre o que aprenderam".

Na conferência de dois dias, Dull e Yu realizaram algo vital: no fundo, eles haviam trazido a nova estratégia da empresa ao palco. *A inovação começa do lado de fora do escritório e isso não "machuca". Isso é bom! Isso estimula, expande e revigora o ser.*

O retiro gerou entusiasmo pela nova abordagem à inovação e, quando os participantes voltaram para casa, eles mesmos começaram a abraçar a mensagem do "saia de dentro de casa". Na JanSport, uma fabricante importante de mochilas, "sempre pensamos em nós mesmos como a marca que carrega coisas, para pessoas que levam coisas do ponto A ao ponto B", disse o presidente Steve Munn. Porém, quando os colegas começaram a observar o modo como as pessoas estavam usando suas bolsas, desde passageiros e estudantes a usuários mais "extremos", como montanhistas e desabrigados, percebeu-se que estas pessoas não apenas *carregavam* suas bolsas, mas sim as desembalavam e as usavam em "espaços de terceiros", como lanchonetes, ônibus ou bibliotecas. E se a mochila do futuro pudesse servir como um tipo de mesa portátil, com tomadas embutidas para seus dispositivos e um cabo de extensão pronto para ser colocado na parede do Starbucks?

Um grupo na Wrangler se reuniu com aalguns engenheiros estruturais e começou a falar sobre o cantiléver, estruturas ancoradas em apenas um dos lados. Pense em um trampolim ou em uma varanda, onde um dos lados está bem seguro, de modo que a outra parte possa ficar pendurada, aparentemente sem suporte. Muitas pontes e construções são construídas com recursos semelhantes.

Os projetos de um cantiléver permitem que estruturas pesadas sejam apoiadas e elevadas com elegância. *Aha!*, pensou a equipe Wrangler, *gostaríamos de fazer isso no bumbum!* Assim nasceu o jeans "Levanta Bumbum" da Wrangler. Em seguida, outra marca da VF, chamada Lucy, incorporou o mesmo insight — um ótimo exemplo do "aprendizado mútuo" que Dull e Yu desejavam entre as marcas da empresa.

Nos seis anos após o lançamento em Los Angeles, a VF aumentou sua receita de US$ 7 bilhões para US$ 13 bilhões, com a maior parte desse aumento alimentada pelo crescimento orgânico, e não pela aquisição. A VF agora tem um pipeline de produtos inovadores estimados por Dull em US$ 1,6 bilhões e que estão em fase de desenvolvimento e testes para se encaminharem para as prateleiras do varejo. Esses produtos foram criados e alimentados por uma cultura corporativa que aprendeu o valor de sair do escritório para buscar ideias e inspiração.

E o momento marcante dessa evolução cultural foi a reunião de lideranças em Los Angeles. Dos sofás aos ônibus e às expedições criativas, a reunião foi projetada para oferecer uma surpresa estratégica.

3.

Para os líderes corporativos, sair do script se trata de uma estratégia — uma maneira de criar momentos que apoiam a marca da empresa ou, como com a VF, uma maneira de reforçar uma mudança na estratégia. Além do mundo das organizações, no entanto, sair do script tem um significado mais amplo. Esse princípio ajuda a explicar o motivo pelo qual nos lembramos do que fazemos e elucida um dos mais interessantes mistérios da memória, chamado de "explosão mnésica".

Em um estudo de Dorthe Berntsen e David Rubin, os entrevistados foram estimulados a pensar sobre a vida de um bebê que acabara de nascer e prever quais seriam "os eventos mais importantes que provavelmente ocorrerão na vida deste bebê". Os dez eventos mais citados foram os seguintes (mostrados na ordem). Veja se você percebe algum padrão:

1. Ter filhos
2. Casamento
3. O primeiro dia na escola

4. Faculdade
5. Se apaixonar
6. A morte alheia
7. Aposentadoria
8. Sair de casa
9. A morte dos pais
10. O primeiro emprego

Percebe-se, de forma impressionante, que 6 dos 10 eventos mais importantes acontecem durante uma janela relativamente estreita de tempo: aproximadamente entre os 15 e 30 anos. (Este dado presume que o casamento e os filhos acontecem dentro dessa janela, o que, claro, não é uma verdade universal para todos, mas para a maioria das pessoas.)

Da mesma forma, se você perguntar às pessoas mais velhas sobre suas memórias mais intensas, a pesquisa mostra que elas tendem a ser desproporcionalmente tiradas desse mesmo período, aproximadamente entre 15 e 30 anos. Os psicólogos chamam esse fenômeno de "explosão mnésica". Por que um período de 15 anos em nossas vidas, que não chega a 20% de um tempo de vida típico, domina nossas memórias?

"O fator novidade é a chave para a explosão mnésica", contou Claudia Hammond em seu livro *Time Warped*. "A razão pela qual nos lembramos tão bem de nossa juventude é que ela é um... tempo para as primeiras vezes — os primeiros relacionamentos sexuais, os primeiros empregos, a primeira viagem sem os pais, a primeira experiência de viver longe de casa, a primeira vez que temos uma escolha muito real sobre a maneira como passamos nossos dias".

A novidade até muda nossa percepção do tempo. Em um experimento conduzido por Vani Pariyadath e David Eagleman, da Faculdade de Medicina Baylor, os participantes receberam uma série de imagens. A maioria era idêntica, mas de vez em quando uma nova imagem aparecia: sapato marrom, sapato marrom, sapato marrom, sapato marrom, despertador, sapato marrom, sapato marrom e assim por diante. Embora todas as imagens tenham sido exibidas pelo mesmo período de tempo, os participantes não tiveram esta percepção. Eles estavam convencidos de que o despertador — a imagem que quebrava os padrões — era exibido por mais tempo. Esta percepção equivocada ficou conhecida como o "efeito excêntrico".

Eagleman, um neurocientista, argumentou que o que causa o efeito excêntrico é, na verdade, o tédio do seu cérebro com a imagem do sapato marrom. Na primeira vez que você a vê, você examina a imagem com cuidado. Sua memória está "registrando os fatos" rapidamente. No entanto, a cada repetição da imagem, você dedica cada vez menos energia para inspecioná-la. Pela sétima vez, uma rápida olhada já lhe mostra que é só o mesmo sapato novamente. Então, ao ver o anômalo despertador, você passa a registrar os fatos novamente. O descompasso resultante na "densidade" da sua memória — registros abundantes para o despertador e registros esparsos para o sapato repetitivo — leva à percepção equivocada de que a imagem do despertador foi exibida por mais tempo.

Em outras palavras, a surpresa alonga o tempo. Ao sustentar esta percepção, Eagleman adotou alguns métodos de pesquisa bastante extremos. Ele ficou famoso por um experimento no qual pede aos voluntários para saltarem de uma plataforma de 45 metros e cair livremente em uma rede. Em seguida eles são requisitados a estimar quanto tempo a queda levou, e suas estimativas são, em média, 36% mais altas do que o tempo real. O medo e o foco dos participantes fazem o tempo se alongar. (Aqui então vai uma dica para viver uma vida "mais longa": assuste-se regularmente.)

Esta é a explicação intuitiva para a percepção comum de que o tempo parece acelerar à medida que envelhecemos. Nossas vidas se tornam mais rotineiras e com menos novidades. Estamos vendo mais e mais sapatos marrons e cada vez menos despertadores.

Isso é uma constatação um pouco deprimente, de certa forma. Realmente deixamos nossos dias mais memoráveis para trás?

Provavelmente sim. Só que isso provavelmente também é uma coisa boa, pois seria muito fácil criar uma explosão mnésica secundária posteriormente na vida. Basta se divorciar do seu cônjuge, largar seu emprego, mudar-se para a Nova Zelândia e se tornar um pastor de ovelhas. Há muita novidade por aí e você tem absoluta certeza que vai registrar um grande fluxo de memórias. Não confundamos, porém, memorização com sabedoria.

Para aqueles que estão ansiosos em encarar um futuro menos memorável do que o passado, nosso conselho é honrar o velho ditado: "A variedade é o tempero da vida". Observe, no entanto, que isso não quer dizer que: a "variedade é o prato principal da vida". Ninguém janta pimenta e orégano. Uma pequena novidade tem um longo caminho pela frente. Aprenda a reconhecer seus próprios scripts. Brinque com eles, cutuque-os, perturbe-os. Não o tempo todo. Apenas o suficiente para manter os sapatos marrons parecerem novidades.

Ao sair do script, podemos estabelecer um conjunto mais enriquecido de memórias. Como dizem os autores do livro *Surprise*, "Nos sentimos mais confortáveis quando as coisas estão certas, mas nos sentimos mais vivos quando não estão".

MOMENTOS DE ELEVAÇÃO
UMA REVISÃO TURBILHONANTE

1. Os momentos de elevação são experiências que estão acima do dia a dia. São momentos que nos fazem sentir engajados, alegres, maravilhados e motivados.

    - *Exemplos: Festas de aniversário, casamentos, jogos de futebol, discursos públicos ou viagens surpreendentes.*

2. Algumas atividades possuem picos naturais, como jogos, recitais ou celebrações. Enquanto outras áreas da vida podem ficam constantes, de forma deprimente.

    - *Diretor de uma escola de ensino médio: "Nós conduzimos a escola como se fosse uma prática ininterrupta. Nunca há um jogo."*

3. Aqui está a nossa receita de três partes para *criar* mais momentos de elevação: (1) impulsione o apelo sensorial, (2) aumente as apostas, (3) saia do script. Os momentos geralmente elevados têm duas ou três dessas características.

    - *O Julgamento da Natureza Humana tem todas as três: (1) o apelo sensorial, ou seja, os trajes, o tribunal de verdade. (2) As apostas elevadas, ou seja, um lado vai ganhar e conquistar a glória. (3) O sair do script: tudo sobre o julgamento desafia os ritmos normais da escola.*

4. A terceira parte, o sair do script, exige uma atenção especial. O ato de sair do script desafia as expectativas alheias sobre como uma experiência se desdobrará. Ela é uma surpresa estratégica.

    - *Os funcionários do Ritz saíram do script com seu divertido álbum de fotos para o brinquedo, "Joshie", perdido por um garoto.*

5. Momentos que saem do script são fundamentais para a mudança organizacional. Eles fornecem um ponto de demarcação entre o "velho jeito" e o "novo jeito".

    - *A VF Corporation encerrou sua reunião de lideranças em poucos minutos e desafiou as pessoas a "saírem do escritório", participando de aulas de surfe ou de comédia improvisada.*

6. Os períodos mais memoráveis das nossas vidas são momentos em que saímos do script.

    - *Lembre-se da "explosão mnésica", aquele período cheio de novidades: nosso primeiro beijo, nosso primeiro emprego, etc.*
    - *A novidade parece diminuir o fluxo do tempo. É por isso que sentimos que o tempo passa mais rápido à medida que envelhecemos.*

7. Cuidado: Mesmo com esta receita simples de três partes, os momentos de elevação podem ser difíceis de construir. Eles não são o "trabalho" de alguém e são fáceis de atrasar ou de diminuir.

    - *Cuidado com a força sugadora de almas chamada razoabilidade: "Não poderíamos simplesmente colocar os picolés em um refrigerador na máquina de gelo?"*

8. A construção dos picos vale a pena. Eles fornecem alguns dos momentos mais memoráveis de nossas vidas.

    - *Eugene O'Kelly, em seus últimos dias, encontrou a satisfação em seus "momentos perfeitos".*

―――――――――― **Momento prático 2** ――――――――――

Como dar um upgrade a uma reunião que ficou mecânica?

Observação para os leitores: Este momento prático e os três posteriores são projetados a fim de modelar o modo de usar a estrutura principal deste livro (Elevação, Insight, Orgulho e Conexão) para a criação dos momentos marcantes. Eles não são específicos dos capítulos que você acabou de ler, queremos que eles atravessem as seções e lhe lembrem de continuar refletindo sobre a estrutura principal como um todo.

Eis a situação: O reverendo Matthew Frey é o líder da Igreja Episcopal do Redentor, em Eagle Pass, no Texas, uma cidade a cerca de um quilômetro da fronteira com o México. Todo mês ele se reúne com o conselho de presbíteros da igreja. Este é o tipo de reunião que será conhecido por muitas organizações religiosas e sem fins lucrativo, como Frey disse: "Analisamos o velho jeito dos negócios, depois o novo jeito, depois o relatório da tesouraria e depois conversamos sobre a nossa *falta* de dinheiro. E então caímos nos mesmos padrões."

O desejo: Frey queria dar nova vida à reunião. Como ele poderia tornar a reunião empolgante — uma fonte de novas ideias — em vez de uma obrigação administrativa? Ele estava particularmente interessado em fazer com que o conselho pensasse em maneiras de melhorar a experiência das primeiras visitas à igreja.

Como criamos os momentos marcantes?

Qual é o momento? (1) Neste caso, não há mistério. Frey deveria fazer algo especial em uma das reuniões agendadas do conselho. (2) É claro que Frey também deve estar alerta para outros pontos principais de transição na vida do conselho, por exemplo, quando novos presbíteros se afiliam e outros se afastam. (3) Em virtude deste momento prático apresentado, vamos nos concentrar na reunião. Observe que vamos apresentar princípios abaixo que discutiremos em maiores detalhes posteriormente no livro. Logo, um pouco da terminologia pode não soar familiar, mas você terá a ideia principal.

Adicione ELEVAÇÃO:

1: Saia do script. Foi o que Frey fez. Quando o conselho apareceu para a reunião, ele recebeu os membros com blocos de papel e canetas e os organizou em duplas ou trios. Frey deu um desafio a eles: imagine que vocês estejam visitando esta igreja pela primeira vez. Passeiem pelas instalações da igreja por 15 ou 20 minutos. O que vocês percebem? Os presbíteros voltaram com uma série de observações:

   a. Temos serviços bilíngues, mas todas as nossas sinalizações estão em inglês!

   b. Havia uma reunião dos Alcoólicos Anônimos acontecendo em nosso prédio, e não tínhamos ideia de que tantas pessoas participavam dela. Existem outras maneiras de abrir nossas instalações ao público? Como podemos ter certeza de que as pessoas sabem que estão convidadas para adorar conosco?

   c. Eu tinha esquecido de como esta igreja é linda!

2: Aumente as apostas. Frey poderia ter ido além. E se ele tivesse desafiado o conselho, com base nas observações deles, a fazer recomendações à congregação sobre como melhorar a experiência do visitante? Isso poderia ter acrescentado uma certa pressão e senso de responsabilidade.

3: Impulsione o apelo sensorial. O desafio de Frey para caminhar pelas instalações da igreja já acrescentou um senso de atuação ao momento. E se ele também tivesse dado aos presbíteros um "personagem" para representar durante suas observações? Por exemplo: "Você é uma mãe solteira hispânica de 28 anos com dois filhos e acabou de se mudar para cá. Você está ansiosa sobre qual escola escolher e uma amiga lhe contou sobre a nossa escola. Você se pergunta se é a escola certa para seus filhos." Isso poderia ter facilitado ainda mais a observação da igreja com novos olhos.

Adicione INSIGHT:

1: Encare a realidade. A atividade de Frey permitiu que os próprios membros do conselho tivessem os insights. As ideias resultantes (adicionar a sinalização em espanhol, convidar outros grupos da comunidade para usar as instalações da igreja) se tornaram as ideias deles em virtude deste movimento. Eles poderiam ter sido mais resistentes ou ter ficado menos empolgados, se essas mesmas ideias tivessem surgido de uma "caixa de sugestões" congregacional.

2: Se force em direção aos insights. Frey poderia usar uma futura reunião de presbíteros para desafiá-los a se tornarem os visitantes, talvez participando de outra igreja ou de uma reunião comunitária. Qual a sensação de ser uma nova pessoa no grupo? Quais grupos fazem um bom trabalho de integrá-la rapidamente e o que podemos aprender com eles?

Adicione ORGULHO:

1: Multiplique os marcos. O conselho poderia celebrar certos momentos de realização. Um exemplo poderia ser o seguinte: a primeira vez que um novo membro se junta à congregação depois de ter descoberto a igreja em uma reunião comunitária em suas instalações.

2: Reconheça os outros. Os presbíteros podiam reconhecer e elogiar os paroquianos que se movimentam e são hospitaleiros com os visitantes.

Adicione CONEXÃO:

1: A interpretação de papeis, como sugerido acima, é uma maneira de criar uma conexão empática entre o conselho de presbíteros e os paroquianos, cujas situações de vida podem ser muito diferentes.

2: Crie um sentido compartilhado. Frey poderia construir conexões entre o conselho de presbíteros. Por exemplo, Frey poderia ter começado uma reunião pedindo ao conselho que refletisse sobre as vezes em que a igreja estava no seu melhor — ou pior — momento de acomodação dos visitantes. Estes tipos de reflexões pessoais compartilhadas podem reconectar as pessoas com o significado de seu trabalho.

Reflexões finais: Frey disse que o exercício de "caminhar pelas instalações da igreja" teve um efeito poderoso: "Até hoje as pessoas ainda estão falando sobre as coisas que viram naquele dia." Caso tenha uma reunião permanente em sua organização, terá uma grande oportunidade de criar um momento que renove e rejuvenesça os participantes. Nem todas as reuniões precisam ser um "momento marcante". Porém, uma vez a entre cada 5 e 10 reuniões, encontre uma maneira de sair do script.

Momentos de ELEVAÇÃO

Momentos de INSIGHT

Momentos de ORGULHO

Momentos de CONEXÃO

Introdução aos Momentos de Insight

E se um momento marcante na vida de alguém não for um momento de elevação? E se, ao invés disso, for um momento horrível?

Questionado sobre um momento marcante em sua carreira, um homem escreveu: "No meu primeiro emprego, fui avaliado como o último da minha turma de iniciantes e não obtive o aumento salarial de 'paridade' que todos os meus colegas obtiveram. Isto significa que eu ganhava menos do que os recém-contratados. Foi a primeira vez que realmente falhei em algo e foi um alerta de que as habilidades que eu dominava na escola não eram as habilidades que me ajudariam no mundo do trabalho".

Agora, isso não se parece nada com um momento de elevação! Este homem não está se sentindo feliz, engajado ou "acima do normal". Ele acabou sendo surpreendido por um feedback negativo. No entanto, este fato não é apenas um ponto baixo de caráter emocional. Ele é um ponto baixo que mantém a promessa de um caminho *melhor* no futuro. *Opa, preciso mudar as coisas para garantir que isso não aconteça novamente.*

Os momentos de insight proporcionam constatações e transformações. Alguns insights são pequenos, porém significativos. Na sua cafeteria favorita, você experimenta cafés da América do Sul e da África e percebe como os sabores são diferentes. Isto traz o insight a uma experiência que atravessa fronteiras. Em um jantar de ensaio do casamento, você conta uma história engraçada sobre o noivo e que também revela algo sobre o caráter dele. Isso traz o insight a uma experiência social.

O que vamos explorar adiante são os momentos mais amplos de insight, aqueles que causam um choque. Às vezes as emoções são sombrias: *Eu não sou bom nisso.* Ou, *Não acredito mais no que estou fazendo.* Outros momentos de insight também podem ser amplamente positivos: *Esta é a pessoa com quem vou passar o resto da minha vida!* Ou o momento "eureka!", aquele da descoberta criativa.

Muitos momentos de insight são inesperados, como relâmpagos, e não há como explicar o porquê. Não se agendam epifanias.

No entanto, essas experiências não estão totalmente fora de nosso controle. Vamos explorar duas estratégias para *criar* os momentos de percepção. Podemos fazer com que o outro "encare a realidade" (Capítulo 5). E quando precisamos nos entender melhor, é necessário que a gente "mergulhe fundo pelo insight". (Capítulo 6).

Nas próximas páginas, haverá histórias de emoções intensas — desgosto, iluminação, mágoa e alegria. Mas vamos começar com a história de uma constatação chocante que você não vai esquecer tão cedo.

5
Encare a Realidade

1.

Em 2007, o *British Medical Journal* pediu a seus leitores que votassem no marco médico mais importante que ocorreu desde 1840, quando o *BMJ* foi publicado pela primeira vez. O terceiro lugar foi para a anestesia, o segundo lugar para os antibióticos e o vencedor foi um daqueles que talvez você não esperasse: a "revolução sanitária". Ela abrange o descarte de esgoto e os métodos para garantia de água potável. No entanto, grande parte do mundo ainda aguarda esta revolução.

Em 2016, havia cerca de um bilhão de pessoas em todo o mundo que não tinham acesso a água potável e também um bilhão (provavelmente muitas das mesmas pessoas) que, sem banheiros, evacuavam ao ar livre — muitas vezes em áreas usadas por várias pessoas. Esta prática de evacuação a céu aberto tem consequências terríveis para a saúde, tal como era em 1840.

Isto leva à disseminação em massa de doenças, entre elas a cólera, a ancilostomose, a ascaridíase e a esquistossomose, que causam sofrimento ou morte.

Como é possível acabar com a prática da evacuação a céu aberto? A resposta pode parecer óbvia: fornecer latrinas. Durante anos, esta foi a estratégia de muitas organizações de desenvolvimento. Em um exemplo típico, em 1999 a WaterAid financiou a construção de latrinas em algumas aldeias no norte do Bangladesh. Para garantir que o projeto fosse executado com sucesso, um especialista externo chamado Dr. Kamal Kar foi convidado para realizar uma avaliação do trabalho. Ele viajou para o local em Bangladesh e é aqui que começa nossa história.

Aviso aos leitores: a história a seguir é repleta de imagens repugnantes, e também faz uso frequente de uma palavra de baixo calão para fezes. Não usamos este termo gratuitamente, na verdade, ele é o coração da história. Se você prefere evitar a palavra, recomendamos que avance para a próxima seção, rotulada como "2".

Em Bangladesh, Kar constatou que o projeto tinha saído exatamente como planejado. As latrinas foram bem construídas e muitas pessoas as usavam. Porém ele também constatou outra coisa: "Eu andava por trás das aldeias e ia para os campos e, em todas as aldeias em que entrávamos, eu pisava em merda", contava ele. A evacuação a céu aberto ainda era muito grande. E ele sabia que, assim que chegasse a estação das chuvas, esta merda se dispersaria por toda a aldeia.[1]

---

[1] Kar acredita que é um erro suavizar a palavra usando termos médicos como *fezes* ou termos mais amigáveis para as crianças, como *cocô* ou *totô*. Quando ele trabalha em novos países, ele faz questão de questionar o termo de baixo calão para a merda. Ele quer que a palavra choque.

Em outras palavras, não era o suficiente que *algumas* pessoas usassem as latrinas, ou mesmo a metade delas. Para resolver os problemas de saúde da aldeia, isso tinha que se tornar a norma.

Este foi um momento revelador para ele. As organizações mundiais de desenvolvimento haviam pensado na evacuação a céu aberto como um problema físico: se apenas distribuirmos latrinas suficientes, resolveremos o problema. Só que não era tão simples assim. Para alguns aldeões, as latrinas pareciam uma solução para um problema que eles não haviam pedido resolução. Às vezes as latrinas eram desmontadas, e suas peças usadas para outros fins. Em um projeto no Malauí, ninguém usou as latrinas extravagantes. Umelu Chiluzi, um assistente social, contou: "Se você perguntasse a eles o motivo pelo qual não estão usando a latrina, eles lhe diriam: 'Você tem certeza de que eu deveria colocar merda nesse negócio aí... que tem uma estrutura melhor do que a minha casa?'"

Kar percebeu que a evacuação a céu aberto não era um problema físico, mas sim comportamental. Enquanto as pessoas em uma determinada área não *quisessem* mudar, o equipamento físico não fazia sentido.

Com base nessa percepção, ele desenvolveu uma metodologia chamada de Saneamento Total Liderado pela Comunidade (*Community-Led Total Sanitation, CLTS*) que, desde então, tem sido usada em mais de 60 países em todo o mundo. Não deixe, porém, que a sigla chata lhe engane: este é um processo *impactante*. Aqui está uma descrição estilizada de uma intervenção típica:

Um agente facilitador da CLTS chega a uma aldeia e se apresenta. "Estou estudando os perfis de saneamento de diferentes aldeias da região", diz ele. "Se importa se eu olhar ao redor e fazer algumas perguntas?" Depois de ter estado lá tempo o suficiente para atrair uma pequena multidão, ele conduz uma "caminhada transversal", levando o grupo de um lado a outro da aldeia.

"Onde as pessoas cagam?" pergunta ele, e os aldeões o encaminham para as áreas comuns de evacuação. Eles ficam envergonhados, ansiosos para sair e continuar a caminhada, mas ele permanece. Ele aponta: "De quem é essa merda?" Ele pergunta a eles: "Alguém cagou aqui hoje?" Algumas mãos se levantam.

O fedor é avassalador. As pessoas começam a cobrir seus narizes com as roupas. O agente continua fazendo perguntas repugnantes: "Por que esta merda é amarela? Por que esta aqui é marrom?"

O agente chama a atenção para as moscas que voam entre as pilhas de excremento. "Há moscas aqui com frequência?" Cabeças ao redor acenam positivamente. Ele vê uma galinha ciscando na merda. "Você come esse tipo de frango?" Mais acenos positivos e relutantes. Todas as suas perguntas são cuidadosamente neutras. O agente foi treinado apenas para fazer perguntas, não para oferecer conselhos ou opiniões.

O grupo completa a caminhada transversal e para em um grande espaço público. O grupo cresce e fica curioso sobre o que está acontecendo. O agente facilitador pede para que desenhem um mapa da aldeia no chão. Rapidamente, os aldeões mapeiam as fronteiras da aldeia, juntamente com marcos importantes — uma escola, uma igreja, um riacho. Então o agente pede que usem pedras ou folhas para marcar onde estão suas casas.

Uma vez que o mapa foi preenchido, ele aponta para um saco de giz amarelo que ele trouxe e lhes pede para polvilhar alguns nos lugares onde as pessoas cagam. Ele diz: "Onde houver mais merda, use mais giz". Surge uma risadaria nervosa. As crianças curtem polvilhar o giz nas áreas abertas de evacuação.

Agora o agente facilitador pergunta: "Onde você caga em uma emergência, digamos, em caso de uma tempestade ou se você tem uma diarreia?" Mais risadas surgem enquanto novos montes de giz amarelo se espalham. Frequentemente acaba sendo ao redor das casas das pessoas — nessas situações de emergência, elas não conseguem chegar às áreas comuns.

Neste ponto, é difícil não perceber que toda a aldeia está coberta de amarelo.

Há uma energia turbulenta no grupo de pessoas: ansiedade, nojo, revolta e vergonha. Eles não têm certeza do que isso significa.

O agente facilitador pede um copo d'água.

Alguém fornece o copo d'água, e ele pergunta a uma mulher se ela se sentiria confortável para beber, e ela diz que sim. Ele pergunta aos outros e eles concordam.

Ele puxa um fio de cabelo da cabeça. "O que há na minha mão?" *Um fio de cabelo.* "Vocês conseguem vê-lo claramente?" *Não, na verdade não.* Ele caminha até uma pilha de merda perto da área da reunião e mergulha o cabelo nela. Em seguida, ele mergulha o cabelo sujo no copo d'água e o mexe dentro do copo.

Ele entrega o copo a um aldeão e pede que ele dê um gole. O homem se recusa. Ele passa adiante, mas todos recusam. "Por que vocês recusaram?" *Porque tem merda nisso!*

O facilitador demonstra estar intrigado. Ele pergunta: "Quantas patas tem uma mosca?" *Seis.* "Certo, e todas elas são serrilhadas. Vocês acham que as moscas pegam mais ou menos merda do que o meu cabelo?" *Mais.*

"Vocês já viram moscas em sua comida?" *Sim.* "Então vocês jogam fora a comida?" *Não.* "Então o que vocês estão comendo?"

Agora a tensão está insuperável. Isso é o que Kamal Kar chama de "momento de ignição". A verdade é inevitável: os aldeões têm comido a merda um do outro. Por anos.

Muitas vezes, neste ponto, a discussão sai do controle do agente facilitador. As pessoas estão agitadas. Eles começam a desafiar um ao outro: *Nós não podemos continuar com isso! Isso é loucura! Como podemos parar isto?*

Eles frequentemente perguntam ao agente facilitador o que devem fazer, mas ele se recusa a responder. "Vocês conhecem sua aldeia melhor do que eu. Vocês são livres para escolher o que quiserem, incluindo continuar evacuando em público". Os aldeões, no entanto, estão determinados agora. Parece intolerável viver com esta situação no dia seguinte.

Kar, o criador da metodologia CLTS, sabe que é um processo emocionalmente doloroso. "Nojo é o gatilho número um", disse ele. "E vergonha. 'O que diabos estamos fazendo? Somos seres humanos? Comendo merda uns dos outros!"

A metodologia CLTS é brutal e eficaz. Milhares de comunidades em todo o mundo se declararam "livres da evacuação ao ar livre" (ou ODF, sigla para *open-defecation free*) em virtude da intervenção, e, em Bangladesh, onde a CLTS se tornou uma pedra fundamental do programa nacional de saneamento, a taxa de evacuação a céu aberto diminuiu de 34% para 1%.

O que é estranho é que a CLTS não está realmente apresentando uma grande "novidade". Na situação acima, por exemplo, as pessoas da aldeia evacuavam em público todos os dias. Eles viram seus vizinhos fazendo o mesmo, sentiam o cheiro da merda, passavam por cima dela, observavam as moscas, as galinhas. Por que os aldeões precisavam da CLTS para perceber algo que estava bem na frente deles?

Kar conta que os aldeões costumam dizer a ele: "Esta é uma verdade que ninguém queria discutir. Estamos sempre empurrando este assunto para debaixo do tapete — e então ele foi trazido a público e à luz do dia... Agora não havia saída. A verdade nua e crua estava ali.

Eles realmente não "percebiam" a realidade até que foram conduzidos a encará-la.

2.

Encarar a realidade é um insight que traz no pacote um choque emocional. Quando há uma constatação repentina, aquela que você não viu chegando e uma que você sabe, no fundo, que está certa, você acabou de encarar a realidade. Este é um momento marcante que pode instantaneamente mudar a maneira como você vê o mundo.

O psicólogo Roy Baumeister estudou estes tipos de constatações súbitas: pessoas que se juntam e depois deixam um determinado culto religioso, alcoólatras que se livraram do vício, intelectuais que abraçaram o comunismo e se retrataram. Baumeister disse que tais situações eram frequentemente caracterizadas por uma "cristalização do descontentamento", um momento dramático em que uma série de dúvidas e reclamações isoladas se ligam em um padrão global. Imagine um marido que tenha um rompante explosivo de raiva e, nesse momento, sua esposa perceba que os rompantes dele não são apenas "dias ruins", como ela sempre os entendia, mas sim um traço marcante de personalidade. E esta é uma característica que ela não consegue mais suportar. Esta é a cristalização do descontentamento.

Ex-membros de cultos religiosos tendem a recordar um momento específico em que sua ficha caiu. Ele acontecia quando não conseguiam mais sustentar uma visão elevada do seu líder religioso. Baumeister conta que as histórias deles revelam que "as pessoas realmente suspeitavam da verdade o tempo todo, mas mantiveram suas dúvidas sob controle, até que um incidente focal fez com que elas percebessem o padrão geral".

Os momentos de cristalização estudados por Baumeister ocorrem ao acaso. Não há como prever quando (ou se) acontecerão. Observe, porém, que a constatação provocada pela CLTS é muito semelhante na essência. Em virtude das perguntas dos agentes facilitadores, as pessoas nas aldeias eram postas para "vislumbrar" o que estava na frente deles o tempo todo. Só que este não é um momento "aha!" ao acaso. Este é um momento *projetado*.

Como podemos projetar insights poderosos em situações organizacionais mais comuns? Pensemos na maneira como Scott Guthrie tratou uma determinada situação na Microsoft em 2011. Ele havia sido contratado por Steve Ballmer para liderar o crescente serviço de computação em nuvem virtual, chamado Azure.

Guthrie visitava os clientes do Azure e o feedback deles sobre a experiência com o serviço era claro: a tecnologia por trás do Azure era boa, mas era difícil de usar. Guthrie sabia que o Azure nunca satisfaria as expectativas de crescimento do serviço até o momento em que ele fosse mais fácil para o cliente. No entanto, como ele conseguiria fazer com que seus colegas entendessem, de forma profunda, o quão fora dos trilhos eles estavam?

Ele convocou uma reunião fora do escritório, com seus gerentes de nível sênior e os arquitetos de software e deu a eles um desafio: crie um aplicativo usando o Azure, assim como faria um de seus clientes. Não deveria ser um desafio difícil, porém a equipe teve dificuldades. Alguns executivos não conseguiram usar determinados recursos, outros não conseguiram sequer descobrir como se registrar no serviço. Guthrie contou a Andrew Nusca, da *Fortune*, que: "Foi um desastre total". Após o castigo, os executivos resolveram consertar os problemas que haviam encontrado. No final do segundo dia, eles haviam produzido um plano para reconstruir o Azure por completo.

A história da Microsoft e a história de Kamal Kar são poderosas por razões semelhantes. Primeiro, o líder entende a realidade que ele quer compartilhar. A realidade de Guthrie: *Nossos clientes não conseguem usar nosso produto*. A realidade de Kar: *Estes aldeões estão ficando doentes*. Em segundo lugar, a constatação é rápida. Ela leva minutos ou horas, não semanas ou meses. O choque de realidade acontece rapidamente.

Finalmente, as pessoas na plateia descobrem a realidade por si mesmas. Por sua vez, esta descoberta torna óbvia a necessidade de ação. Guthrie não *compartilha suas constatações* a partir das suas reuniões com clientes, ele cria uma situação na qual as pessoas possam *replicar sua constatação*. Isso faz com que elas tenham um insight próprio e, em virtude disto, se motivam a agir. Da mesma forma, os agentes facilitadores da metodologia CLTS veem o problema de maneira real, mas não compartilham diretamente suas preocupações. Eles fazem com que os aldeões vejam isso por si mesmos. O momento "aha!" deve sempre acontecer nas mentes do público.

Esta receita de três partes, (1) uma visão clara, (2) comprimida no tempo e (3) constatada pelo próprio público, nos fornece um modelo para quando queremos que as pessoas confrontem realidades desconfortáveis. Teria sido muito fácil para os agentes facilitadores da CLTS fazerem palestras aos aldeões, para lhes mostrar fatos e dados sobre práticas de saneamento. Mas, quando o insight cristalizante acontece dentro deles, há muito mais poder.

3.

O ato de encarar significa olhar fixamente, confrontar, prender-se a algo. Encarar a realidade significa prender a própria mente em algo e pensar. O que exatamente é esta "coisa" que seu cérebro percebe?

Imagine que você tenha uma boa ideia e quer que outras pessoas a apoiem. O que você faria? Você tentaria vender esta ideia para elas: *Eu explorei muitas ideias diferentes, e esta é a melhor, porque é sustentada por uma montanha de evidências, e outras pessoas que abraçaram ideias similares têm lucrado imensamente. Já mencionei que ela é incrivelmente fácil de se implementar?*

Em outras palavras, seu foco estaria nas virtudes da *solução*. No entanto, nas histórias que vimos até agora neste capítulo, você notará que ninguém está falando sobre soluções. Kamal Kar não divulgou as virtudes das latrinas. Scott Guthrie, da Microsoft, não lançou um novo conjunto de recursos para o Azure.

O que eles fizeram, ao invés disso, foi dramatizar os *problemas:* ingestão de fezes e luta para usar um pacote de software. Uma vez que esses problemas se tornaram vívidos nas mentes dos membros da plateia, seus pensamentos se voltaram imediatamente... para as soluções.

Não é possível vislumbrar a solução até vislumbrar o problema. Então, quando falamos sobre "encarar a realidade", queremos dizer *a verdade sobre um problema ou algo danoso*. Isso é o que desencadeia esta percepção súbita.

Honrar este princípio exige que tentemos um novo método de persuasão. Tomemos o exemplo de Michael Palmer, professor-adjunto de química na Universidade da Virgínia e também diretor-adjunto do Centro de Recursos para Ensino da universidade. Em 2009, ele iniciou um programa de uma semana chamado "Instituto para Planejamento de Cursos" (com a sigla em inglês CDI de *Course Design Institute*). Ele criou o CDI para ajudar os professores no planejamento dos cursos que estariam ministrando. Na segunda-feira de manhã, os professores trouxeram seus rascunhos de ementa, e até sexta-feira, depois do meio-dia, eles os haviam revisado e criado um planejamento melhorado com jogos para seus cursos.

"O segredo sujo do ensino superior é que os professores não são ensinados a ensinar", disse Palmer. Ao longo da semana no CDI de Palmer, os professores aprendem a *ciência* do ensino: como motivar os alunos, como alcançar diferentes tipos de aprendizes e como garantir que os alunos guardem os conceitos mais importantes.

Um elemento central da abordagem de Palmer no planejamento de um curso é chamado de "modelo de integração invertida". Primeiro, você identifica seus objetivos. Segundo, você descobre como os avaliaria se os alunos atingissem estes objetivos. Terceiro, você projeta atividades que preparem os alunos para se destacarem nestas avaliações.

Parece simples, sem dúvida. Só que a vida de um professor universitário torna este tipo de planejamento muito contraintuitivo. O que normalmente acontece com um professor é isso: você é designado para dar um curso, geralmente com pouca antecedência ao semestre. Digamos que ele se chama "Introdução à Química I". Você folheia um livro didático e passa por um momento de choque: qual é a possibilidade humana de passar por todo este material em um semestre? Isto é muita coisa.

Existem muitas variáveis para considerar de uma só vez, então você monta a sua primeira coluna de sustentação. Você pega um livro didático. Agora, pelo menos, você tem um índice para usar como um roteiro mais ou menos montado. Isso é reconfortante. Então você começa a mapear os capítulos para as 14 semanas do seu semestre. Então, para cada semana, você pode subdividir os tópicos em aulas. Por fim, com base nos tópicos apresentados, você decide o que acontecerá nas provas dos alunos.

Isso pode soar como um processo lógico, mas não tem nenhuma semelhança com o "modelo de integração invertida". Ao invés vez de começar com seus objetivos e trabalhar na ordem inversa, você começou sem objetivo algum! Você simplesmente pegou uma grande pilha de conteúdos e a subdividiu em pedaços organizados em aulas.

Agora, se coloque no lugar de Palmer. Ele sabe que os professores estão abordando o projeto do currículo de maneira equivocada, e ele tem uma solução para eles (modelo de integração invertida). Se ele apresentasse as virtudes da solução, isso o tornaria, em essência, um vendedor do modelo em questão. Mas como o público responde aos discursos de vendas? Com ceticismo. Nós os discutimos, os desafiamos e os questionamos.

Se Palmer quer persuadir os professores, ele precisa que os colegas encarem a realidade. Só que isso começa com um foco no problema, e não na solução.

Na tarde do primeiro dia do CDI, Palmer apresenta uma atividade chamada "O Exercício dos Sonhos", inspirada em uma ideia do livro *Creating Significant Learning Experiences*, de L. Dee Fink.

Ele coloca a seguinte questão para seu público de 25 a 30 professores: "Imaginem que vocês tenham um grupo de alunos dos sonhos. Eles são comprometidos, perfeitamente comportados e possuem uma memória perfeita... Complete esta frase: Daqui a 3 ou 5 anos, meus alunos ainda sabem _____. Ou eles ainda são capazes de fazer _____. Ou eles ainda encontram valor agregado em _____."

Os professores refletem individualmente a respeito disso por cerca de 10 minutos e depois compartilham suas respostas. No CDI, em julho de 2015, um professor que ministrou um curso sobre comportamento animal disse: "Quero que eles saibam o processo científico. Quando meus alunos vislumbrarem algum animal fazendo algo interessante, eles devem conseguir encontrar uma maneira de trabalhar através do processo científico para estudar tal animal".

Um professor de ciências da saúde disse: "Eu quero que eles se conectem e colaborem com os colegas. Eles se sentirão confiantes ao analisar novas pesquisas e ao participar dos encontros das organizações acadêmicas".

Um professor de matemática disse: "Eu quero que eles pensem na matemática como algo divertido e interessante por si só, e não apenas prático... Quando meus alunos olharem um link com uma história envolvendo matemática, eu quero que eles se interessem por ele."

Palmer escreve estas respostas em um quadro branco na frente da sala. Todos percebem imediatamente um padrão: bem poucas respostas são focadas no conteúdo. O professor de matemática, por exemplo, não disse que queria que seus alunos lembrassem da Regra da Cadeia (uma fórmula para a derivada da função composta, em cálculo), ele disse que desejava que os alunos mantivessem um interesse natural pela matemática.

Agora Palmer está pronto para ajudá-los a encarar a verdade. Ele os relembra que acabaram de escrever seus principais objetivos para seus alunos. Ele então pede que tragam o plano de estudos elaborado para a discussão. *Em que medida o seu plano de curso atual vai encaminhar seus alunos para os sonhos que você tem para eles?*

Houve um silêncio embaraçado na sala. George Christ, professor de engenharia biomédica, se lembrou do momento com uma risada: "Você olha para o seu currículo e diz: 'Zero'". A maioria dos professores constata exatamente a mesma coisa. Momento "tapa na cara".

Deborah Lawrence, professora de ciências ambientais, disse: "Rapidamente percebi que a ementa era inútil para mim — ela não estava abrangendo nenhum dos meus objetivos".

O Exercício dos Sonhos do professor Palmer é um momento brilhantemente projetado que obriga os professores a encarar a realidade. A própria realidade deles.

As diferenças das ementas "antes e depois" do CDI são frequentemente avassaladoras. (Para ver um exemplo de uma ementa completa antes e depois do CDI, visite http://www.heathbrothers.com/CDIsyllabi - conteúdo em inglês). Uma ementa de física, que começou como uma visão geral superficial dos tópicos e subtópicos do curso, se transformou em algo inspirador. Estes são os parágrafos iniciais:

> *Por que pontes e edifícios ficam em pé? Por que pontes e edifícios caem? Como os edifícios devem ser construídos em uma zona de terremotos ou de furacões? Quais são algumas das forças que as derrubam? O que é uma força?*
>
> *A física pode descrever tudo o que vemos ao nosso redor, desde que saibamos como olhar! Um avião que voa é um estudo de pressão e arrasto, uma colisão se transforma em um problema no momentum, um arco-íris se torna uma incrível demonstração de refração e dispersão, um terremoto*

ilustra tensões de cisalhamento e flexibilidade, a construção de ponte tem a ver com calor e expansão, uma casa de shows é a interação entre a reflexão e a interferência.

Esta aula lhe dará as ferramentas com as quais abordará estes e muitos outros problemas interessantes e relevantes para o seu mundo. Ao se capacitar como físicos, vocês verão o mundo como uma complexa interação de forças e princípios. Você aprenderá e entenderá os princípios fundamentais da física.

De 2008 a 2015, 295 instrutores participaram do Instituto para Desenvolvimento de Cursos. Eles avaliaram a experiência com uma nota 4,76 de 5,0. Todos os 295, sem exceção, disseram que recomendariam o curso a um colega.

Um instrutor de 2011 escreveu: "Em suma, foi uma mudança de vida. Pode parecer exagerado, mas é 100% verdade. Eu entrei pensando que eu tinha meu curso sob controle, mas logo percebi que precisava voltar para o básico. O resultado é melhorado ao cubo."

Tenha em mente que os professores não são propensos a fortes reações emocionais. O Instituto para Desenvolvimento de Cursos ofereceu o impulso motivacional e a direção concreta de que eles precisavam para renovar seus cursos.

Às vezes, na vida, não conseguimos nos orientar até que encaremos a realidade.

6

Se Force em Direção ao Insight

1.

Lea Chadwell fazia bolos há apenas um ano quando começou a sonhar em começar sua própria empresa.

Em seu trabalho diário, ela trabalhava em um hospital veterinário — o mesmo lugar em que ela uma vez levou seus cães para tratamento médico. Depois de visitar o local algumas vezes como cliente, ela constatou: *quero trabalhar aqui*. Ela implorou para trabalhar lá e, quatro meses depois, uma vaga como técnico veterinário se abriu.

Nove anos depois, porém, ela se sentia como se tivesse atingido o nível máximo de aumentos salariais e promoções disponíveis para ela. Ela também temia que esta fosse uma função para uma pessoa jovem. "Eu realmente vou ter que ficar lutando com golden retrievers quando tiver 65 anos?", ela se perguntou.

Ela passava todo fim de semana na cozinha, fazendo biscoitos, doces com especiarias exóticas e brioches de diferentes sabores. Os amigos e a família começaram a lhe dizer: "Você deveria ter sua própria padaria!" (Aquele típico conselho que você dá quando quer mais amostras grátis.)

Um dia, em 2006, seu marido, Sam, ouviu uma história no rádio sobre um negócio que permitia que você "testasse" seu emprego dos sonhos. Ao custo de uma taxa, a Vocation Vacations poderia proporcionar alguns dias ao pagante para que ele acompanhasse as pessoas que estavam vivendo o sonho dele. Os empregos disponíveis para visitação incluíam criação de gado, administração de um *bed and breakfast*, de uma vinícola e —lá estava! — a criação de uma padaria.[1]

Chadwell aproveitou a oportunidade, voou para Portland, em Oregon, para trabalhar com os donos de uma padaria e uma chocolataria. Era como se fosse o aluguel de um mentor. Ela adorou e voltou para casa determinada a começar sua própria padaria.

Ela tinha aulas à noite para aperfeiçoar suas habilidades e, posteriormente, obteve um certificado de um programa de culinária local. Em 2010, ela estava pronta: O empreendimento A Pound of Butter foi inaugurado. Chadwell fazia bolos personalizados para aniversários e casamentos e fornecia doces para restaurantes locais, trabalhando pela noite e aos fins de semana, enquanto mantinha seu trabalho no hospital de animais. Ela planejava abrir um estabelecimento no futuro. "Eu sonhava como a padaria seria", disse ela. "Eu pensava nisso como algo que eu poderia fazer pelo resto dos meus dias."

---

1 A Vocation Vacations se tornou, desde então, a Pivot Planet, com foco em ligações telefônicas, em vez de visitas presenciais.

Bolos esculpidos eram sua especialidade — Chadwell tinha uma especialização em esculturas obtida na faculdade. Ela concebeu bolos impecáveis do "Thomas e Seus Amigos" e de princesas da Disney para festas de aniversário infantis.

Lentamente, porém, o charme começou a se desvanecer. Assar bolos para sua própria família era divertido. Só que assar bolos para clientes exigentes foi estressante. Ela tratava de animais doentes durante o dia e cuidava de noivas nervosas à noite. Ela se sentiu presa em um ciclo interminável. "Eu precisava de mais vendas para juntar dinheiro e comprar a padaria, mas não tinha tempo para fazer os bolos, porque não podia me dar ao luxo de morar na padaria", disse Chadwell.

Em um dado fim de semana, correndo para atender um prazo, ela terminou de dar os últimos retoques em um bolo de casamento de *buttercream* e o colocou em seu carro. Assim que ela se preparou para partir, percebeu que estava prestes a deixar a porta de entrada de sua padaria aberta e sem ninguém dentro.

Aquele foi o seu momento de estalo: *estou me deixando louca de estresse*. E ela percebeu: "Eu não estava mais apaixonada por fazer bolos", disse ela mais tarde. "Era como uma pedra de manteiga no meu sapato."

Ela tinha quase 42 anos e queria só uma carreira, não duas, e percebeu de repente: "Se eu fizer isso da forma como tem que ser feita, conseguir empréstimos e ter uma loja, nunca mais vou me recuperar se der errado. E nunca mais vou conseguir me reerguer financeiramente... Definitivamente não estou mais apaixonada por isso."

Após cerca de 18 meses, ela fechou o empreendimento A Pound of Butter. Seu sonho de dona de padaria havia terminado.

Ela não fez um bolo sequer por anos.

Este não é o fim que desejamos. Queremos que empreendedores simpáticos tenham sucesso. Queremos que os sonhos se tornem realidade.

Será que Lea Chadwell falhou? De certa forma, sim. Só que a coisa não é tão simples assim. Chadwell não está arrependida de ter iniciado sua padaria e nem de tê-la fechado. O que ela ganhou foi o insight que vem com a experiência. Ela chegou a aceitar, disse ela, algumas qualidades que a tornaram a pessoa errada para administrar seu próprio negócio. "Eu sou desorganizada. Nem um pouco prática. Inconstante... Embora estas características me tornem uma ótima candidata para ser aquela amiga doidinha de alguém, elas são terríveis para tentar constituir um negócio. Suspeito que se eu não tivesse desistido, teria falhado, e, na verdade, é muito ruim admitir isso. Só que aqui vai a dolorosa lição que aprendi. Eu sou ótima quando estou trabalhando para os outros, eles confiam em mim. Quando trabalho comigo mesma? Sou uma chefe terrível."

Os psicólogos chamam isso de "self-insight" — uma compreensão madura de nossas capacidades e motivações — e está correlacionado com uma série de resultados positivos, que vão desde bons relacionamentos até um senso de propósito na vida. O self-insight e o bem-estar psicológico andam juntos.

O self-insight de Chadwell foi desencadeado por um momento clássico de "cristalização do descontentamento" — o momento no qual ela quase se afastou de sua padaria deixada de portas abertas. Em um instante, os fragmentos de frustração e ansiedade que ela experimentou se agregaram em uma conclusão clara: *Não sou boa nisso. Isso não é para mim.*

Compare o momento de Chadwell com este segundo vivido por uma mulher que, na faculdade, decidiu viajar à Roma para estudar. "Eu era uma garota de uma cidade pequena, apavorada com coisas como o transporte público, até com a difícil tarefa de trabalhar em um ambiente onde as pessoas não falavam minha língua", disse ela. "Eu me lembro de chegar e o lugar todo me intimidava..."

Quatro semanas depois, ela havia convencido a funcionária de uma loja que ela era italiana. (Ela estragou o disfarce, infelizmente, quando não conseguiu usar a palavra em italiano para "elástico de cabelo".) No final da experiência, ela havia se transformado. "Voltei diferente", disse ela. "Estava muito mais confiante e muito mais disposta a assumir riscos calculados... Deixei de ter medo de viajar ou morar em outros lugares." Ela mora em Londres, atualmente.

Seu momento marcante — convencer a funcionária de que ela era uma "local" — é quase o oposto do momento de Chadwell. Ela constatou: *Eu consigo fazer isso. Eu posso ser esta pessoa.*

Ambas as mulheres passaram por momentos de self-insight provocados pelo "movimento de se forçar". O ato de se forçar nos coloca em situações que nos expõem ao risco de fracassar.

O fato de que o self-insight raramente surge de dentro das nossas mentes pode soar como um contrassenso. Algumas pesquisas sugerem que *refletir sobre* ou *ruminar* nossos pensamentos e sentimentos é uma maneira ineficaz de alcançar uma compreensão real. O estudo do nosso próprio *comportamento* é mais proveitoso.

"Eu não me tornaria uma fabulosa dona de padaria?" "Eu consigo lidar com isso na Itália?" Estas são questões importantes, mas impossíveis de se responder na cabeça de alguém. É melhor se arriscar, tentar algo e extrair a resposta da experiência, e não da introspecção. A ação leva ao insight mais frequentemente do que o insight leva à ação.

Aprender quem somos, o que queremos e do que somos capazes — é um processo para toda a vida. Encaremos este fato: muitos de nós nos tornamos adultos, com lares, empregos e cônjuges, muito antes de realmente nos entendermos. Por que reagimos desta maneira? Quais são os nossos pontos cegos? Por que somos atraídos pelo tipo de amigos e amantes que buscamos?

A autocompreensão é algo que vem devagar. Uma das poucas maneiras de acelerá-la — de experimentar mais momentos de cristalização — é se forçar pelo insight.

2.

Na primavera de 1984, Michael Dinneen estava na última noite do seu turno na ala psiquiátrica do Centro Médico Naval de São Diego. Ele havia concluído o curso de medicina em 1982 e estava no segundo ano de sua residência, o que lhe permitiria se tornar um psiquiatra plenamente certificado.

Os pacientes da ala psiquiátrica tinham doenças sérias — esquizofrenia, transtorno bipolar, depressão — e a maioria ficava em quartos trancados. Muitos haviam tentado ferir a si mesmos ou a outros no passado. Enquanto Dinneen fazia sua ronda, ele encontrou um paciente que havia conquistado a liberdade de andar por conta própria. O homem estava com a alta programada para o dia seguinte.

Ele parou Dinneen e disse: "Tenho algumas coisas que gostaria de lhe perguntar."

Dinneen respondeu: "Tenho algumas coisas para fazer. Posso voltar em 15 minutos?" O paciente assentiu com a cabeça e Dinneen continuou com as rondas.

Dez minutos depois, uma chamada de "código azul" veio pelo interfone, significando que um paciente precisava de ressuscitação. Normalmente, a chamada direcionava especificamente os funcionários para um andar e uma sala dentro do hospital. Só que desta vez, eles foram direcionados para a área externa. Dinneen correu para fora.

Estirado no chão estava o paciente com quem ele havia acabado de falar. O homem havia pulado da varanda do terceiro andar, caindo na calçada de concreto. Dinneen e outros funcionários correram e tentaram ressuscitar o paciente. Sem sinais de reação, eles correram para o pronto-socorro. O homem morreu pouco tempo depois.

Dinneen caminhou lentamente de volta ao seu escritório na ala psiquiátrica. Ele estava em estado de choque e atormentado pela culpa. *Eu sou um completo fracasso,* ele pensou. *Eu deveria saber que ele precisava de mim.*

Ele ligou para o diretor da residência médica, Richard Ridenour, para relatar o que havia acontecido, e tomou algum tempo para confortar o pessoal da ala psiquiátrica. Exausto, ele se preparava para ir para casa, sentindo-se emocionalmente incapaz de terminar seu turno.

Nesse meio tempo, Ridenour havia chegado ao hospital. Ele pediu que Dinneen contasse toda a história novamente. "Toda minha expectativa depois de dar o relatório", disse Dinneen, "foi que ele seria usado para uma ação disciplinar." Era raro um paciente se suicidar, um paciente que comete suicídio no aparente porto seguro de um hospital era uma coisa ainda mais rara. Dinneen não estava seguro se seria permitido a continuar na residência.

Ao invés disso, Ridenour disse: "Ok, vamos voltar ao trabalho".

Ele levou Dinneen para a sala de cirurgia, onde eles pegaram alguns vestuários médicos limpos e um jaleco. Em seguida voltaram para a ala psiquiátrica.

E Ridenour, seu mentor, ficou com ele a noite toda.

Mais tarde, ao recordar o episódio, Ridenour disse: "Eu não queria passar ao Mike a ideia de que ele havia feito algo errado. Eu queria passar uma mensagem para ele dizendo que ele estava bem. Vamos seguir em frente. É como uma morte em combate. Pacientes morrem durante a triagem e você segue em frente. Há outros pacientes esperando nas alas. Talvez você possa salvá-los".

Dinneen disse: "Não me lembro muito do resto da noite, mas sei que, se tivesse ido para casa, poderia ter desistido de me tornar um psiquiatra."

Mais de trinta anos depois, Michael Dinneen relembra aquela noite como um dos momentos marcantes de sua vida. Foi a primeira vez que ele havia perdido um paciente. No entanto, o que permanece com ele de forma mais intensa é o que a noite lhe ensinou sobre si mesmo: *Eu consigo suportar.*

Na vida de Dinneen, o episódio foi um pico negativo (um fosso). Barbara Fredrickson, uma das pesquisadoras pioneiras do "princípio do pico-fim", argumenta que o motivo pelo qual superestimamos muito os picos na memória é que eles servem como uma espécie de preço psíquico. Eles essencialmente nos dizem *qual é o custo de suportar uma dada experiência novamente.* Algumas pessoas, como Lea Chadwell, constatam que o custo é muito alto e optam por evitar o enfrentamento destes momentos novamente. Outros, como Dinneen, descobrem que podem sobreviver às experiências e que os potenciais picos negativos são superados pelos positivos.

Observe outra grande diferença entre as histórias de Chadwell e Dinneen. Dinneen nunca teria aprendido sobre sua capacidade de suportar se ele não tivesse sido "empurrado" e convencido por Ridenour. "Esperava-se que eu voltasse ao jogo", disse Dinneen. "Ele sabia que eu tinha o que era preciso para passar por aquela noite quando eu mesmo não sabia disso." As sábias ações de Ridenour no meio da noite transformaram um momento de trauma em um momento de crescimento.

Muitas vezes são outras pessoas que estimulam o nosso movimento de se forçar. Você contrata um personal trainer porque sabe que ele vai lhe empurrar para fora de sua zona de conforto. Esta é a mesma qualidade que valorizamos em nossos mentores: eles despertam o que há de melhor em nós. Você nunca ouvirá alguém dizer: "Sim, o melhor técnico que eu já tive foi o Martin. Ele não tinha expectativa alguma e nos deixou fazer o que quiséssemos. Ele era um grande homem."

Os mentores se concentram na melhoria: você consegue ir um pouco mais longe? Você consegue arcar com um pouco mais de responsabilidade? Eles introduzem um nível produtivo de estresse.

Para explorar esta ideia, demos a alguns de nossos leitores um desafio: como mentor de alguém, encoraje essa pessoa a se forçar. Jim Honig, um pastor luterano, relatou um desafio dado a um de seus pastores em treinamento: "Um dos destaques do ano é a nossa vigília da páscoa, na noite anterior ao domingo de Páscoa. Eu costumo não agendar um pastor em treinamento para conduzir esta cerimônia e, geralmente, eu mesmo a conduzo. Este ano, eu disse ao pastor em treinamento que ele pregaria naquela cerimônia. Eu disse a ele que era uma cerimônia importante e que ele precisava dar o melhor de si, mas eu tinha certeza de que ele conseguiria fazer isso."

O pastor Honig admitiu que hesitava em delegar uma tarefa tão importante. O pastor em treinamento reagiu: "Ele fez um de seus melhores sermões", contou Honig.

Quais são os "momentos marcantes" nesta situação? Existem dois. O primeiro foi o sermão do pastor em treinamento na vigília de Páscoa. Este é um momento de elevação (apostas altas), orgulho e insight (*eu posso lidar com isso*). Foi um momento criado (ou permitido) pelo "empurrão" do Pastor Honig. Só que o pastor Honig também se forçou! Ele se tornou vulnerável, ele arriscou o fracasso confiando a um pastor em treinamento um momento tão importante. Em virtude de assumir este risco, ele obtenue um insight. "O resto da equipe sabe o quão especial é para mim a tarefa de pregar durante a Semana Santa e a Páscoa. Então, eles ficaram surpresos quando eu deixei outras pessoas receberem parte da função de pregação naquela semana. Todos eles se posicionaram à altura da circunstância. A situação também me proporcionou um momento para refletir sobre como eu poderia tornar esse hábito mais rotineiro na minha profissão. Isto é algo em que venho trabalhando e estamos colhendo os benefícios."

3.

Mentores "empurram", pupilos se forçam. Ao orientar alguém — um aluno, um funcionário, um parente — você pode se perguntar sobre qual é a melhor maneira de lhes dar um "empurrão" produtivo. Um bom ponto de partida é uma fórmula de duas partes citada em um artigo do psicólogo David Scott Yeager e de oito colegas: padrões elevados + garantia.

Yeager descreveu um estudo em uma escola suburbana em que 44 alunos do sétimo ano foram designados para escrever uma redação sobre um herói pessoal. Seus professores então corrigiram as redações, fornecendo feedback por escrito.

Neste ponto, os pesquisadores coletaram as redações com os professores e dividiram o material aleatoriamente em duas pilhas. Eles afixaram um bilhete genérico, com a letra do professor, em cada redação na primeira pilha. Ele dizia: "Estou fornecendo estes comentários para que você tenha um feedback sobre seu trabalho." As redações da segunda pilha receberam um bilhete refletindo sobre o que os pesquisadores chamam de "crítica sábia". Ele dizia: "Estou fornecendo estes comentários porque tenho expectativas muito altas e sei que você pode alcançá-las" (padrões elevados + garantia).

Depois que os documentos foram devolvidos, os alunos tiveram a opção de revisar e reenviar seu trabalho na esperança de obter uma nota melhor. Cerca de 40% dos alunos que receberam o bilhete genérico optaram por revisar seus trabalhos. Porém quase 80% dos estudantes da crítica sábia revisaram seus trabalhos e, ao editá-los, fizeram duas vezes mais correções do que os outros alunos.

O fato que torna o segundo bilhete tão poderoso é que ele reconfigura a forma como os estudantes processam as críticas. Ao pegar a redação de volta, cheia de correções e sugestões, a reação natural deles pode ser um sentimento de defesa ou até de desconfiança. *O professor nunca gostou de mim.* Só que o bilhete com a crítica sábia carrega uma mensagem diferente. Ela diz: *"Eu sei que você é capaz de grandes coisas, se você simplesmente se esforçar no trabalho".* A redação remarcada não é um julgamento pessoal. Ela é um empurrão para um movimento de se forçar.

4.

Dentro das organizações, a mentoria é capaz de assumir uma forma mais forte. A fórmula *padrões elevados + garantia* é poderosa, mas no final das contas é apenas uma declaração de expectativas. O que os grandes mentores fazem é adicionar mais dois elementos: direção e suporte. *Tenho grandes expectativas para você e sei que você pode atendê-las. Então tente este novo desafio e, caso falhe, eu lhe ajudarei a se recuperar.* Isso é o que significa a mentoria em duas frases. Parece simples, mas tem poder o suficiente para transformar carreiras.

Em 2015, Dale Phelps foi diretor do departamento de qualidade, serviços e operações da Cummins Northeast, distribuidora dos produtos Cummins. Traduzindo: digamos que você tenha um contrato para construir vários ônibus urbanos para Boston e decida usar os motores a diesel fabricados pela Cummins. Nesse caso, a Cummins Northeast processará seu pedido, entregará os motores e prestará serviços de manutenção se eles falharem. O trabalho de Phelps era encontrar maneiras de tornar o serviço da empresa melhor e mais eficiente.

Ao fazer seu trabalho, Phelps tomou fortemente como base a disciplina do Seis Sigma. Ao fabricar produtos, como bolas de borracha, por exemplo, naturalmente você quer que eles estejam livres de defeitos. Um processo "Seis Sigma" é aquele que produz apenas 3,4 defeitos por milhão de tentativas. Então, se você fizer um milhão de bolas de borracha, apenas 3 ou 4 delas estarão deformadas ou desequilibradas. Para atingir este nível de excelência, é necessário monitorar obsessivamente o processo de fabricação, coletando dados para identificar problemas e reduzir a variabilidade. As pessoas que realizam estas proezas de melhoria nos processos são praticantes do Seis Sigma, e a arte delas também pode ser realizada em situações não fabris, como na redução de erros cirúrgicos ou, no caso da Phelps, na aceleração dos serviços de reparo em motores. Os profissionais mais talentosos buscam certificações como a faixa preta em Seis Sigma, um grau honorífico que não tem nada a ver com o karatê, mas que reflete uma tentativa nobre, porém frustrada, de conceder um certo *sex appeal* ao trabalho.

De volta à história: Phelps precisava de um faixa preta em Seis Sigma para ajudá-lo em seu trabalho em Albany, Nova York, e ele contratou Ranjani Sreenivasan para o papel. Nascida e criada na Índia, Sreenivasan estava nos Estados Unidos por apenas três anos, onde foi concluir seu mestrado em engenharia mecânica.

O papel de Sreenivasan era usar o Seis Sigma para ajudar os colegas a melhorar seus processos como, por exemplo, na reorganização das oficinas de reparo para que as ferramentas usadas com mais frequência estivessem mais próximas. Só que ela teve muito trabalho na função. "Ela era meio tímida, um pouco retraída", disse Phelps. Ele temia que não fosse suficientemente assertiva para ser levada a sério pelas cabeças experientes da firma.

Sreenivasan tinha uma perspectiva diferente. Ela não era introvertida — suas amigas até a apelidaram de "trovão", pois todos sempre sabiam quando ela estava no lugar. Só que ela estava perplexa. Ela sabia muito sobre o Seis Sigma, mas quase nada sobre manutenção de motores a diesel. Nas reuniões, parecia que seus colegas estavam "falando em grego e latim". Ela tomava notas de todos os termos que eles usavam e mais tarde perguntava a alguém o que eles significavam.

Em sua primeira reunião de equipe para um projeto Seis Sigma, ela se sentou em silêncio e depois se aproximou de Phelps, um pouco perturbada. "Eu estou tão chateada", contou ela. "Eu era vista como aquela nova contratada que não sabia de nada."

Havia reclamações sobre o rendimento dela. Phelps sabia que ela era a pessoa certa para o trabalho, mas ela estava em perigo. Então ele lhe deu um "empurrão". Phelps a desafiou a sair a campo e passar algum tempo aprendendo sobre o negócio, na prática. Enquanto ela não falasse o idioma dos "nativos", seria difícil para ela conquistar respeito.

"Fiquei um pouco apreensiva", contou Sreenivasan. "Sair a campo" significava deixar a segurança de sua própria expertise, composta de dados e planilhas. Ela se preocupava em expor sua falta de conhecimento a seus colegas. Além disso, ela era jovem (24), mulher e indiana, ou seja, três características incomuns na empresa.

Sua primeira visita de campo foi à filial em Rocky Hill, no estado de Connecticut. A gerente da filial, uma das poucas mulheres neste nível de liderança, lhe mostrou as instalações e a orientou sobre o negócio. Sreenivasan permaneceu por uma semana e voltou energizada para Albany.

"Essa visita foi uma virada de jogo", disse ela. "Todos os termos operacionais começaram a ficar claros. Charlene [a líder da filial em Rocky Hill] me disse como estava orgulhosa por eu estar fazendo tanto em uma idade tão jovem."

Phelps organizou mais visitas de campo, e Sreenivasan ficava cada vez mais à vontade em compartilhar seus insights sobre o Seis Sigma. Phelps começou a ouvir de seus colegas o quanto eles estavam impressionados. Algumas das pessoas que resmungavam sobre a performance dela agora a citavam como uma das melhores colaboradoras.

"Eu aprendi que sou capaz de mais do que eu pensava", conta Sreenivasan. "Eu não sabia que conseguiria ser um tipo de pessoa das operações. Eu achava que era uma pessoa dos dados... Eu não tinha a confiança que Dale tinha em mim.

Phelps se culpa pelas dificuldades iniciais dela. "Eu tentei isolá-la de muitas coisas, o que não foi eficaz e, na verdade, não era justo com ela. Quando você sempre usa um colete salva-vidas, nunca conseguirá saber se sabe nadar. Às vezes é necessário tirar o colete salva-vidas — com alguém ainda de prontidão para oferecer suporte e resgate — e dizer a si mesmo: "Vamos ver o que acontece."

Esta história captura a "fórmula" para o processo de mentoria que estamos explorando:

Padrões Elevados + Garantia

("Eu disse especificamente a ela que tinha grandes expectativas para o que achava que ela poderia realizar", disse Phelps.)

+ Direção + Suporte

(Phelps sugeriu as visitas de campo para corrigir o "buraco" percebido em sua experiência, e assegurou que sua primeira visita ocorresse com uma líder feminina.)

= Self-insight Aprimorado.

(Sreenivasan: "Eu aprendi que sou capaz de mais do que eu pensava... Eu não sabia que conseguiria ser um tipo de pessoa das operações.")

5.
O empurrão de um mentor leva o pupilo a se forçar. Isto cria um momento de self-insight. O que pode ser um contrassenso desta visão de mentoria é a parte do empurrar. Há a necessidade de o mentor expor o pupilo ao risco. Isso pode soar antinatural, nosso instinto com as pessoas com quem nos importamos é *protegê-las do risco*. Isolá-las.

Esta é também uma tensão clássica na criação dos filhos, é claro. Você deve dar a seus filhos a liberdade de cometer erros, ou você deve protegê-los? A maioria dos pais anda na ponta dos pés, nervosamente, ao longo da linha tênue que separa a sub da superproteção.

Como incentivar seus filhos a se forçarem — mas não tanto? Veja a história de Sara Blakely, uma mulher que foi criada para se forçar. Blakely é a fundadora da Spanx, cujo primeiro produto — basicamente uma cinta confortável — foi um sucesso instantâneo.[2] A história sobre a fundação se tornou uma lenda: em 1998, Blakely estava se vestindo para uma festa e decidiu usar seu novo par de calças brancas justas. Só que ela enfrentou um dilema. Ela queria usar uma meia-calça por baixo para um efeito de emagrecimento, mas também queria os pés descalços para poder usar sandálias. Ela deveria usar a meia-calça ou não?

Veio a lâmpada da inspiração: ela cortou os pés das meias-calças e a usou para a festa. Sua inovação tinha seus problemas — as extremidades cortadas das meias-calças ficavam se enrolando pelas pernas — mas então, ela pensou, *Esta é a minha chance. Vou criar uma versão melhor deste produto e as mulheres vão adorar.*

Dois anos depois, em 2000, ela assinou contrato com o primeiro cliente da Spanx, a Neiman Marcus, e Oprah escolheu a Spanx como uma de suas "Favorite Things" (coisas favoritas). Doze anos depois, a *Forbes* nomeou Blakely como a bilionária feminina mais jovem da história.

---

[2] Saibam que resistimos bravamente à vontade de incluirmos uma piada infame sobre a Spanx no capítulo sobre "se forçar".

Em *Getting There: A Book of Mentors,* Blakely escreveu: "Eu perdi a conta de quantas mulheres vêm até mim e dizem algo como 'eu venho cortando os pés da minha meia-calça há anos. Por que não acabei virando a garota da Spanx? A razão é que uma boa ideia é apenas um ponto de partida."

O que separou Blakely de outras mulheres com a mesma ideia foi sua persistência. Nos primeiros dias da Spanx, ela ouvia constantemente que sua ideia era estúpida ou boba. Em uma reunião com um escritório de advocacia, ela notou que um dos advogados ficava olhando ao redor da sala, de forma desconfiada. Mais tarde, o advogado confessou a ela: "Sara, quando te conheci, eu achei que sua ideia era tão ruim que achava que você tinha sido enviada por algum programa de pegadinhas, como o *Candid Camera.*"

Homens, em grande parte, eram incapazes de entender a genialidade de sua ideia e, infelizmente, eles ocupavam a maioria das posições que ela precisava influenciar para a confecção do seu produto. (Ela tentou, em vão, encontrar uma advogada de patentes no estado da Geórgia.) Os donos das fábricas têxteis — todos homens — rejeitaram a ideia uma vez atrás da outra. Ela só conseguiu criar um protótipo do produto quando um dono de uma fábrica compartilhou a ideia com suas filhas — que insistiram para que ele ligasse de volta para Blakely.

O que a preparou para sobreviver a esta aposta no fracasso? No trabalho anterior, Blakely vendia aparelhos de fax. Quando começou neste trabalho, ela não recebeu uma planilha de leads com pessoas interessadas em obter um aparelho de fax. Ao invés disso, seu supervisor lhe deu uma área contendo quatro códigos postais e uma lista telefônica para "conquistar os leads".

"Eu acordava de manhã e dirigia nos arredores das oito às cinco", escreveu ela. "A maioria das portas era batida na minha cara. Eu vi meu cartão de visitas rasgado, pelo menos, uma vez por semana, e eu até tive algumas escoltas policiais para sair dos prédios. Não demorou muito para eu ficar imune à palavra 'não' e até achar minha situação divertida."

Este é um momento poderoso de insight. Ela constatou: *Eu não tenho mais medo de fracassar. Isto não é mais um obstáculo para mim.*

Blakely vendia aparelhos de fax há *sete anos* quando compareceu a uma festa em suas calças brancas e teve sua epifania da Spanx. Seu sentimento incansável para desenvolver a Spanx veio de sua resistência ao fracasso — quase total — por sete anos. (Só para esclarecer, ela foi até muito bem-sucedida como vendedora de aparelhos de fax.)

Qual é a fonte da extraordinária coragem de Blakely? Essa fonte estava incubada, sem dúvida, por seu tempo na área de vendas. Só que também havia algo mais em seu passado. Quando Blakely e seu irmão estavam crescendo, seu pai lhes fazia uma pergunta toda semana na mesa de jantar: "No que vocês falharam nesta semana?"

"Se não tivéssemos nada para dizer, ele ficava desapontado", conta Blakely. "A lógica parece sem sentido, mas funcionou de maneira incrível. Ele sabia que muitas pessoas ficam paralisadas pelo medo do fracasso. Elas ficam com um medo constante sobre o que os outros vão pensar se elas não fizerem um ótimo trabalho e, consequentemente, em não correrem riscos. Meu pai queria que tentássemos tudo e ficássemos à vontade em ir além. A atitude dele me ensinou a definir o fracasso como não tentar algo que quero fazer, em vez de não alcançar um determinado resultado."

A pergunta daquele pai, "No que vocês falharam nesta semana?" se tratava de um empurrão para os filhos se forçarem. Era uma tentativa de normalizar o fracasso para torná-lo parte de uma conversa casual no jantar. Pois, ao procurar situações em que você pode falhar, o fracasso perde parte de sua ameaça. Você é vacinado contra ele.

A filha da sra. Blakely, a Sara, internalizou o significado daquela pergunta na mesa de jantar mais do que ele poderia imaginar.

Essa é a história que termina com o que ansiamos: uma empreendedora simpática, inspirada por seu pai, vive seu sonho e é ricamente recompensada pelo mundo. Alguns empreendedores ganham, outros perdem. O que eles compartilham é a disposição de se colocar em uma situação em que *possam* falhar. Ficar parado é sempre mais seguro — não se pode tropeçar quando se fica fixo em um lugar.

Este é um conselho familiar para qualquer um que já tenha visitado uma área de livros de autoajuda. Mova-se! Tente algo diferente! Vire a página! Arrisque-se! Em geral, isso parece um bom conselho, especialmente para pessoas que se sentem presas. Só uma observação de cautela: o conselho muitas vezes parece trazer uma promessa sussurrada de sucesso. Arrisque-se e você terá sucesso! Arrisque-se e você gostará mais do "novo você".

Isto não está completamente correto. Um risco é um risco. Lea Chadwell se arriscou em uma padaria, isso a deixou infeliz. Se os riscos sempre valessem a pena, eles não seriam riscos.

Se forçar não é uma promessa de sucesso, mas sim de aprendizado. Ele é o self-insight. Ele é a promessa de captarmos as respostas para algumas das questões mais importantes e perturbadoras de nossas vidas: o que nós queremos? O que somos capazes de fazer? Quem podemos ser? O que podemos suportar?

Um residente em psiquiatria aprende que ele tem força para suportar o trauma. A garota de uma cidade pequena aprende que pode prosperar em um país estrangeiro. Até mesmo aqueles que não conseguem se beneficiar do aprendizado: Chadwell aprendeu mais sobre o que ela realmente valoriza na vida.

Ao nos forçarmos, criamos momentos de self-insight, uma fonte de saúde mental e de bem-estar.

Nós nunca conheceremos nosso limite, a menos que nos forcemos.

Momentos de INSIGHT
UMA REVISÃO TURBILHONANTE

1. Os momentos de insight proporcionam constatações e transformações.

2. Eles não precisam ser inesperados. Para proporcionar momentos de insight às pessoas, podemos levá-las a "encarar a realidade", o que significa desencadear uma percepção que traga um golpe emocional.

   - *A metodologia CLTS de Kamal Kar faz com que as comunidades encarem a realidade dos males da evacuação a céu aberto.*

3. Encarar a realidade envolve (1) uma visão clara (2) comprimida no tempo e (3) constatada pelo próprio público.

    - *No "Exercício dos Sonhos", os professores constatam que não estão gastando tempo algum em sala com seus objetivos mais importantes.*

4. Para produzir momentos de self-insight, precisamos nos forçar: colocar a nós mesmos em situações que nos expõem ao risco de fracassar.

    - *Lea Chadwell se arriscou ao abrir uma padaria. Oprimida, ela a fechou e, no processo, aprendeu mais sobre suas capacidades e seus valores pessoais.*

5. Os mentores podem ajudar a nos forçar mais do que imaginávamos, e os momentos marcantes podem ser desencadeados neste processo.

    - *O residente em psiquiatria Michael Dinneen teve um mentor que o "empurrou" para continuar trabalhando durante a noite: "Ele sabia que eu tinha o que era preciso para passar por aquela noite quando eu mesmo não sabia disso."*

6. A fórmula para a mentoria que conduz ao self-insight: padrões elevados + garantia + direção + suporte.

    - *A especialista em Six Sigma Ranjani Sreenivasan foi "empurrada" pelo seu mentor para desenvolver habilidades nas operações da empresa. "Eu aprendi que sou capaz de mais do que eu pensava", conta Sreenivasan.*

7. A expectativa de que nossos pupilos se forcem nos obriga a superar o nosso instinto natural de proteger as pessoas com quem nos preocupamos do risco. De isolá-las.

   - *O pai de Sara Blakely, fundadora da Spanx: "No que vocês falharam nesta semana?" Ele queria tornar o movimento de se forçar mais fácil (e menos assustador) para seus filhos.*

8. Se forçar não é uma promessa de sucesso, mas sim de aprendizado.

Momento Prático 3
Upgrade de um Restaurante Chinês

Eis a situação: Angela Yang é proprietária do Panda Garden House, um restaurante norte-americano de comida chinesa razoavelmente convencional em Raleigh, na Carolina do Norte — aquele típico lugar que tem o frango do General Tso, a sopa de wonton e decoração com horóscopo chinês. Na era dos aplicativos com resenhas de restaurantes, como o Yelp, Angela vê uma oportunidade para o restaurante fazer um nome para si mesmo. Ela já está pronta para fazer algumas grandes mudanças (tanto Angela quanto o nome do restaurante são fictícios).

O desejo: Yang se orgulha da comida que o restaurante serve, mas concorda com muitas das resenhas dos seus clientes de que a experiência deles fica abaixo de surpreendente. Como ela pode fazer com que a experiência de comer no Panda Garden House seja intensamente mais interessante e memorável?

Como Criamos os Momentos Marcantes?

Qual é o momento? O Panda Garden House nunca oferecerá uma experiência gourmet com estrelas do Guia Michelin. Lembre-se, porém, da lição do Magic Castle e seu disque-picolé: grandes experiências são esquecíveis na maioria das vezes e inesquecíveis em algumas das vezes. Angela não precisa reinventar cada parte da experiência — ela só precisa investir em alguns momentos mágicos.

Adicione ELEVAÇÃO:

1: Impulsione o apelo sensorial e saia do script. Restaurantes chiques muitas vezes servem a todos os clientes um *amuse-bouche*, um aperitivo de tamanho pequeno fornecido gratuitamente. E se a Panda Garden House oferecesse ao seu cliente uma criação própria, de graça? (Um bolinho de carne de porco?) E se os clientes, como passageiros de primeira classe, recebessem toalhas quentes fumegantes, cheirando a jasmim, antes de suas refeições?

Adicione INSIGHT:

1: Se force em direção ao insight. O restaurante poderia apresentar um prato que lhe permitisse testar sua própria "resistência à pimenta" — digamos, um prato que apresentasse cinco níveis crescentes de pimenta. Seria possível testar seu nível pessoal de tolerância em relação aos temperos picantes dos chineses. (Observe que isso também poderia ser um momento de orgulho, que envolve uma "elevação de nível". Consulte o Capítulo 8.)

Adicione ORGULHO:

1: Multiplique os marcos. O Eleven Madison Park, em Nova York, um dos restaurantes mais aclamados do mundo, desafiou os clientes a fazerem um teste no qual provavam uma variedade de chocolates e tentavam identificar a origem do leite (de vaca, cabra, ovelha ou búfalo) destes chocolates. E se o Panda Garden House adaptasse a ideia ao oferecer uma pequena amostra de alimentos de quatro regiões diferentes da China — ou usando quatro temperos diferentes — e desafiasse os clientes a identificar a origem dos temperos? Aquele que acertasse todas as quatro combinações receberia um cobiçado adesivo "Big Panda".

Adicione CONEXÃO:

1: Em uma mesa em que os clientes bebam álcool, um garçom pode se oferecer para compartilhar algumas regras sobre a etiqueta chinesa para beber. Ao brindar com outra pessoa, por exemplo, você terá que beber o que sobrou no seu copo. Ao brindar com uma pessoa mais velha ou um chefe, por exemplo, é importante ter certeza de que, na hora do choque dos copos, a sua borda esteja abaixo da borda deles.

2: Aprofunde os laços. E se a Panda Garden House rebatizasse os "biscoitos da sorte" como os "biscoitos da amizade", e incluísse perguntas provocativas destinadas a estimular a conversa na mesa? Você pode abrir seu biscoito para encontrá-las: "Quando você cantou para si próprio? E para outra pessoa?"

Reflexões finais: Alguns poucos momentos destes são capazes de melhorar substancialmente a experiência do cliente. Muitas dessas ideias foram sugeridas por uma turma de estudantes de administração, verdadeiros donos de restaurantes, sem dúvida, teriam ideias muito melhores. Neste momento prático, nosso objetivo foi lhe mostrar como é fácil *gerar ideias* para criar experiências memoráveis apenas considerando os princípios apresentados neste livro.

Momentos de ELEVAÇÃO

Momentos de INSIGHT

Momentos de ORGULHO

Momentos de CONEXÃO

Introdução aos Momentos de Orgulho

Os momentos de elevação são experiências que nos colocam acima do dia a dia. Os momentos de insight desencadeiam descobertas sobre o nosso mundo e sobre nós mesmos. E os momentos de orgulho captam o nosso melhor — a demonstração de coragem, a obtenção de reconhecimento, a superação dos desafios.

Como conceber os momentos de orgulho? A receita parece simples: trabalhe duro, dedique seu tempo e, como resultado disso tudo, você se torna mais talentoso e realiza mais. Por fim, tais realizações desencadeiam o orgulho. Simples assim.

Há muita verdade neste conselho de "arregaçar as mangas". Só que, ao começar a pensar em momentos, você percebe que o conselho não capta vários pontos importantes. Em primeiro lugar, independentemente de quão habilidosos somos, geralmente quando a *nossa habilidade é percebida pelos outros* é que surge o momento de orgulho. Ao refletir sobre os seus próprios momentos de orgulho na carreira, nossa aposta é que muitos deles foram exemplos de *reconhecimento:* você foi promovido. Você ganhou um prêmio. Você foi elogiado. No capítulo 7, veremos o quão simples e poderosa é a criação de momentos marcantes para as pessoas por meio do reconhecimento. Também vamos encontrar uma experiência que dura uma hora e eleva sua felicidade pelo próximo mês inteiro. (E, não, não é um doce de chocolate).

Há verdade também no fato de que, a depender de como escolhem estruturar seu próprio trabalho, duas pessoas que perseguem o mesmo objetivo e realizam a mesma quantidade de trabalho podem experimentar diferentes doses de orgulho. Você aprenderá a ser "projetado para se orgulhar" a partir dos princípios de jogos para multiplicar os momentos marcantes no caminho ao seu destino (Capítulo 8: "Multiplique os Marcos"). Você vai entender, por exemplo, por que tantos americanos nunca atingem seu objetivo de "aprender espanhol".

Por fim, investigaremos algumas das experiências mais orgulhosas das pessoas: os momentos de coragem, momentos nos quais elas defenderam aquilo em que acreditavam. Estes momentos não são um subproduto do trabalho árduo, as oportunidades para a coragem podem surgir inesperadamente e, às vezes, nos arrependemos depois por não termos agido. No entanto, veremos que, assim como podemos praticar as habilidades físicas e intelectuais, podemos praticar a habilidade moral da coragem (Capítulo 9: "Pratique a Coragem"). Estudaremos como soldados se sentem confortáveis com a desativação de bombas e como aracnofóbicos podem fazer as pazes com as aranhas.

Em suma, o trabalho duro é essencial, mas não garante que teremos os momentos marcantes. Nesta seção, você aprenderá três estratégias para viver uma vida enriquecida de orgulho. Então, vire a página e transporte-se de volta a um tempo que gera muitos momentos marcantes (negativos): o ensino fundamental.

7
Reconheça o Outro

1.

Kira Sloop lembra desse período como o pior ano de sua vida. Ela entrava na sexta série e o ano era 1983. "Imagine você, uma criança desajeitada de 11 anos de idade com um conjunto terrível de dentes, cachos fora de controle, e baixa autoestima", disse ela. Seus pais haviam se divorciado durante o verão antes do início da escola.

A única aula pela qual ela ansiava era a de canto. Sloop tinha uma voz poderosa e um "talento para o drama", ela disse. Os parentes diziam que ela deveria ser uma cantora country.

Só que algo aconteceu no início do semestre e ainda está gravado em sua memória. Os alunos foram organizados em grupos nos degraus do coro: contraltos, sopranos, tenores e barítonos. A professora de música — "uma mulher com um penteado de colmeia e um franzido aparentemente permanente em seu rosto" — conduzia o coro por uma canção familiar e batia levemente com uma baqueta em um atril no ritmo da música.

Sloop se recorda da situação: "Ela começou a andar na minha direção. Ouvia, se inclinando mais perto. De repente, ela parou a música e se dirigiu diretamente a mim: 'Você aí. Sua voz está soando... diferente... e não está combinando nada com as outras garotas. Apenas finja que está cantando.'"

O comentário a destruiu: "O resto da turma ria e eu desejava que o chão se abrisse e me engolisse". Pelo resto do ano, sempre que o coral cantava, ela só balbuciava as palavras.

"O coral deveria ser a minha coisa favorita", disse ela. "Minha família me dizia que eu seria cantora, mas a professora disse que não. Então comecei a questionar tudo". Logo depois, Scoop começou a se comportar mal, se metendo com a turma errada na escola. Foi um período sombrio.

Então, no verão depois de seu ano de sétima série, ela participou de um acampamento para crianças superdotadas na Carolina do Norte chamado A Experiência Cullowhee. Ela mesma se surpreendeu ao se inscrever para participar do coral. Durante o treino, ela balbuciava as palavras. Ao notar o que a garota estava fazendo, a professora pediu a Sloop para permanecer depois da aula.

A professora era baixa e magra, com cabelos até a cintura — parecia uma "criancinha adorável", disse Sloop. Ela chamou Sloop para se sentar ao lado dela no banco do piano e elas começaram a cantar juntas na sala vazia.

Sloop a princípio hesitou, mas acabou baixando a guarda. Ela disse: "Cantamos escala após escala, música após música, harmonizando e improvisando, até ficarmos roucas."

Então a professora pegou o rosto de Sloop em suas mãos, a olhou nos olhos e disse: "Você tem uma voz linda, expressiva e diferenciada. Você poderia ter sido a amada filha de Bob Dylan e Joan Baez."

Quando ela saiu do quarto naquele dia, Scoop sentiu como se tivesse tirado uma tonelada dos ombros. "Eu fiquei em um céu de brigadeiro", disse ela. Então ela foi até a biblioteca para descobrir quem era Joan Baez.

"Pelo resto do verão mágico", disse Sloop, ela passou por uma metamorfose, "saindo do meu casulo e emergindo como uma borboleta à procura de luz." (E, logo após o seu momento marcante com a professora, surgiu um momento marcante de romance com um colega de acampamento. Veja a nota de rodapé.)[1] Ela se tornou cada vez mais confiante no canto. No ensino médio, Slopp ingressou no grupo de teatro e atuou em quase todas as produções musicais. Ela ficava confortável diante do público até que, em seu momento de maior orgulho, ela cantou com seu coral no Carnegie Hall.

---

1   Durante o acampamento de verão, os estudantes fizeram uma viagem de campo a Gatlinburg, no Tennessee, e, em um dos lugares que visitaram, havia uma "cabine de gravação". Lá os alunos cantavam uma música famosa e saíam com a faixa gravada em uma fita cassete. Sloop e dois amigos gravaram de brincadeira "I Want to Hold Your Hand" dos Beatles, e, na viagem de ônibus de volta para o acampamento, eles convenceram o motorista a tocar a gravação. Um menino no ônibus ouviu a música e adorou, e ele se lembra que foi a primeira vez que realmente havia notado Kira. Seu nome era Ross Sloop. Cinco acampamentos de verão, nove anos e uma notável coincidência depois, ele pediria Kira em casamento. E quando ocorreu esta notável coincidência? Depois da faculdade, Kira estava trabalhando em uma locadora de filmes em VHS. Certo dia um cliente havia devolvido uma fita. Seu nome era Ed Slocum. Kira entrou no banco de dados de clientes da loja para marcar a fita como "devolvida" e percebeu o nome diretamente abaixo do nome de Slocum no arquivo: Ross Sloop, seu antigo colega de acampamento. Ela escreveu seu número de telefone (violando desta maneira vários estatutos confidenciais e de privacidade, sem dúvida). Ligou para ele em seguida. O resto da história já sabemos.

Carnegie Hall! Esta era a mesma garota que uma vez tinha sido instruída a "balbuciar as palavras".

2.

A história de Sloop é emocionante e inspiradora e o mais surpreendente é que ela não é incomum. O sociólogo Gad Yair entrevistou 1.100 pessoas sobre suas principais experiências educacionais e descobriu que muitas delas tinham histórias muito parecidas para contar. Aqui está uma história que Yair cita como típica:

> *Eu tinha 12 anos, fui considerado por todos os professores como um aluno "fraco" e a escola parecia fria e alienante. Minha professora saiu de licença-maternidade e a nova professora declarou que ignoraria as metas passadas e começaria tudo do zero. Ela passou lição de casa e eu dei o meu melhor na tarefa.*
>
> *Um dia depois, li meu dever de casa em voz alta... e a nova professora elogiou meu trabalho na frente de todos. Eu, o aluno "fraco", o Patinho Feio da minha turma, de repente me tornei um belo cisne. Ela me deu confiança e uma nova página foi virada para o sucesso. Nunca mais olhei as minhas metas negativas de outrora.*

As semelhanças com a história de Sloop são evidentes. Primeiro, há um período sombrio de alienação e rejeição. Então um novo professor aparece e oferece elogios e apoio. Isso conduz a uma transformação: o Patinho Feio se transforma em um belo cisne.

Yair ouviu histórias como esta uma atrás da outra. Ele intitulou seu trabalho de pesquisa "Cinderelas e Patinhos Feios: as Viradas Positivas nas Trilhas Educacionais dos Alunos."

Nossa intenção não é diminuir o poder dessas histórias ao apontar suas semelhanças. Pelo contrário, são precisamente as semelhanças que ilustram uma verdade maior: alguns poucos minutos podem mudar uma vida. Estes momentos não aconteceram do nada, professores atenciosos os fizeram acontecer.

No entanto, quantos momentos marcantes não aconteceram porque os professores estavam cansados ou distraídos, ou não tinham certeza de como traduzir sua preocupação com um aluno em uma conversa significativa? E se todo professor recebesse orientação sobre como lidar com alunos como Sloop, que parecem magoados e retraídos? A frase abaixo poderia estar incluída na capacitação de um novo professor: *Aqui está o que sabemos sobre como causar um impacto duradouro na vida de uma criança em alguns minutos preciosos.*

De todas as maneiras pelas quais podemos criar momentos de orgulho para o outro, a mais simples é lhe oferecer reconhecimento. Neste capítulo, veremos por que reconhecer o outro é tão importante, como lidar com o momento de modo que seja o mais eficaz possível e o motivo pelo qual bons sentimentos desfrutados pelo receptor podem voltar para o doador.

3.

Carolyn Wiley, da Universidade Roosevelt, analisou quatro estudos semelhantes sobre motivação de funcionários conduzidos em 1946, 1980, 1986 e 1992. Em cada um dos estudos, os funcionários foram solicitados a classificar os fatores que os motivavam. As respostas populares incluíam "trabalho interessante", "segurança no emprego", "bons salários" e "sensação de pertencimento". Nos estudos, que duraram 46 anos, apenas um fator foi citado toda vez como entre os dois principais motivadores: "apreciação plena pelo trabalho realizado."

A importância do reconhecimento para os funcionários é indiscutível. Só que aqui vive o problema: embora o reconhecimento seja uma expectativa universal, ele não é uma *prática* universal.

Wiley resume a pesquisa da seguinte forma: "Mais de 80% dos supervisores afirmam que frequentemente expressam apreço a seus subordinados, enquanto menos de 20% dos funcionários relatam que seus supervisores expressam apreço mais do que esporadicamente". Eu chamo isso de uma lacuna de reconhecimento.

Esta lacuna tem consequências. Uma pesquisa constatou que a principal razão pela qual as pessoas deixam seus empregos é a falta de elogios e reconhecimento. Os líderes corporativos estão cientes desta inadequação, e a resposta deles geralmente tem sido criar *programas* de reconhecimento, como os prêmios de "funcionário do mês" ou banquetes anuais que reconheçam os melhores colaboradores. Só que estes programas são inadequados por dois motivos. Primeiro, a escala está toda errada. Quando falamos sobre a necessidade de reconhecer funcionários, não vamos apontar para um funcionário por mês! O ritmo adequado de reconhecimento é semanal ou mesmo diário, não mensal ou anual.

Em segundo lugar, a formalidade dura do programa pode gerar desconfiança. Por exemplo, todo programa de funcionário do mês na história da humanidade é atormentado por uma dinâmica similar: se você julgasse o prêmio de forma justa, seu melhor funcionário ganharia o prêmio todo mês, mas parece socialmente esquisito entregá-lo a Jenny toda vez. Então você começa a inventar razões para distribuir o prêmio e, depois de um ano ou dois de todo mundo já ter feito parte da brincadeira, Stuart é o único cara da equipe que não venceu. Agora ele está se tornando um problema, então, em novembro, você vê uma oportunidade barata ("Ele fez progressos reais em sua pontualidade!") e, a partir desse momento, sempre que você disser a frase "funcionário do mês", seus funcionários revirarão os olhos de incredulidade e rezarão para não ser o tal destaque mensal.[2]

Os especialistas em reconhecimento dão alguns conselhos sobre como escapar dessa armadilha. Para programas formais de reconhecimento, eles recomendam o uso de medidas objetivas, como o volume de vendas, para não gerar sentimentos de desconfiança. Se Stuart não atingir a meta de vendas, ele não ganhará o prêmio, ponto final.

---

2 Momento excelente dos *Simpsons*: Homer é o único funcionário da usina radioativa que ainda não ganhou o "Prêmio de Trabalhador da Semana". O Sr. Burns, proprietário da usina, convocou seus funcionários para anunciar o vencedor da semana: "Eu não consigo acreditar que deixamos passar o vencedor desta semana por tanto tempo." Na plateia, Homer sorri e se agita. O Sr. Burns continua: "Nós simplesmente não poderíamos funcionar sem seus incansáveis esforços. Então, uma salva de palmas para: esta barra de carbono inanimada!" A barra de carbono recebe uma medalha comemorativa enquanto a multidão aplaude (exceto Homer).

O ponto principal é que a maioria dos reconhecimentos deve ser pessoal, não programática. Em nossa própria pesquisa, quando perguntamos às pessoas sobre os momentos marcantes em suas carreiras, ficamos impressionados com a frequência com que elas citaram eventos pessoais e simples. Aqui vai um exemplo:

> *Fui muito elogiado pelo meu gerente por preparar o quarto dos fundos limpando e reorganizando todas as bicicletas para facilitar a busca dos estoques. Me senti orgulhoso de que alguém realmente tirou um tempo para reconhecer o meu esforço...*

Aqui vai outro:

> *Alguns anos atrás, eu estava trabalhando no escritório quando um novo cliente entrou. Enquanto ele e meu colega de trabalho conversavam, o cliente parecia estar de mau humor... Eu havia saído de uma sala dos fundos para ver se havia algo que eu pudesse fazer. Foi quando percebi um erro que meu colega de trabalho e o cliente não notaram e então corrigi o problema para eles. O cliente ficou tão impressionado que pediu para falar com meu chefe e lhe contou que eu era um ótimo colaborador. Foi uma sensação muito fortalecedora, e mesmo que tenha sido um momento curto, acredito que foi naquele momento que meu chefe realmente começou a perceber minha dedicação no trabalho.*

Observe as semelhanças. O reconhecimento é espontâneo — não faz parte de uma sessão de feedback agendada — e é direcionado a *comportamentos* específicos. Um artigo clássico de Fred Luís e Alexander D. Stajkovic sobre reconhecimento destaca que um reconhecimento eficaz faz com que o funcionário se sinta *notado* pelo que fez. Os gerentes devem dizer: "Eu vi o que você fez e gostei."

Keith Risinger, que trabalha no desenvolvimento de lideranças na Eli Lilly, fez do reconhecimento uma característica do seu estilo de gestão. No início de sua carreira, ele gerenciou uma equipe de representantes de vendas que ligava para os psiquiatras na esperança de convencê-los a adotar os remédios da Lilly para usar com seus pacientes.

Quando Risinger visitava seus representantes de vendas no campo de atuação, muitos deles o levavam para encontrar seus melhores clientes, para que eles (os representantes) parecessem estrelas diante do chefe. Só que Bob Hughes era diferente. Ele pediu a ajuda de Risinger para lidar com um de seus clientes mais difíceis, a quem daremos o nome de Dr. Singh. Hughes estava frustrado por sua falta de progresso com o Dr. Singh, que sempre parecia muito interessado nos medicamentos da Lilly quando Hughes estava no consultório, mas nunca os havia receitado.

Quando Risinger acompanhou Hughes em uma visita ao consultório do Dr. Singh, ele percebeu um grande problema. Hughes estava fazendo um excelente trabalho em *falar*, mas não em ouvir. Após a visita, Risinger fez a Hughes algumas perguntas básicas sobre o médico: *como ele escolhe os medicamentos? Quantas vezes ele vê o paciente sob tratamento? Em quais medidas de melhoria ele confia?*

Hughes não tinha as respostas. Então, Risinger o desafiou a ter mais *curiosidade* sobre seu cliente — parar com o discurso de convencimento para vendas e começar a aprender o que o Dr. Singh pensava. Nas próximas visitas, Hughes começou a entender o motivo pelo qual o Dr. Singh relutava em mudar os medicamentos.

Por exemplo, um dos remédios da Lilly, o Zojenz (nome disfarçado), foi desenvolvido para pacientes com TDAH (transtorno de déficit de atenção com hiperatividade). O Dr. Singh atendeu muitos pacientes com TDAH, mas ele prescreveu consistentemente outros remédios em comparação ao Zojenz. Este fato intrigou Hughes, que achava que o Zojenz seria perfeito para os pacientes do médico: ele era eficaz no tratamento do TDAH, mas, ao contrário de outros medicamentos, não era um estimulante. O próprio Dr. Singh havia elogiado o perfil do medicamento. Então, por que ele não o estava fornecendo para seus pacientes?

Quando Hughes começou a ouvir mais, ele descobriu que muitos dos pacientes com TDAH do Dr. Singh eram adolescentes que o procuravam durante uma crise — talvez um estudante cujos problemas de comportamento o tivessem levado à beira de uma suspensão ou reprovação. Pacientes em crise precisavam de ajuda rapidamente. Só que o Zojenz tinha um início lento — ao contrário dos remédios estimulantes, ele muitas vezes exigia um mês ou mais para que seus efeitos positivos se manifestassem.

Então, Hughes sugeriu uma opção ao Dr. Singh: Por que não oferecer Zojenz a seus pacientes durante o verão, quando os resultados imediatos não seriam necessários? Hughes também sugeriu Zojenz para pacientes adultos com TDAH, que podem não se sentir confortáveis em tomar um estimulante.

Impressionado, Dr. Singh começou a experimentar o Zojenz com seus pacientes e, gostando dos resultados que viu, acabou se tornando um defensor dele.

Risinger ficou extasiado com o trabalho de Hughes. Este era exatamente o tipo de curiosidade que ele queria instilar em seus representantes.

Cerca de um mês depois, Risinger iniciou uma reunião de vendas com a história do progresso de Hughes com o Dr. Singh, destacando o valor de fazer mais perguntas e *ouvir* as respostas. Para comemorar a ocasião, ele deu a Hughes um símbolo da sua qualidade auditiva: um par de fones de ouvido Bose.

"Esse foi um momento de muito orgulho para mim", disse Hughes. "As pessoas na indústria farmacêutica são muito inteligentes e muito competitivas. Ganhar este tipo de prêmio entre seus pares significa mais do que ser reconhecido com um bônus", disse ele.

Risinger começou a usar recompensas personalizadas com mais frequência. Para um representante que surgiu com uma solução personalizada para um cliente individualizado, ele deu uma cafeteira Keurig de dose única (aquela que permite adaptar cada xícara de café ao indivíduo específico que a bebe). Para aqueles que mostraram uma curiosidade admirável sobre seus clientes, ele deu um equipamento da North Face que ostentava o slogan "Nunca pare de explorar."

Os representantes de vendas de produtos farmacêuticos são bem pagos e podem comprar seus próprios fones de ouvido e máquinas de café. Os prêmios eram simbólicos. Com seus presentes meio bobos, Risinger criou momentos de orgulho para os membros de sua equipe.

Talvez o seu estilo gerencial seja diferente, talvez presentes temáticos não funcionariam. Há muitas abordagens para o reconhecimento. Algumas são espontâneas e carregam sentido: o gerente citado acima elogiou seu funcionário por "limpar e reorganizar todas as bicicletas". Alguns são calorosos e carinhosos: a professora que pegou o rosto de Kira Sloop em suas mãos e disse: "Você tem uma voz linda."

O estilo não é importante. O que é importante é a autenticidade: ser pessoal, não programático. A frequência também é importante: mais semanal do que anual. E, claro, o mais importante é a mensagem: "Eu vi o que você fez e gostei".

4.

Como você expressa o reconhecimento pessoal quando sua escala o força a ser programático? Imagine uma instituição de caridade com milhares de doadores. Todos eles merecem uma resposta atenciosa e pessoal — o que é uma impossibilidade logística. Só que uma organização de caridade, a DonorsChoose, encontrou uma maneira de ampliar a escala em direção à reflexão. Seus líderes construíram, metodicamente, um sistema para fornecer reconhecimento.

O site da DonorsChoose permite que os professores busquem financiamento via vaquinhas virtuais para projetos escolares. Um professor do ensino fundamental pode tentar juntar $250 para comprar novos livros, ou um professor de ciências do ensino médio pode pedir $600 para encomendar novos equipamentos de um laboratório. Em uma época de cortes nos orçamentos escolares, este dinheiro de doadores externos é precioso.

Para os doadores, o grande momento vem um mês ou dois depois, quando a maioria deles havia se esquecido de suas contribuições. Eles receberam um pacote no correio cheio de cartas, endereçadas pessoalmente a eles, escritas com agradecimentos individuais dos alunos que apoiaram.

Rabia Ahmad e seu marido doaram uma certa quantia para comprar suprimentos básicos para uma sala de aula do ensino fundamental. Esta foi uma das cartas que receberam:

"Eu chorei", disse ela. "Essas crianças, na verdade, estão me agradecendo por lhes dar lápis."

Ahmad havia resistido à ideia de receber cartas de agradecimento. (A política do site é que os doadores que oferecem $50 ou mais recebem automaticamente bilhetes de agradecimento, a menos que eles recusem, o que muitos fazem.) "Isto não é algo pelo qual uma criança deveria estar agradecendo", ela pensou. "*Espera-se* que nossos próprios filhos tenham estes itens."

Só que depois de conversar com a equipe da DonorsChoose, ela percebeu que também havia poderosos benefícios para os alunos: "Não se trata apenas de receber coisas, mas sim de apreciá-las. E de fazê-los perceber que há outras pessoas que querem que estes alunos tenham sucesso."

> Dear mr and ms Iman,
>
> We thank you for our Pencels, folders, colored Pencils, erase Markers, and our Papers we Preeheate it for all our stuf. I'm happy the class is happy my teacher and the school is very very happy I'm very very happ for our suprise I want to shout out to you thank you
>
> Senserly,
> Zion

(Tradução — Queridos senhor e senhora Imar, agradeço pelos lápis, pastas, lápis de cor, canetinhas e pelas nossas folhas. Pedimos tudo isso a Papai do Céu. Eu estou feliz. A classe está feliz. A professora e a escola estão muito felizes. Estou muito, muito feliz pela nossa surpresa. Quero gritar para vocês um: muito obrigado! Atenciosamente, Zion.)

A professora do ensino fundamental, Mary Jean Pace, usou a DonorsChoose para arrecadar dinheiro para um projeto de lixeiras de reciclagem da sua escola na Geórgia. Muitos parentes dos alunos participaram, mas a doação que garantiu o projeto veio de uma mulher de Arlington, no estado da Virgínia. Uma desconhecida. Pace disse a seus alunos: "Meninos e meninas, Arlington está muito longe e nem sequer a conhecemos. E ela achou que o que vamos fazer é importante." Seus alunos ficaram impressionados. Eles mal podiam esperar para enviar seus bilhetes à mulher de Arlington.

Estas cartas de agradecimento fazem parte da experiência da DonorsChoose desde 2000, o ano em que a organização foi fundada. No começo, a organização enviava centenas de cartas por ano. Em 2016, a DonorsChoose distribuiu cerca de um milhão! (Veja algumas amostras recentes nas próximas páginas.)

Este esforço requer uma logística impressionante, incluindo uma equipe de uma dúzia de funcionários e 120 voluntários que ajudam a revisar as cartas. As pessoas frequentemente sugerem que as operações podem ser mais eficientes na digitalização das cartas e na distribuição delas via e-mail. (Lembre-se do aviso anterior sobre a força sugadora de almas chamada razoabilidade). "Este ato de facilitação do agradecimento vai contra todas as recomendações sobre escalabilidade", disse a vice-presidente da DonorsChoose, Julia Prieto. Ela supervisiona as cartas dos doadores. "Só que esta é a única coisa que as pessoas lembram sobre a experiência delas."

Em 2014, a equipe analisou dados históricos e constatou que os doadores que optam por receber cartas de agradecimento farão doações maiores no ano seguinte. As cartas constroem o comprometimento. Só que, na DonorsChoose, os resultados eram praticamente irrelevantes.

"Não somos de um departamento de marketing", disse Prieto. "Não estamos fazendo isso para levantar dinheiro. Acreditamos que este ato é uma parte essencial do nosso modelo. Apostamos consistentemente no direcionamento da gratidão." A DonorsChoose criou uma fábrica de momentos marcantes para os doadores.

Maio 9, 2016

Querido doador,

Quando eu caí de bicicleta, eu me machuquei e tive um monte de cascas de feridas. Na verdade, eu ainda tenho algumas. A coisa boa é que usamos algumas para serem analisadas no microscópio. Elas parecem ser sagradas e peludas. Por que será? Mais perguntas. Eu acho que a ciência é feita destas dúvidas.

Muito obrigado pelo dinheiro para nos ajudar a comprar o microscópio. Foi muito legal da sua parte.

Atenciosamente,
Brandon

> Mrs. Loveland, Thank you for the money you gave for the novels. I will like to listen to them. You are so nice! Love, Averi

(Tradução — Senhora Loveland, muito obrigado pelo dinheiro para comprar os livros. Eu vou gostar de ouvi-los. Você é muito legal! Com amor, Averi.)

Rabia Ahmad, a doadora, reserva uma gaveta especial em sua escrivaninha para as coisas que ela quer guardar, como os boletins de seus filhos. É lá onde ela guarda as cartas de agradecimento da DonorsChoose.

Expressar gratidão agrada o *receptor* do elogio, é claro, mas também pode ter um efeito bumerangue, elevando a estima da pessoa grata. Os psicólogos positivos, aqueles que buscam maneiras científicas de tornar as pessoas mais felizes, descobriram a potência do que é chamado da "visita de gratidão". Martin Seligman, o padrinho da psicologia positiva, oferece o seguinte exercício:

> *Feche seus olhos. Lembre-se do rosto de alguém ainda vivo que anos atrás fez algo ou disse algo que mudou sua vida para melhor. Alguém que você nunca agradeceu devidamente, alguém que você poderia encontrar cara a cara na semana que vem. Lembrou do rosto?*
>
> *Sua tarefa é escrever uma carta de gratidão a esta pessoa e entregá-la pessoalmente. A carta deve ser objetiva e com cerca de trezentas palavras: seja específico sobre o que ela fez por você e como isso afetou sua vida. Conte a ela o que você está fazendo agora e mencione como você se lembra frequentemente do que ela fez.*

Como forma de exemplo, veja esta carta que o aluno da Universidade de Montana, Paul Glassman, escreveu para sua mãe e depois leu em voz alta para ela.

Mãe, desde quando eu nasci até agora, você tem impactado minha vida todos os dias...

Quando eu estava no ensino médio, você veio a todos os eventos esportivos que pôde, mesmo que isso significasse que você tivesse que sair do trabalho cedo para pegar o ônibus e chegar lá. Você estava lá. Não importava se eu estava jogando no Maple Valley durante as eliminatórias, você ainda estava lá em seus cobertores. Se estava chovendo no meio de outubro, você estava lá em sua capa de chuva...

Você exigiu bastante de mim para eu me dar bem na escola porque queria que eu fosse para a faculdade. Me lembro do dia em que fui aceito na Universidade de Montana, nós dois pudemos compartilhar este maravilhoso momento juntos... Eu sei que, se não fosse por você, eu não teria continuado meus estudos e lhe agradeço por isso...

Nas horas mais difíceis e nos meus melhores momentos, você esteve lá para me apoiar, e, honestamente, não consigo dizer tudo o que isso significa para mim. Tudo o que posso dizer é que eu te amo com todo o meu coração. Você é um ser humano incrível e uma mãe ainda melhor. Obrigado por todo o tempo, esforço e trabalho duro que você teve para me tornar o homem que sou hoje. Te amo do fundo do meu coração.

O motivo de esta visita ser um pico para a mãe de Glassman é evidente. Ela engloba todos os quatro elementos de um momento marcante: ELEVAÇÃO, por sair do roteiro, INSIGHT, ao ouvir como seu filho a vê, ORGULHO nas suas realizações, e CONEXÃO, desencadeada pela profunda mensagem emocional. (Glassman e sua mãe choraram copiosamente durante a leitura da carta.)

Só que a visita também foi um momento marcante para Glassman. Na verdade, ele a citou como a terceira experiência mais memorável de seus dias de faculdade, atrás apenas da formatura e da participação no campeonato nacional de futebol americano.

Os pesquisadores constataram que, ao fazer uma visita de gratidão, você sente uma onda de felicidade logo em seguida — na verdade, ela é um dos pontos mais acentuados em qualquer intervenção psicológica positiva. Glassman passou por ela: "Foi uma sensação incrível", disse ele. "Eu me senti quase intocável".

Ainda melhor, dizem os pesquisadores, é que este sentimento é duradouro. Mesmo um mês depois, as pessoas que realizaram uma visita de gratidão ainda eram mais felizes do que seus pares em um grupo de controle.

Esta é uma constatação impressionante. Há muitos prazeres no mundo que podem aumentar nossa felicidade por uma hora — um doce de chocolate vem à mente — mas poucos ainda poderão proporcionar um resplendor um mês depois.

Esta disjunção — um pequeno investimento que gera uma grande recompensa — é a característica definidora do reconhecimento. Um professor de música elogia a capacidade de cantar bem de um aluno que está com problemas. Um gerente de vendas dá um par de fones de ouvido como prêmio. Um chefe elogia espontaneamente um funcionário por "ajeitar o quarto dos fundos." Todos foram momentos de reconhecimento que os receptores lembraram e apreciaram por anos depois.

Se você soubesse que poderia fazer uma diferença positiva na vida de alguém — que pudesse criar uma memória para ela que duraria por anos — e levaria apenas uma quantidade trivial de tempo da sua parte, você faria isso?

Bem, agora você conhece esta importância.

Você fará a diferença?

8
Multiplique os Marcos

1.

Em 1996, quando Josh Clark tinha 25 anos, ele passou por péssimo término de namoro e isso o deixou em um estado depressivo. Então ele começou a praticar corrida. Clark odiava correr, sempre odiou correr. No entanto, ele achou que dessa vez seria diferente.

Só que não foi. Correr era tão chato e doloroso como sempre. Desta vez, porém, ele se forçou naquilo até que um dia ele "chegou do outro lado", conta Clark. As corridas haviam começado a ficar diferentes: eram atividades meditativas e relaxantes. Ele mal conseguia acreditar. Ele nunca pensou que era o tipo de pessoa que poderia gostar de correr.

Ele sentiu uma espécie de "zelo do convertido", disse ele, e resolveu ajudar outras pessoas a descobrir os prazeres da corrida. Havia alguma maneira de alguém "chegar do outro lado" sem exigir o período de sofrimento pelo qual ele passou? Ele se perguntou: *Como proporcionar vitórias fáceis às pessoas?*

Clark começou a traçar um plano para facilitar a corrida para as pessoas. As pessoas precisavam de uma meta, ele pensou. Algo para buscar. Seu palpite era que participar de uma corrida de 5km seria uma boa meta — as corridas são públicas, sociais, competitivas e divertidas. (Estes são os picos.) E, de maneira fundamental, os 5km representavam um desafio atingível, já que a maioria das pessoas com uma boa saúde já conseguia *andar* uma distância de 5km.

Ele então chamou o plano "Couch to 5K" (Do sofá aos 5km). Em 9 semanas, com 3 treinos por semana, o plano transformaria um sedentário em um corredor de 5km. O primeiro treino era simples: alternância de uma corrida de 60 segundos com uma caminhada de 90 segundos por um total de 20 minutos. Os treinos aumentavam gradualmente a partir deste regime.

Clark precisava de um testador beta para seu plano. Então ele ligou para sua mãe. Ela não foi receptiva: "Ele tentou me convencer de que eu deveria entrar nessa [coisa de corrida], também. Até parece," ela disse. Só que seus instintos maternais entraram em ação e ela deu uma chance ao filho. E o negócio funcionou. Ela achou "meio surpreendente que pudesse fazer isso sem uma tremenda quantidade de esforço ou compromisso."

Encorajado, Clark postou seu plano em um site que ele havia desenvolvido para os corredores. Era 1997 — os primeiros dias da web. "O que me surpreendeu foi que as pessoas começaram a falar sobre o plano: 'Estou na semana 3, dia 2, e vejam como estou indo'", conta Clark.

Ao longo dos anos, à medida que o interesse no projeto "Couch to 5K" cresceu, os elementos do plano assumiram qualidades quase míticas. Por exemplo, na semana 5 chega um momento que gerou sua própria sigla: S5D3 (para a semana 5, dia 3). Este dia exige que os novos corredores aumentem consideravelmente seus esforços. Enquanto o treino anterior contava com duas corridas de 8 minutos, separadas por uma caminhada, o S5D3 exige uma corrida contínua de 20 minutos. Este, de longe, era o maior trecho que os participantes correram até aquele ponto. Ele é temido e odiado pelos novos corredores. Em um post chamado "O assustador S5D3", escreveu um corredor, "posso pensar em pelo menos 10 vezes em que o velho 'eu' teria parado para andar. Ao invés disso, eu me arrastava, às vezes muito devagar, até recuperar o fôlego e conseguir retomar o ritmo. E consegui!... Uhul!!!"

Em 2000, o site de Clark havia conquistado alguns anunciantes, e ele decidiu vendê-lo para uma empresa chamada Cool Runnings. Ele continuou sua vida como especialista em design de interfaces de software e, enquanto isso, ao longo dos anos, sua ideia cresceu exponencialmente. Milhões de pessoas já ouviram falar do projeto (agora conhecido pela sigla C25K) e centenas de milhares já participaram dele.

Clark recebeu inúmeros agradecimentos emocionais de pessoas dizendo que o Couch to 5K mudou suas vidas. Ele pretendia introduzir as pessoas às alegrias da corrida, mas, no processo, ele havia inadvertidamente proporcionado momentos marcantes.

Bilhões de dólares são gastos tentando encorajar as pessoas a se exercitarem. A maior parte foi desperdiçada. No entanto, aqui está um programa que convenceu milhares de pessoas a treinar para uma corrida de 5km. Como isso aconteceu?

A meta comum de "entrar em forma" é ambígua e desmotivadora. Perseguir este objetivo coloca a pessoa em um caminho sem destino claro e sem momentos intermediários para comemorar.

O Couch to 5K fornece uma estrutura que respeita o poder dos momentos. Primeiro, há o comprometimento de participar do programa. Este é um marco — é uma resolução pessoal tornada pública. Sobreviver ao formidável momento do S5D3 fornece um segundo marco. (A citação acima diz tudo: "Eu consegui"!... Uhul!!!" Este é o som do orgulho.) E, é claro, a conclusão dos 5 km é um pico, com elementos de elevação, conexão e orgulho. *Há três meses atrás, eu não conseguia correr 90 metros sem ficar muito ofegante. Agora estou no time das pessoas que conseguem terminar uma corrida*!

O programa C25K *multiplica os marcos* que os participantes encontram e, ao fazê-lo, multiplica o orgulho que eles experimentam. Podemos aplicar esta mesma estratégia a muitos aspectos de nossas vidas e trabalhos. Para experimentarmos mais momentos de definição, precisamos repensar a forma como definimos as metas.

2.

Ao longo de sua vida, Steve Kamb era um aficionado por videogames. Um viciado mesmo. Ele se preocupava com o quanto de sua vida ele estava perdendo para os prazeres escapistas dos jogos. Então ele imaginou que poderia ser capaz de capturar a ideia do seu próprio vício. Se ele pudesse entender o motivo de ele achar os jogos tão atraentes, ele poderia usar estes mesmos princípios para reconstruir sua vida "em torno da aventura, ao invés de fugir dela."

Em seu livro, *Level Up Your Life: How to Unlock Adventure and Happiness by Becoming the Hero of Your Own Story* (Avance de nível em sua vida: como desbloquear a aventura e a felicidade ao se tornar o herói de sua própria história, em tradução livre), ele descreveu a estrutura dos jogos atrativos. Eles seguem um sistema de níveis: "Durante o seu nível 1, você mata aranhas. Em seguida, quando já foram mortas aranhas o suficiente, você finalmente percebe que sobe de nível e começa a atacar ratos. Uma vez que você avança para um nível alto o suficiente, você percebe que é capaz de matar DRAGÕES ALUCINANTES (que só podem ser expressos em letras maiúsculas)."

A conquista de níveis nos faz bem. Ela, na verdade, é tão boa que você pode adorar jogar um jogo mesmo que nunca o termine. Pense nisso: pouquíssimas pessoas terminam Angry Birds ou Candy Crush ou (por falar nisso) Donkey Kong, mas ainda assim se divertem muito jogando.

A visão de Kamb foi que tendemos a estabelecer metas sem níveis intermediários em nossas vidas. Estabelecemos que vamos "aprender a tocar violão". Assistimos uma aula ou duas, compramos um violão barato, gastamos um tempo com acordes simples por algumas semanas. Só que então a vida fica agitada e, sete anos depois, encontramos o violão no sótão e pensamos: *Acho eu deveria pegar o violão novamente*. Não há o estabelecimento de níveis.

Kamb sempre amou a música irlandesa e sempre sonhou em tocar violino. Ele então pegou emprestada a estratégia dos jogos e descobriu uma maneira de "subir de nível" em direção à sua meta:

> **NÍVEL 1:** Comprometer-se com uma aula de violino por semana e praticar 15 minutos por dia durante seis meses.
>
> **NÍVEL 2:** Reaprender a ler partituras e concluir a leitura de **Celtic** Fiddle Tunes (Acordes celtas de violino, em tradução livre) de Craig Duncan.

NÍVEL 3: Aprender a tocar a música "Concerning Hobbits" do Senhor dos Anéis: a Sociedade do Anel no violino.

NÍVEL 4: Sentar e tocar violino por 30 minutos com outros músicos.

NÍVEL 5: Aprender a tocar a música "Promontory" do filme O Últimos dos Moicanos.

O CHEFE FINAL: Sentar e tocar violino por 30 minutos em um pub na Irlanda.

Não é genial? Ele pegou um objetivo solto — aprender a tocar violino — e definiu um destino atrativo: tocar em um pub irlandês. Melhor ainda, ele estabeleceu cinco marcos a caminho do destino, cada um digno de celebração. Note que, como em um jogo, se ele parasse a missão após o nível 3, ele ainda teria vários momentos de orgulho para se recordar. Teria sido tão divertido quanto desistir depois de 30 níveis de Candy Crush.

Você conseguiria adaptar essa estratégia para uma de suas metas? Muitos norte-americanos aspiram aprender uma outra língua, por exemplo. Só que "aprender espanhol" é uma dessas metas amorfas que nos fazem paralisar. Não há destino nem níveis intermediários. Ao utilizarmos os princípios de Kamb, podemos tornar isso uma jornada mais emocionante. Então vamos *subir de nível:*

NÍVEL 1: Pedir uma refeição em espanhol.

NÍVEL 2: Estabelecer uma conversa simples em espanhol com um taxista.

NÍVEL 3: Olhar para um jornal espanhol e entender, pelo menos, uma manchete.

NÍVEL 4: Acompanhar a ação em um desenho animado espanhol.

NÍVEL 5: Ler um livro do jardim de infância em espanhol.

E assim por diante, até o...

DESTINO: Ser capaz de ter conversas completas e normais em espanhol com o Juan do departamento de contabilidade (e não apenas "Cómo está usted?").

Compare este plano com a maneira típica como pensamos em atingir metas:

NÍVEL 1: Tentar encaixar uma aula de espanhol na agenda.

NÍVEL 2: Tentar encaixar uma aula de espanhol na agenda.

NÍVEL 3: Tentar encaixar uma aula de espanhol na agenda.

NÍVEL 4: Tentar encaixar uma aula de espanhol na agenda.

NÍVEL 5: Tentar encaixar uma aula de espanhol na agenda.

DESTINO: Algum dia, finalmente: "saber" espanhol.

Qual destes planos parece mais divertido? Para qual provavelmente você voltará, se for forçado a fazer uma pausa? Qual você tem mais chances de completar?

3.

Ao usarmos a estratégia de Kamb para subirmos de nível, multiplicamos o número de marcos motivacionais que encontramos a caminho de um objetivo. Esta é uma estratégia voltada para o futuro: antecipamos os momentos de orgulho à frente. Só que o oposto também é possível: a *exposição* dos marcos que você já atingiu, mas que talvez não tenha percebido. Anteriormente no livro, mencionamos a maneira como a Fitbit celebra os marcos de fitness dos seus clientes: a insígnia da Índia, por exemplo, celebra o fato de você ter caminhado um total de aproximadamente 3.213 quilômetros, que é o comprimento da Índia. (A celebração de 3.000 quilômetros também seria apropriada, mas, de alguma forma, a insígnia da Índia parece mais interessante e memorável.) Nenhum cliente da Fitbit teria conhecimento deste feito se a empresa não os tivesse informado.

Só que este instinto de perceber e comemorar as realizações é estranhamente inexistente em muitas áreas da vida. Pense nas ligas esportivas da juventude. Há momentos naturais de orgulho espalhados ao longo da temporada: pontos conquistados, vitórias conquistadas. E quanto àquela *habilidade melhor desenvolvida no basquete* das crianças?

Certamente, as crianças sabem, em um sentido genérico, que elas melhoraram ao longo de uma temporada. Só que as melhorias são lentas e incrementais. Quase invisíveis. Você não consegue voltar a sua memória até seis meses antes e observar, de maneira clara, como o seu drible melhorou.

No entanto, você consegue voltar um *vídeo*. E se todos os garotos de um time de basquete recebessem um simples vídeo do antes e depois, comparando seu desempenho no início e no final da temporada? As melhorias seriam tão óbvias, tão visíveis: *Olha isso! Eu mal conseguia driblar com a minha mão esquerda! Ha ha! Eu não conseguia converter um lance livre para salvar minha vida.* Que momento estonteante de orgulho este seria! *Olha o quão longe eu cheguei!* Só que ainda não encontramos um único treinador que tenha tido o instinto de cunhar este momento de orgulho para os seus jogadores.

Mudando um pouco o foco, pense em como os casais celebram seus aniversários de casamento: viagens, um bom jantar ou uma troca de presentes. Estes são momentos enriquecidos de elevação e conexão. E quanto ao orgulho? Os casais não deveriam reconhecer e celebrar o que conquistaram juntos?

Um casal que conhecemos manteve um diário de aniversário de casamento para a primeira década de seu matrimônio. Todos os anos eles registravam as coisas que conquistavam: a nova decoração do quarto dos fundos, hospedagem da família estendida para o jantar de Ação de Graças, e assim por diante. Eles também registravam as viagens que faziam e os amigos que viam com mais frequência e, surpreendentemente, as brigas que tinham!

O marido contou sua impressão, "Reviver as grandes discussões do ano anterior não é para os fracos, porque você tende a querer reativá-las." Só que ter o registro foi útil porque ele forneceu evidências concretas do progresso que eles haviam feito em seu relacionamento. No primeiro ano do casamento, eles brigavam por quase tudo. (Um exemplo real: quais temperos podem ficar na mesa da cozinha?) Nos três anos seguintes, as discussões diminuíram constantemente e, no quinto ano, só conseguiram se lembrar de pequenas discussões. Nem mesmo uma briguinha de verdade. Eles então riram da lembrança da briga por causa dos temperos.

Esta é uma risada que sinaliza um momento de orgulho. *Olhe o quão longe chegamos.* Suspeitamos, portanto, que este momento não teria acontecido se não fosse pelo diário.

4.

Os pontos discutidos anteriormente deixam claro que estamos constantemente perdendo oportunidades de criar momentos de orgulho para nós mesmos e para os outros. A questão fundamental é: *por quê?*

Nossa teoria: sofremos uma lavagem cerebral pelas metas que vemos em nossas vidas profissionais. Os diretores executivos tendem a definir metas que se parecem algo assim: aumentar as receitas para $20 bilhões até 2020! (Este é um exemplo real, a propósito. Com base em nossa experiência com diretores de áreas executivas, achamos que é provável que milhões de pessoas em todo o mundo estejam trabalhando, neste exato momento, em direção às metas que foram escolhidas simplesmente porque os números tinham um toque cativante.)

Metas semelhantes jorram de cima para baixo. Dentro da organização com a meta de "$20 bilhões até 2020", uma determinada unidade de negócios pode ter uma meta menor de apoio: *aumentar a participação de mercado na América do Sul para 23% até 2018.* Então, depois de definir uma meta como esta, o grupo faria uma série de planos para alcançá-la.

Uma meta numérica somada a planos de apoio. Observe o que esta combinação nos proporciona: um destino que não é inerentemente motivador e que não possui marcos significativos ao longo do caminho. Em virtude disso, a meta de "20 em 2020" exigirá um enorme esforço humano, com grande parte do orgulho sendo eliminado.

Sejamos justos, esta combinação de metas estabelecidas e planejamento é capaz de levar uma organização à direção certa. Só que o valor destas ferramentas vem do processo de responsabilização das pessoas pelo trabalho que elas exercem. Estas ferramentas não são projetadas para serem intrinsecamente motivadoras ou para melhorar a experiência dos seres humanos que estão sendo responsabilizados por elas.

Devemos ter cuidado para não deixarmos que este estilo corporativo de estabelecimento de metas se infiltre em nossas vidas pessoais, das quais temos controle total. "Vou perder 4 quilos e meio em 2 meses," por exemplo, é um objetivo corporativo clássico: arbitrário, numérico e sem marcos intermediários. Agora você sabe o que fazer: recupere os marcos. Suba de nível: *passe uma semana completa sem usar o elevador. Escolha duas cervejas para desfrutar no sábado, depois de uma semana inteira sem beber. Se eu correr continuamente por três músicas na minha playlist, isso me dá o direito de baixar mais três novas.* E assim por diante.

Além disso, o destino final não deve ser "perder 4 quilos e meio". Ele deve ser algo intrinsecamente motivador, como "entrar na minha calça preta sexy (sem aquele desconforto gastrointestinal)." De repente, sua missão de perda de peso começa a se parecer mais com uma busca lúdica, com vitórias frequentes ao longo do caminho, e menos como uma pesagem diária na balança do banheiro.

Existe uma maneira de canalizar este mesmo espírito *dentro* das organizações — para neutralizar a cultura de "comando e controle" de metas e planos? Um líder sábio é capaz de buscar marcos durante o caminho, buscando um objetivo maior. Digamos que seu grupo tenha sido encarregado de aumentar a satisfação do cliente em 20% até o final do terceiro trimestre. É possível que você não tenha controle sobre essa meta e como ela está estruturada. Só que você ainda pode multiplicar os marcos para sua equipe (observe que eles não precisam ser sequenciais):

MARCO 1: Receber um agradecimento radiante de um cliente bem satisfeito.

MARCO 2: Passar uma semana inteira sem nenhuma nota 1 (de 7) na pesquisa de satisfação dos clientes.

MARCO 3: Resolver a reclamação de número um do último mês das pesquisas.

MARCO 4: Chegar na metade do caminho: aumentar a satisfação em 10%.

E assim por diante...

Para identificar marcos como esses, pergunte a si mesmo: O que é *inerentemente* motivador? (Receber um agradecimento radiante.) O que valeria a pena comemorar e que leve apenas algumas semanas ou meses de trabalho? (Resolver a reclamação número um.) O que é uma conquista escondida e que vale a pena *expor e celebrar*? (Passar uma semana inteira sem uma nota 1.)

A mesma lógica se aplica a marcos que envolvem metas menos tangíveis, como a construção de habilidades de liderança, por exemplo. Na maioria das organizações, os únicos "níveis" claros a caminho das posições de liderança são as promoções. E se forem necessários cinco anos para que um funcionário ganhe uma promoção, e se ele não estiver interessado ou preparado para uma promoção? Como criar os marcos intermediários que possam proporcionar momentos de orgulho?

As grandes organizações geralmente falam em "competências". Ou seja, para realizar bem um determinado trabalho, você precisa desenvolver um conjunto de competências específicas em áreas como *definição de visão*, *perspicácia comercial* ou *análise de dados*. (Sim, eles tendem a soar exatamente assim, bem chatos.)

Só que, ao invés de dar instruções vagas aos funcionários sobre como desenvolver sua "visão de negócios", estas competências podem ser apresentadas com um conjunto de marcos significativos a serem realizados (novamente, não necessariamente sequenciais):

- Transforme uma linha de produto/serviço que esteja com dificuldades
- Tenha um subordinado direto promovido a uma função gerencial
- Resolva um desafio corporativo colaborando com outra função ou grupo
- Receba um elogio sobre as reuniões que realiza e que realmente valem a pena
- Entregue um grande projeto no prazo e conforme o orçamento
- Contribua com uma ideia que seja adotada em toda a empresa

Estes itens não seriam uma espécie de checklist para o avanço (*faça essas 6 coisas e você será promovido*), pois seria impossível criar uma lista genérica que se aplicasse a todas as pessoas e situações. Ao invés disso, os marcos simplesmente mapeariam o território da conquista. *Aqui estão as maneiras pelas quais é possível desenvolver suas habilidades e demonstrar seu valor para a organização. Celebraremos com você, quando fizer isso.*

5.

Atingir o marco desperta o orgulho. Ele também deve desencadear uma celebração — um momento de elevação. (Não se esqueça que os marcos, juntamente com os fossos e as transições, são três momentos marcantes naturais e que merecem uma atenção extra). Os marcos merecem os picos.

Os escoteiros entendem bem essa ideia. O programa do distintivo de mérito dos escoteiros, ativo por mais de 100 anos, é um ótimo exemplo da introdução de vários marcos e da celebração de cada um deles. Os distintivos de mérito são apresentados ao escoteiro em um "tribunal de honra", onde os escoteiros são reconhecidos na frente de seus pares. Isso é um pico. Da mesma forma, alunos de karatê que ganham faixas — da faixa branca do novato até a faixa preta do especialista — geralmente as recebem em cerimônias públicas de premiação.

As pessoas que desenvolvem paixões ao longo da vida, muitas vezes honram estes mesmos conceitos, conscientemente ou não. Em 2013, Scott Ettl, executivo de uma empresa de pesquisas e pai de três crianças pequenas, leu um livro sobre Aaron Burr que um amigo havia lhe recomendado. Burr, o terceiro vice-presidente dos Estados Unidos e o homem que matou Alexander Hamilton em um duelo, foi retratado como um herói americano. Então, algumas semanas depois, Ettl devorou a biografia best-seller sobre John Adams, de David McCullough. A obra, porém, pinta Burr de uma forma negativa.

Ele leu uma biografia de George Washington e, com certeza, ela havia retratado John Adams de forma diferente do que a biografia de McCullough. Só que na época em que ele havia lido sobre as mesmas pessoas e eventos pela terceira vez (uma vez que Washington, Adams e Burr compartilhavam da mesma época), sua percepção da história, tal como havia aprendido na escola, começou a mudar. Os retratos das figuras históricas deixaram de parecer planos e contraditórios, ao invés disso, eles começaram a adquirir três dimensões.

Ele ficou fixado nessa ideia. Ele sempre foi um apaixonado por história, mas as biografias estavam trazendo uma espécie de ordem para sua paixão. Um dia, ele declarou algo para sua família: ele leria a biografia de cada presidente norte-americano, na ordem. "A ideia era mais do que só gostar de história", disse ele. "A ideia se tornou uma missão." Uma missão com 45 marcos já prontos.

Ele devorou as primeiras 8 ou 9 biografias presidenciais no primeiro ano. O livro de Millard Fillmore o atrasou, e então sua missão foi quase desviada pela biografia de Rutherford B. Hayes. De acordo com Ettl, a obra "foi o pior livro que você poderia imaginar". Ele levou um ano para terminá-lo.

A missão evoluiu ao longo do tempo. Quando Ettl completa a obra de um presidente, ele compra a moeda de um dólar comemorativo daquele presidente, da Casa da Moeda dos EUA. As moedas fornecem um sinal visual de seu progresso, assim como os autógrafos presidenciais que os parentes de Ettl começaram a comprar para ele.

Lembra do primeiro capítulo, quando falamos sobre o "baú do tesouro" de itens que todos nós mantemos para nós mesmos, cheios de antigos prêmios e canhotos de ingressos e revistas? O baú do tesouro de Ettl está cheio de livros de capa dura, moedas históricas e autógrafos antigos — as relíquias de sua marcha pela história dos EUA. Há algo atraente em um momento de orgulho que vem com sua própria lembrança do momento.

Pense em como é bom folhear os carimbos do seu passaporte. Uma mera mancha de tinta pode provocar uma onda de lembranças. (Na linha deste espírito, os cartões de embarque não deveriam ser projetados para serem itens de um "baú de tesouro"? Ao visitar São Francisco, seu canhoto deveria ter a Ponte Golden Gate. Só que, ao invés disso, recebemos documentos de embarque que parecem a lição de casa em uma impressora matricial.)

Ettl estima que levará cerca de 2 a 3 anos para alcançar o atual presidente. "A menos que eu morra, vou terminar isso," ele prometeu.

Quando alcançar o atual presidente, Ettl conta que planeja começar a levar sua família para as bibliotecas presidenciais nas férias. Em outras palavras, o final de uma missão será o começo de outra! (Embora nos perguntemos se essa ideia foi conduzida pelas crianças.)

6.

Veja a seguir o gráfico do pesquisador George Wu, da Universidade de Chicago. Ele resume os tempos de conclusão de mais de nove milhões de corredores em maratonas que acontecem em cidades como Chicago e Berlim. É possível observar que a maioria dos corredores terminou uma maratona entre 3,5 e 5 horas.

Observe, porém, como o gráfico parece espinhoso. Preste atenção nas linhas verticais que mostram os tempos de "limiar": 4:00:00, 4:30:00, 5:00:00 e assim por diante. Perceba que muito mais corredores terminaram logo antes das linhas do que logo depois delas. (Neste sentido, a marca de 4 horas é particularmente significativa.)

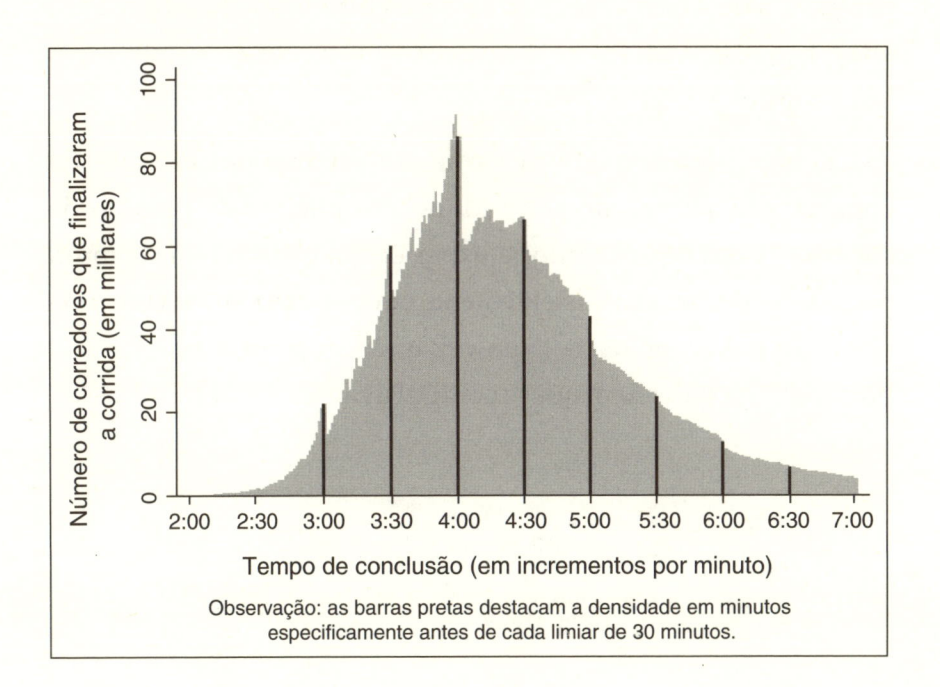

Número de corredores que finalizaram a corrida (em milhares)

Tempo de conclusão (em incrementos por minuto)

Observação: as barras pretas destacam a densidade em minutos especificamente antes de cada limiar de 30 minutos.

Este é o efeito do marco. Aí entra aquela corredora exausta que "liga seu turbo" a um quilômetro de distância porque não suporta deixar os números do cronômetro passarem de 4 horas. Os marcos são completamente arbitrários, claro. Não há diferença de desempenho relevante entre 3:59:59 e 4:00:00. Mas é claro que você entende a diferença, e nós também. (Um dos autores que vos fala, às vezes, anda ao redor de seu quarto à noite, a fim de conquistar os 10.000 passos durante o dia. É um absurdo, mas é verdade.)

Todos nós amamos os marcos.

Isso nos leva a um último ponto: o desejo de atingir os marcos desperta um esforço final combinado. Para terminar a maratona em menos de 4 horas, você acelera nos últimos 500 metros. Para atingir os 10.000 passos do dia, você caminha obsessivamente em seu próprio quarto.

Cal Newport, um autor e professor da área das ciências da computação, passou anos estudando os hábitos de pessoas de sucesso. "Com base na minha experiência, o traço mais comum que você observará consistentemente em pessoas realizadas é uma obsessão pela conclusão. Uma vez que um projeto está em seu horizonte, eles anseiam quase compulsivamente por terminá-lo".

O sucesso vem do impulso para a linha de chegada. Os marcos têm o poder de *nos obrigar* a dar este impulso porque: (a) eles estão ao nosso alcance, e (b) nós os escolhemos precisamente porque eles valem a pena. Os marcos definem momentos que são conquistáveis e que merecem ser conquistados.

Um escoteiro passa mais um dia praticando com seu arco e flecha, para que ele possa fazer o teste e ganhar o seu distintivo de tiro com arco. Scott Ettl sofre com a biografia de Millard Fillmore porque ele sabe que a biografia de Lincoln está chegando. Elas o impulsionam para a linha de chegada.

Só que aqui está a melhor parte: não estamos presos a apenas uma linha de chegada. Ao multiplicarmos os marcos, transformamos uma corrida longa e amorfa em uma com muitas "linhas de chegada" intermediárias. À medida que avançamos através de cada marco, experimentamos uma explosão de orgulho, bem como uma injeção de energia em direção ao próximo marco.

9
Pratique a Coragem

1.
No dia 13 de fevereiro de 1960, um grupo de estudantes negros liderados por John Lewis, Angela Butler e Diane Nash entrou em várias lojas no centro de Nashville e se sentou nos balcões de almoço só para brancos. Foi o início do primeiro ato de protesto de Nashville contra a segregação.

"Os estudantes estavam vestidos como se estivessem a caminho da igreja", conta John Lewis, atualmente congressista de longa data pelo estado da Geórgia, em uma entrevista para *Eyes on the Prize,* a excelente série da PBS sobre o movimento pelos direitos civis nos Estados Unidos, da qual este relato foi retirado: "Ficamos no balcão de almoço estudando e preparando nossa lição de casa porque nos foi negado o serviço. O gerente ordenou que os balcões de almoço fossem fechados e que os restaurantes fossem fechados."

"O primeiro ato do qual fizemos parte foi muito engraçado porque as garçonetes demonstravam nervosismo e a elas devem ter dado uns US$ 2.000 de prejuízo à casa em pratos derrubados e quebrados naquele dia", conta Diane Nash. "Quero dizer, literalmente, a cena era quase um desenho animado... ela estava tão nervosa, ela pegava os pratos e os deixava cair, um atrás do outro."

Os estudantes eram uniformemente pacíficos e educados, e o ato foi concluído sem incidentes, assim como o segundo na semana seguinte. Só que no terceiro protesto, no dia 27 de fevereiro, a ameaça aumentou. Os estudantes foram assediados e atormentados por jovens brancos que se reuniram nas lojas. Vários dos manifestantes foram retirados de seus assentos e agredidos. Quando a polícia chegou para responder à violência, 77 estudantes negros foram presos por vadiagem e conduta desordeira. Nenhum dos brancos hostis foi preso.

Os estudantes foram condenados por conduta desordeira. John Lewis, entre outros estudantes, se recusou a pagar a multa de US$ 50 e preferiu passar um mês na cadeia.

Enquanto isso, os pais dos estudantes, horrorizados porque seus filhos haviam sido presos, reagruparam a comunidade negra em torno de uma nova ideia: um boicote às lojas segregadoras do centro. "Vamos parar de apoiar o sistema que estamos tentando mudar", contou o estudante ativista Leo Lillard. "Percebemos que se os proprietários da loja sentissem o aperto de não ter compradores nas lojas no centro de Nashville, então isso pressionaria o prefeito e o tecido político da cidade, de Nashville, a mudar as regras e as leis".

Então, no início da manhã de 19 de abril, uma bomba foi jogada na casa de Z. Alexander Looby, o advogado dos estudantes negros. A explosão foi devastadora — poderosa o suficiente para destruir 147 janelas do dormitório de uma faculdade do outro lado da rua. Milagrosamente, Looby e sua esposa, que dormiam em um quarto nos fundos, ficaram ilesos.

A tentativa de assassinato revoltou a comunidade. Líderes negros organizaram uma marcha até a prefeitura. "As pessoas começaram a se reunir, começamos a marchar e os alunos saíram dos refeitórios e das imediações do campus", conta o Reverendo C. T. Vivian. "Enchemos a Avenida Jefferson... caminhamos por um lugar onde havia trabalhadores na hora do almoço, trabalhadores brancos, e eles nunca tinham visto nada como aquilo. Então, lá estavam todas as 4.000 pessoas marchando pela rua, e tudo o que você conseguia ouvir era o som de seus pés enquanto nos movíamos silenciosamente. Os trabalhadores brancos não sabiam o que fazer, se voltaram para a parede e ficaram simplesmente encostados nela, apenas olhando. Havia um medo ali, havia uma certa reverência, e eles não sabiam o que fazer. Só que eles sabiam que o momento não deveria ser interrompido, não deveria ser zombado ou perturbado".

Nos degraus da prefeitura, o Reverendo Vivian e Diane Nash confrontaram o prefeito, Ben West, em frente à grande e crescente multidão. Nash disse: "Prefeito West, você acha que é errado discriminar uma pessoa apenas com base em sua raça ou cor?" West concordou que era errado.

Então Nash continuou: "A segregação em balcões de almoço não deveria ser eliminada?"

"Sim", admitiu o prefeito West.

Muitos na comunidade branca ficaram revoltados com a resposta do prefeito. No entanto, três semanas depois, restaurantes reverteram suas políticas discriminatórias e, pela primeira vez, os clientes negros foram atendidos ao lado dos brancos. O encerramento da segregação nos balcões de almoço em Nashville foi um dos primeiros grandes sucessos do movimento pelos direitos civis.

Foi uma vitória construída a partir da coragem — a coragem de um grupo de estudantes dispostos a enfrentar humilhações, ferimentos e encarceramentos para protestar contra um tratamento imoral. Para os alunos envolvidos, ocupar um lugar nesses restaurantes foi um momento marcante em suas vidas. E os esforços deles cresceram em um momento marcante para a nação.

O menos divulgado sobre essa história é que os manifestantes não somente *demonstraram* coragem. Eles a *praticaram*. Eles a *ensaiaram*. E esta ideia nos leva à história de uma figura notável no movimento dos direitos civis: James Lawson.

Lawson, um pastor metodista, havia viajado para a Índia para aprender as técnicas não violentas de resistência dos discípulos de Mahatma Gandhi. Ao se mudar para Nashville, ele começou a treinar muitas das pessoas que se tornariam os líderes no movimento pelos direitos civis: Lewis, Nash e outros. Lawson acreditava fortemente na preparação para a resistência: "Você não pode ir a uma manifestação com 25 pessoas fazendo o que elas querem fazer. Elas têm que ter uma disciplina comum, esta é uma palavra-chave para mim. A dificuldade de mobilizar manifestações e manifestantes não violentos é que as pessoas não reconhecem a necessidade intensa de disciplina e treinamento para isso".

Em Nashville, Lawson realizou workshops para treinar os manifestantes. "Ele explicava à multidão como se comportar diante de uma centena de possíveis emergências, como evitar violar as leis sobre vadiagem, como se deslocar de e para os balcões de almoço em turnos ordenados, como preencher os assentos de estudantes que precisavam ir para o banheiro, até como se vestir: meias e saltos para as mulheres, casacos e gravatas para os homens", relata o historiador Taylor Branch.

Só que Lawson não apenas oferecia orientações, ele insistia que os alunos se envolvessem com os ensaios. Ele simulou um balcão de almoço, com base nos verdadeiros das lojas do centro, e pediu aos alunos que tomassem seus lugares nas banquetas. Então, homens brancos — aliados de Lawson — invadiam o espaço dos estudantes e os rodeavam. Os homens gritavam injúrias raciais para os estudantes. Eles se inclinavam, a centímetros dos rostos dos estudantes, e os insultavam. Alguns dos homens jogavam cinzas de cigarro no cabelo dos alunos. Eles empurraram os estudantes para fora das banquetas, ao chão, os movimentavam puxando suas roupas.

Os ataques simulados eram brutais, mas essenciais. Lawson queria inocular nos alunos um instinto de resistência — a capacidade de suprimir os impulsos naturais de revidar ou fugir. No momento em que John Lewis e seus colegas tomassem seus lugares nos verdadeiros balcões de almoço no centro de Nashville, eles estariam prontos. Disciplinados, educados, imperturbáveis. Eles tinham medo, é claro, mas aprenderam a conter o medo. Como Mark Twain nos ensina, "A coragem é a resistência ao medo, o domínio do medo — não a ausência do medo."

2.

Quando as pessoas relatam os momentos mais orgulhosos de suas vidas, elas tendem a começar pelos seus entes queridos. *O dia em que me casei. O dia em que meu filho nasceu. O dia em que meu filho se formou na universidade.* Estes são momentos marcantes naturais.

Depois, as pessoas tendem a compartilhar momentos orgulhosos de conquista: barreiras superadas, vitórias conquistadas, sucessos conquistados. Nos dois últimos capítulos, estudamos maneiras de criar mais desses momentos: primeiro, reconhecendo as realizações dos outros e, segundo, multiplicando os marcos que conquistamos rumo aos nossos objetivos.

Portanto, nos orgulhamos das pessoas que amamos e nos orgulhamos de nossas próprias conquistas. Só que há algo faltando aqui. Pense sobre como as pessoas descrevem outros momentos de orgulho: *Eu defendi alguém. Eu fiquei firme e mantive a calma. Eu tomei uma posição em que acreditava. Me recusei a recuar.* Estes sentimentos não descrevem "conquistas", pelo menos no sentido das placas e certificados. Mais do que isso, eles descrevem momentos de coragem.

Os momentos de coragem podem parecer mais difíceis de "criar" do que os outros que encontramos nesta seção. Afinal, podemos *escolher* o reconhecimento de alguém, e também podemos *escolher* quando e como multiplicar marcos. Só que os momentos que exigem coragem muitas vezes chegam inesperadamente. Eles passam muito rápido e podemos ser pegos desprevenidos. Muitas vezes o momento passa e logo depois nós ficamos pensando no que podíamos ter falado ou feito.

Os "momentos de coragem" não são fabricáveis. No entanto, neste capítulo, veremos que você pode *praticar* a coragem para que você esteja pronto quando o momento lhe exigir.

Os militares entendem bem este conceito. O psicólogo S. J. Rachman escreve sobre isso em um relatório sobre treinamento militar, "O que pode ser chamado de 'treinamento para a coragem' desempenha um papel importante na preparação das pessoas para a realização de trabalhos perigosos, como combate a incêndios ou paraquedismo."

Rachman realizou estudos com soldados responsáveis pela desativação de dispositivos explosivos improvisados (IEDs) durante o conflito na Irlanda do Norte. Este é um trabalho perigoso, claro. De 1969 a 1981, mais de 31.000 incidentes foram resolvidos e 17 operadores especializados em desativação de bombas foram mortos em ação.

Rachman escreveu que a "prática bem-sucedida da ação corajosa" levou a uma redução do medo e ao aumento da confiança. Os operadores novatos do esquadrão antibombas foram submetidos a um regime de treinamento que simulou as situações que eles vivenciariam no campo. O efeito sobre a confiança dos operadores foi impressionante: após a conclusão das simulações, eles expressavam 80% da confiança relatada pelos operadores mais experientes. Este é um nível notório de confiança para pessoas que ainda não haviam desativado sequer uma bomba no campo! (Nem a confiança deles parecia refletir otimismo ingênuo, pois suas estimativas do *perigo* do trabalho eram semelhantes àquelas dos operadores experientes.)

O que tornou o treinamento tão eficaz? "Um elemento desse treinamento, a prática gradual e graduada de tarefas perigosas, que provavelmente serão encontradas no campo, parece ser particularmente valiosa", conta Rachman.

Este elemento — "prática gradual e graduada" — é também a marca da *terapia de exposição,* uma das técnicas mais eficazes para reduzir as fobias (ou medos irracionais). Em um estudo conduzido por Jayson Mystkowski, os pesquisadores aplicaram a terapia de exposição a pessoas com medo de aranhas. No início do estudo, os participantes foram convidados a chegar o mais perto possível de tolerar uma tarântula contida em um terrário. Os participantes, em média, pararam a aproximadamente 3 metros de distância.

No decorrer do experimento, eles foram convidados a praticar a coragem em 14 etapas graduadas. Cada etapa foi demonstrada pela primeira vez pelo pesquisador, depois, os participantes foram convidados a repetir a tarefa quando se sentissem prontos. Aqui está uma amostra:

ETAPA 1: Fique a 1,5 metro da tarântula dentro do seu terrário.

ETAPA 3: Coloque a palma da sua mão contra o recipiente fechado perto da tarântula.

ETAPA 7: Direcione o movimento da tarântula com um pincel pequeno por 5 vezes.

ETAPA 9: Deixe a tarântula andar sobre uma mão com luva grossa.

Note que este é basicamente um plano com subidas de nível, em que cada passo constitui um momento concreto e digno de orgulho. ("Você não vai acreditar nisso, mas eu TOQUEI EM UMA TARÂNTULA hoje. Tudo bem, foi com um pincel, mas ainda assim, conta!")

A longa série de etapas culminou com a de número 14: permitir que a tarântula andasse sobre a mão *descoberta* do participante. Adivinhe: quanto tempo você acha que estes aracnofóbicos levaram para chegar à etapa 14? Ou seja, para chegar ao ponto em que voluntariamente permitiriam que uma tarântula peluda e gigante passeasse vagarosamente pela palma da mão? Semanas? Meses?

Duas horas. Este foi o tempo médio para concluir a etapa 14 e, surpreendentemente, *todos* os participantes obtiveram sucesso. Estas eram pessoas que não conseguiam chegar a 3 metros de um terrário há um par de horas atrás! O que é mais impressionante, seis meses depois, é que eles ainda conseguiam tocar a aranha.

"Antes do tratamento, alguns desses participantes não andavam na grama por medo de aranhas, nem ficavam fora de casa ou do quarto por dias se achassem que havia uma aranha ao redor", conta Katherina Hauner, autora principal do estudo.

Nós frequentemente repetimos a "terapia de exposição" em nossas próprias vidas. Pense em um pai tentando convencer uma criança nervosa a relaxar em torno de um cachorro amigável. *Veja o que o beagle está fazendo, ele é tão bobinho... Você quer vê-lo brincar de morder o brinquedo dele?... Ele está sentado agora — quer dar um tapinha nas costas peludas dele?... Ele gosta de guloseimas — quer dar uma a ele?* E logo seu filho consegue um novo melhor amigo.

Administrar o medo — o objetivo da terapia de exposição — é uma parte fundamental da coragem. O manifestante dos direitos civis e o operador do esquadrão antibombas devem ser capazes de controlar seus medos para serem bem-sucedidos. Só que a coragem não é apenas o medo suprimido. Ela também é composta do conhecimento sobre como agir no momento.

Lembre-se de que James Lawson havia orientado os alunos sobre "como evitar violar as leis de viagem, como ir e voltar dos balcões de almoço em turnos ordenados, como preencher os assentos de estudantes que precisavam ir ao banheiro", e assim por diante. Seus workshops não eram apenas sobre como se endurecer emocionalmente. Eles eram sobre ensaios mentais. Os participantes tinham que antecipar como reagiriam a determinadas situações. De certo modo, eles estavam pré-carregando uma reação para que, no momento certo, pudessem agir rapidamente e sem hesitação.

O psicólogo Peter Gollwitzer estudou a maneira como este pré-carregamento afeta nosso comportamento. Sua pesquisa mostra que, quando as pessoas assumem compromissos mentais avançados — se X acontece, então eu faço Y —, elas são substancialmente mais propensas a agir em apoio de seus objetivos do que as pessoas que não têm estes planos mentais. Alguém que se compromete a beber menos álcool, por exemplo, pode decidir o seguinte, "Sempre que um garçom perguntar se eu quero uma segunda bebida, pedirei água com gás". E esta pessoa é muito mais propensa a recusar a bebida do que outra pessoa que *compartilha o mesmo objetivo*, mas que não possui um plano pré-carregado.

Gollwitzer chama estes planos de "intenções de implementação" e, muitas vezes, o gatilho para o plano é tão simples quanto um momento e um local: *Quando eu sair do trabalho hoje, vou dirigir direto para a academia*. A taxa de sucesso é impressionante. O estabelecimento das intenções de implementação mais do que duplicou o número de alunos que entregaram uma determinada tarefa a tempo, duplicou o número de mulheres que realizaram o autoexame das mamas em determinado mês, e reduziu pela metade o tempo de recuperação exigido pelos pacientes que receberam uma prótese de quadril ou joelho (entre muitos outros exemplos). Há poder no pré-carregamento de uma resposta.

Este pré-carregamento é o que muitas vezes falta em situações organizacionais que exigem coragem. Um colega ou cliente menospreza alguém, ou faz uma observação inapropriada, ou sugere algo antiético, e ficamos tão surpresos que não fazemos nada. Dez minutos depois, nos arrependermos por não agirmos. Perdemos nossa chance.

Estas oportunidades perdidas fizeram com que Mary Gentile reconsiderasse a maneira como ensinamos ética nas escolas. Gentile, professora da Escola de Negócios Darden, na Universidade da Virginia, percebeu que a educação ética era dominada pela pergunta, "Qual é a coisa certa a se fazer?" Só que, geralmente, as pessoas sabem o que é o certo. A parte difícil é a ação sobre este julgamento.

"Todos nós podemos produzir uma lista do que torna esta ação difícil", conta Gentile. "Nos sentimos sozinhos, nos perguntamos se estamos sendo ingênuos, nos perguntamos se estamos mal-informados (ou queremos acreditar que talvez estejamos), nos perguntamos se nosso chefe será receptivo, prevemos uma 'resistência' se levantarmos a questão e não soubermos o que dizer quando isso acontecer, nos preocupamos em cair no ostracismo, ou algo pior, se dermos a parecer que não sabemos 'trabalhar em equipe'".

Ela tinha se convencido de que a educação ética não deveria se concentrar em QUAL é a coisa certa a se fazer, mas sim, em COMO posso fazer a coisa certa? Ela criou um currículo chamado "Dando Voz aos Valores", que foi usado em mais de 1.000 escolas e organizações.

O coração da sua estratégia é a prática. Identificam-se as situações em que um problema ético possa surgir. Antecipam-se as racionalizações ouvidas em virtude do comportamento. Então, a pessoa literalmente escreve sua possível resposta ou ação. Finalmente, a pessoa pratica esta resposta com os colegas.

Os líderes que querem incutir uma cultura ética de negócios — e não apenas expressar as palavras de uma "declaração de valores" impotente — se inspirarão em Gentile e farão da prática uma prioridade. Até porque as situações que levam a um comportamento antiético são previsíveis: uma pressão implacável por resultados, juntamente com uma gestão desavisada, levará a cortes ou a fraudes (pense nos escândalos bancários). Linhas de responsabilidade obscuras e misturadas com a urgência de se fazer as coisas levarão a acidentes (pense nos catastróficos derramamentos de óleo). O preconceito, a intolerância ou o sexismo de um líder, enraizando-se em um ambiente permissivo, inevitavelmente levarão a abusos.

Estas não são anomalias. Elas são probabilidades. Elas podem ser previstas e combatidas.

"Assim como um atleta pratica seus movimentos para aprimorar a memória muscular, o objetivo aqui é fazer com que nossos valores se tornem padronizados", conta Gentile.

3.

No seminário da Universidade Yeshiva, alunos atuavam em situações difíceis com atores, modelando crises que poderiam enfrentar, tal como um rabino que lida com os fiéis. Conforme relato de Paul Vitello no *New York Times*, as situações que eles ensaiavam eram complexas e emocionais: conversar com um adolescente suicida. Confortar uma mulher idosa frustrada com as indignidades e a invisibilidade da velhice. Orientar uma vítima de abuso sexual na infância. Contar a um homem que sua esposa havia morrido em virtude de um aneurisma enquanto visitava a sinagoga.

Este último cenário foi apresentado ao estudante Benjamin Houben, de 24 anos. Veja como Vitello descreve a cena: "Para se preparar para a cena, [Houben] parou do lado de fora da sala, tentando evocar o sentimento sobre um falecimento. Ele entrou na sala de aula, com um olhar de pesar para expressar o que estava prestes a dizer. Só que o ator não estava disposto a facilitar o trabalho. Ele esperou receber a notícia, depois se desesperava em lágrimas com "grande habilidade", conta Houben, cujo rosto parecia se retorcer apenas por recontar a cena... Houben conta que as lições que ele aprendeu com a simulação foram as seguintes: as pessoas podem não acreditar em você quando você conta algo a elas. O choque pode levar muito tempo para ser absorvido. Depois disso, a coisa só piora."

Originalmente, nos exercícios de atuação, não havia atores — os alunos atuavam um com o outro. Só que havia um problema. "A situação não era real o suficiente", contou o rabino Menachem Penner, o reitor do seminário. "Foi instrutivo, mas não fazia parte da experiência". Era a diferença entre ler algo em um livro e vivê-lo. Os atores criavam o nível de tensão que realmente tornava a experiência valiosa."

Uma característica crucial da prática da coragem é garantir que a prática exija coragem! Nos ensaios de Nashville, os aliados de James Lawson ofendiam os manifestantes estudantis. Zombavam deles. Eles os empurravam. Nesse sentido, os alunos do seminário do rabino Penner deveriam confrontar os fiéis que gritavam, choravam e se desesperavam. No fundo de suas mentes, os alunos sabiam que aquilo não era "real", mas o momento parecia real.

Os alunos ganham confiança ao ensaiar estas conversas carregadas e delicadas. "Constatamos que, quando os alunos praticam, mesmo durante uma única sessão, isso os torna muito mais calmos e mais preparados quando precisam ter estas conversas na vida real", conta o rabino Penner. É preciso coragem para oferecer conselhos em situações tão traumáticas, e esta coragem é fortalecida com a prática.

Na maioria das organizações, os funcionários não serão solicitados a lidar com situações desta gravidade, mas, em algum momento, todos enfrentarão uma conversa que gera ansiedade. Como você enfrenta um chefe ditatorial? Como se diz "não" para um cliente importante? Como você despede um empregado que pode se tornar agressivo? Como você demite um funcionário leal cuja função não é mais necessária? Toda indústria tem seu próprio conjunto único de encontros emocionais: um atendente de uma empresa de passagens aéreas que deve ajudar um passageiro revoltado que perdeu seu voo de conexão por 90 segundos. Um professor que deve dizer aos pais do aluno que seu filho está se comportando mal. Um assessor financeiro que precisa informar uma viúva idosa a respeito da perda de um quinto de suas economias por causa de uma correção no mercado de ações.

A prática acalma a ansiedade que pode obscurecer nossa mente em um momento difícil. Quando nos falta a prática, nossas boas intenções muitas vezes vacilam. Considere, por exemplo, o programa antidrogas D.A.R.E. (*Drug Abuse Resistance Education* ou Programa Educacional de Resistência às Drogas, em tradução livre) que foi lançado em 1983 e convida policiais a visitarem as escolas para instruir os alunos sobre os danos das drogas e incentivar um estilo de vida livre do consumo destas substâncias. Esta é uma intervenção admirável e bem-intencionada, é bem popular. É o programa de prevenção de drogas mais utilizado nos Estados Unidos. Só que as evidências de vários estudos são claras: ele não funciona. Uma análise do programa constatou que os adolescentes inscritos no D.A.R.E. eram tão propensos a usar drogas quanto aqueles que não participavam do programa.

Por que o D.A.R.E. não funciona? As pistas sobre as falhas do programa podem ser encontradas no trabalho de Pim Cuijpers, que estudou o sucesso dos programas antidrogas. A pesquisa de Cuijpers levou a uma conclusão simples: os programas que reduzem o uso de drogas empregam métodos *interativos*, enquanto programas ineficazes não os empregam.

Em outras palavras, para resistir às drogas, os estudantes precisam da oportunidade de praticar a coragem. A parte difícil não é saber qual é a coisa certa a fazer. A parte difícil é fazê-la. Chegará um momento em uma festa quando alguém de 16 anos estará em contato com o álcool ou a maconha. Se eles não ensaiaram o que farão ou dirão naquele momento, provavelmente sentirão sua determinação desmoronar.

O que os adolescentes talvez não percebam é que, se resistirem às drogas ou ao álcool, os outros também resistirão mais facilmente. Um ato de coragem pode reforçar a resolução dos outros. Um executivo nos deu um exemplo de como ele age em seus negócios com base nesse insight. "Quando temos as reuniões, geralmente tenho alguém "infiltrado" na plateia e esta pessoa faz uma pergunta difícil de ser respondida", disse ele. "O questionamento é algo sobre o qual sabemos que as pessoas estão sempre conversando, mas elas têm medo de trazer para à liderança. Eu faço isso para 'estourar a rolha' e mostrar que é seguro falar a respeito". Ele está certo em se preocupar com as pessoas que ficam em silêncio: um estudo constatou que 85% dos trabalhadores se sentiam "incapazes de levantar uma questão ou preocupação para seus chefes, embora sentissem que a questão era importante."

A solução deste executivo — o aliado infiltrado com a pergunta difícil — é bem apoiada por evidências. Há um estudo clássico, conduzido por Charlan Nemeth e Cynthia Chiles, que demonstra que um ato de coragem apoia outro. Digamos que você seja um participante do estudo. Você é colocado com outras três pessoas e um pesquisador mostra ao seu grupo uma série de 20 slides. Depois que cada um dos slides é apresentado, o pesquisador faz uma pausa para perguntar qual é a cor do slide. Uma tarefa fácil. Todos os slides são azuis, e todos vocês dizem "azul" em cada uma das 20 vezes que a pergunta foi feita.

Então este grupo é separado e você é colocado em um novo grupo de quatro pessoas. A mesma tarefa. Desta vez, porém, o primeiro slide é vermelho. Estranhamente, todos os seus três companheiros de grupo respondem "laranja". Como você classificaria o slide? Ele é vermelho, com certeza, mas será que você pode estar errado? Isso acontece mais 19 vezes — seus colegas de grupo sempre classificam cada slide como "laranja" e, a cada vez, todos olham para você para ouvir sua resposta.

Se você acha que ficaria forte nessa situação, talvez esteja certo, mas você estaria em minoria. A maioria das pessoas no estudo cedeu. Em média, eles consideraram 14 dos 20 slides vermelhos como "laranja", em conformidade com a visão incorreta da maioria. (As três pessoas do grupo que afirmavam que todos os slides vermelhos eram "laranja", como você já deve imaginar, haviam sido orientadas pelos pesquisadores a fazerem isso.)

Um outro grupo de participantes foi conduzido através da sequência acima, mas com uma diferença crucial: desta vez, os pesquisadores também adicionaram um "infiltrado" ao primeiro grupo (aquele que visualiza os slides azuis). Ele foi instruído a responder que todos os slides azuis eram "verde". Vamos chamá-lo de "o cara corajoso, mas errado". Os outros três participantes (os normais) provavelmente ficaram intrigados com o daltonismo aparente do elemento divergente, só que ficaram presos às suas convicções e classificaram todos os slides azuis como "azuis".

A mudança impressionante veio no segundo grupo. Os participantes foram expostos aos slides vermelhos e, conforme descrito acima, os três infiltrados continuamente os classificavam como "laranja". Desta vez, porém, os participantes foram fortes! Eles desafiaram a maioria, rotulando 17 de 20 slides (em média) como vermelhos.

Note que eles eram corajosos, embora eles mesmos não tivessem praticado a coragem. Eles só haviam *testemunhado* a coragem. O "cara corajoso, mas errado" estava disposto a falar por si mesmo — embora estivesse enganado sobre a cor. Este ato de dissensão reforçou a determinação nos outros participantes. Com base na análise dos pesquisadores, "a exposição a uma visão minoritária dissidente, mesmo quando esta visão está errada, contribui para a independência."

A má notícia aqui é que nosso instinto natural é ceder à opinião da maioria. Se todo mundo disser que o cartão vermelho é laranja, achamos que devemos estar errados e também o chamaremos de laranja.

A boa notícia é que mesmo se uma pessoa é corajosa o suficiente para desafiar a maioria, todos nós nos encorajamos. Não estamos mais sozinhos. Não somos loucos. E sentimos que podemos chamar o vermelho de "vermelho".

Em suma, a coragem é contagiosa. De protestos históricos a atos cotidianos, do movimento pelos direitos civis a um funcionário que faz uma pergunta difícil, esta é a lição que aprendemos: ser corajoso é algo difícil, mas é mais fácil quando você pratica. Além disso, quando você toma uma posição, os outros se juntam a você.

Pense sobre isso: seu momento de coragem pode ser um momento marcante para outra pessoa — um sinal para eles de que o vermelho é vermelho, que o errado é errado e que isso pode ser corrigido se nos posicionarmos coletivamente contra ele.

MOMENTOS DE ORGULHO
UMA REVISÃO TURBILHONANTE

1. Os momentos de orgulho celebram as conquistas das pessoas. Sentimos nosso peito estufar e o queixo um pouco mais erguido.

2. Existem três princípios práticos que podemos usar para criar mais momentos de orgulho: (1) reconhecer os outros, (2) multiplicar marcos significativos, (3) praticar a coragem. O primeiro princípio cria os momentos marcantes para os outros, os dois últimos nos permitem criar momentos decisivos para nós mesmos.

3. Nós investimos amplamente em reconhecimento.
   - *O pesquisador Wiley nos contou que: 80% dos supervisores dizem que frequentemente expressam apreço, enquanto menos de 20% dos funcionários concordam.*

4. O reconhecimento eficaz é pessoal e não programático. (Corta essa de "funcionário do mês").
   - *Risinger, da Eli Lilly, usou as "recompensas personalizadas" (fones de ouvido Bose, por exemplo) para mostrar a sua equipe que: eu vi o que você fez e gostei.*

5. O reconhecimento é caracterizado por uma disjunção: um pequeno investimento de esforço produz uma recompensa enorme para o receptor.
   - *Kira Sloop, a aluna do ensino fundamental, teve sua vida mudada por uma professora de música que lhe disse que sua voz era linda.*

6. Para criar momentos de orgulho para nós mesmos, devemos multiplicar os marcos significativos — reformular uma longa jornada de modo a apresentar muitas "linhas de chegada".

    - *Kamb, o escritor viciado em games, planejou maneiras de "subir de nível" — por exemplo, "aprender a tocar a música 'Concerning Hobbit', do filme O Senhor dos Anéis: a Sociedade do Anel" — em direção ao seu objetivo de longo prazo de dominar o violino.*

7. Podemos também expor marcos que teriam passado despercebidos.

    - *E se todos os integrantes de uma jovem equipe de esportes tivessem um vídeo do "antes e depois" para o progresso deles?*

    - *Metas organizacionais com muitos números são boas como ferramentas de responsabilização, mas os líderes inteligentes apresentam marcos mais motivacionais a caminho do objetivo.*

8. Os momentos nos quais demonstramos coragem nos deixam orgulhosos. Nunca sabemos quando a coragem será exigida, mas podemos praticar para garantir que estejamos prontos.

    - *Os manifestantes envolvidos nos atos dos restaurantes em Nashville não demonstraram coragem, apenas. Eles a ensaiaram.*

9. A prática da coragem nos permite "pré-carregar" nossas respostas.

    - *A abordagem de Gentile sobre ética nos ensina que geralmente sabemos O QUE é certo, mas não sabemos COMO agir.*

10. A coragem é contagiosa, nossos momentos de ação podem ser um momento marcante para os outros.

Momento Prático 4
O Chefe Acaba de Ter um Insight: Eu Sou um Idiota

Eis a situação: O diretor financeiro de uma empresa — vamos chamá-lo de Mark — acaba de revisar os resultados de seu feedback 360° (uma espécie de feedback geral). Os resultados não foram bons.

Mark sabe que ele não é bem-amado na empresa. Ele se orgulha de ser um gerente daqueles que "falam tudo na lata". "Liderança não é um concurso de popularidade", ele dirá. Mesmo assim, ele fica chocado com o feedback. As pessoas não o veem como um líder sensato. Elas o veem como um idiota total. Ele raramente ouve, as pessoas dizem. Ele interrompe as pessoas frequentemente para inserir suas próprias visões. Ele desconsidera as opiniões de outras pessoas e nunca pede desculpas ou admite erros. Uma citação em particular o atormenta: "Mark é atualmente o único alto executivo nesta empresa que não tem esperança de ser um CEO, pela simples razão de que ser CEO é a função de liderança acima de todas e ninguém o ouviria."

O desejo: Mark encarou a realidade. (O feedback 360° forneceu (1) uma visão clara (2) comprimida no tempo e (3) constatada pelo próprio público — ou seja, ele mesmo.) A atitude defensiva que ele sentiu quando começou a ler o feedback — "são apenas colegas invejosos querendo jogar água no meu chope" — desmoronou no final. Ele percebe que seus colegas estão certos. Ele tem agido como um idiota. Mark também percebe que não tem esperança de se tornar um CEO — seja em sua empresa ou em qualquer outro lugar — até se consertar. Então, ele vai mudar. Mas como?

Como criamos os momentos marcantes?

Qual é o momento? Não há momento natural aqui e isso é parte do problema. O famoso coach de executivos, Marshall Goldsmith, disse que alguns de seus clientes conseguem consertar o mau comportamento deles — só que ninguém percebe! Seus clientes já haviam sido percebidos pelos seus colegas como idiotas. Então, Goldsmith aprendeu a pressionar seus clientes para marcar uma reunião com os colegas deles, na qual haveria um pedido de desculpas por parte do comportamento dos próprios clientes, uma promessa de mudança e, por fim, um pedido de ajuda aos colegas para realizar tal mudança. Com base na sugestão de Goldsmith, Mark agenda uma reunião na qual ele faz exatamente isso. Este é um momento marcante — a transição do "velho eu" para o "novo eu."

Adicione ELEVAÇÃO:

1: A reunião de Mark não é um pico — não há muita emoção positiva envolvida. No entanto, a natureza confessional bruta da reunião (a) *eleva as apostas* e (b) *sai do script,* que são duas das três características de um momento de elevação.

Adicione INSIGHT:

1: Encare a realidade. O principal momento de insight aqui é o feedback 360° recebido por Mark. Este é o primeiro momento marcante que leva a um segundo (a reunião).

2: Se force em direção ao insight. O essencial da reunião é a promessa de Mark de se reinventar. Trata-se de um risco para ele — ele quer mudar, mas não sabe se é capaz disso. (E, francamente, seus colegas estão um pouco desconfiados.) Seja conseguindo ou não, ele vai aprender algo sobre si mesmo.

Adicione ORGULHO:

1: Mark deve se orgulhar da reunião em si — é preciso coragem para se responsabilizar por seu próprio mau comportamento. Além da reunião, ele pode lançar as bases para *futuros* momentos de orgulho.

2: Pratique a coragem. Mesmo ao pedir ajuda de seus colegas, Mark sabe que será difícil para eles se expressarem a respeito. Chamar alguém de idiota "na lata" é algo sempre complicado. Imagine então se Mark munisse seus colegas com uma *linguagem* apropriada para a crítica: "Eu chamei vocês hoje porque quero que este seja o momento em que eu pare de agir como o velho Mark — o idiota que não escuta — e comece a agir como o novo Mark. Vou dar o meu melhor, mas se você me pegar agindo como o velho Mark, eu realmente gostaria que vocês me chamassem a atenção." Por que esta linguagem ajudaria? Lembre-se da pesquisa de Mary Gentile sobre situações eticamente problemáticas. Sua alegação é que o difícil de ser corajoso é o fato de não apenas saber *o que* fazer, mas sim saber *como* reagir. Por causa disso, o pré-carregamento das nossas respostas é um recurso útil, pois ele nos deixará prontos para o momento. Com a linguagem "velho Mark/novo Mark", ele está ajudando seus colegas a pré-carregar suas respostas aos momentos em que ele entrar em seu antigo comportamento. (Saudações à Tasha Eurich por esta ideia).

3: Multiplique os marcos. Imagine se Mark estabelecesse uma meta de participar de dez reuniões seguidas sem interromper ninguém — e pedisse aos colegas que o policiassem. Esta pode ser uma maneira de introduzir um pouco de brincadeira a uma situação de outra forma pesada. E, se ele atingir o objetivo, seria um momento que merece ser comemorado.

Adicione CONEXÃO:

1: Aprofunde os laços. A reunião de Mark é um ótimo exemplo de mostrar vulnerabilidade, que é um pré-requisito para a intimidade. Quando seus colegas o veem abaixando a guarda, isso permite que eles o vejam como um ser humano com falhas — e não um completo idiota.

2: Crie um sentido compartilhado. A reunião fornece um momento de sincronização, todos os seus colegas testemunham o fato juntos. Ele aguça o ponto de demarcação e reforça a seriedade do compromisso de Mark.

Reflexões finais: O principal insight aqui é que um líder impopular necessita da criação de um momento. Como diz Goldsmith, mesmo que um líder mude seu comportamento de maneira bem-sucedida, isso pode não resolver seus problemas de relacionamento, porque seus colegas talvez não percebam. O momento cria um ponto de redefinição.

Momentos de ELEVAÇÃO

Momentos de INSIGHT

Momentos de ORGULHO

Momentos de CONEXÃO

Introdução aos Momentos de Conexão

Pense nos diversos momentos marcantes com os quais nos deparamos até agora: o Signing Day do futebol americano universitário, a cerimônia do "casamento reverso", o Julgamento da Natureza Humana, os protestos nos restaurantes em Nashville, a intervenção do projeto CLTS para evacuação a céu aberto e a experiência do primeiro dia de trabalho na John Deere. Como você sabe, eles são momentos de elevação, insight e orgulho. Só que eles também são momentos *sociais*. Eles são mais memoráveis porque as pessoas estão presentes.

Os momentos de conexão aprofundam nossos relacionamentos com as pessoas: você conhece alguém há apenas 24 horas, mas já contou alguns dos seus segredos mais profundos. Você suporta uma experiência exaustiva com outras pessoas e, de repente, surgem laços que nunca se quebram. Seu casamento está passando por um momento difícil — até que um dia seu companheiro, ou companheira, faz algo tão sentimental, que você não consegue se imaginar amando uma outra pessoa.

É claro que nem todos os momentos sociais são momentos marcantes. Pense naquela última apresentação em PowerPoint que você presenciou no trabalho durante uma reunião de equipes — não é bem isso, nós estamos pensando em um momento de pico para a conexão. Logo, o que há em certos momentos que *fortalecem os* relacionamentos? Como criamos mais momentos destes?

Em primeiro lugar, analisaremos as relações de grupo: as equipes nas organizações que tentam redescobrir seu propósito, os fiéis envolvidos em rituais sagrados e grupos de amigos em situações engraçadas. (Depois do próximo capítulo, você nunca mais vai pensar no riso da mesma forma.) Quando membros de um determinado grupo se aproximam, esta aproximação significa a *criação de um sentido compartilhado* (capítulo 10).

Em seguida, no capítulo 11, estudaremos as relações pessoais, incluindo o trabalho de um psicólogo que identificou uma espécie de "molho secreto" para relacionamentos eficazes de todos os tipos: maridos e esposas, empresas e clientes, professores e pais, médicos e pacientes. Também encontraremos o aparentemente impensável: estranhos que se tornam amigos rapidamente, em 45 minutos, em virtude do resultado de uma série de perguntas cuidadosamente estruturadas.

Nesta parte final da estrutura, estudaremos os momentos inesquecíveis que nos conectam.

10

Crie um Sentido Compartilhado

1.

Em 1998, Sonia Rhodes deixou o hospital com seu pai em recuperação. Ele havia passado oito dias recebendo tratamento para um grave sangramento gástrico. Ela se sentia profundamente grata aos médicos e enfermeiros que salvaram a vida do seu pai. No entanto, ela estava um pouco incomodada com a experiência pela qual ele passara como paciente.

Ele compartilhava seu quarto apertado com um estranho. Os funcionários do hospital entravam e saíam da sala, muitas vezes sem dizer quem eram. "Ele é um médico? Um enfermeiro? Um funcionário do serviço de alimentação? Uma pessoa que troca os lençóis? Eu não sabia de coisa alguma", conta Rhodes. Eles raramente se apresentavam — e mais raramente ainda explicavam o que estavam fazendo.

No meio de sua recuperação, seu pai sofreu uma queda que poderia ter sido evitada. Um funcionário pediu ao paciente para se levantar, apesar de ele estar tonto após receber oito bolsas de sangue. Rhodes, a princípio, queria estar ao lado de seu pai para confortá-lo, mas, ao invés disso, ela era obrigada a ser sua protetora: "Eu me sentia como uma pessoa da família que estava lá para protegê-lo de todas as pessoas que estavam chegando. Eu sempre perguntava 'Quem é você? O que tem na sua mão?'"

A maioria das interações com os funcionários hospitalares parecia carecer de um calor humano básico. "Eles trataram meu pai como se ele fosse uma pessoa fraca e velha... Eu queria dizer a eles: 'Ele é físico e conduz uma empresa que constrói satélites!'"

A experiência teve um impacto profundo em Rhodes, e não apenas porque ela era filha de um paciente. Ela também era uma executiva da Sharp HealthCare, o sistema que gerenciava o hospital onde seu pai foi tratado. Os anúncios da Sharp elogiavam a qualidade dos cuidados que os pacientes poderiam esperar. Na verdade, o número de telefone nos anúncios — aquele que os pacientes ligariam para perguntar sobre o tratamento — era gerenciado pela sua própria equipe. Depois da experiência do pai, ela começou a se perguntar: *Na Sharp, somos realmente quem dizemos que somos?*

Ela se tornou uma defensora agressiva da melhoria da experiência do paciente — não somente do tratamento médico, que era de primeira linha, mas da experiência do *serviço*. Ela sabia que este reparo "definiria minha carreira para o resto da minha vida."

Por um ano, ela lutou para chamar a atenção para suas ideias. Futuramente, ela teve uma reunião fundamental com o CEO da Sharp, Michael Murphy. Embora Murphy tivesse passado a maior parte de sua carreira no lado financeiro do negócio, ele tinha um instinto de que Rhodes estava certa e se comprometeu a transformar a Sharp. Murphy desafiou sua equipe a aprender tudo o que pudesse sobre como oferecer um serviço de nível internacional.

Durante um período de cerca de oito meses, a partir do outono de 2000, uma equipe de executivos, incluindo Murphy e Rhodes, viajou e visitou algumas estrelas na prestação de serviços: Ritz-Carlton, Disney, General Electric e Southwest Airlines. Além disso, os executivos realizaram consultorias com alguns especialistas: o Studer Group e James Gilmore e Joseph Pine, coautores da obra referencial *The Experience Economy*.

Um assunto recorrente das visitas os surpreendeu: não é possível oferecer uma ótima experiência ao paciente sem primeiro fornecer uma ótima experiência para o *funcionário*. Só que a pontuação de "engajamento dos funcionários" da Sharp era fraca em comparação com a da Ritz e da Southwest.

Murphy e seus executivos haviam iniciado a investigação com foco restrito nos pacientes, mas agora expandiam sua missão. Eles concordavam sobre a necessidade de um restabelecimento da visão para a Sharp:

Transformar a experiência dos cuidados com a saúde e tornar a Sharp:

- O melhor lugar para os funcionários trabalharem
- O melhor lugar para os médicos atuarem
- O melhor lugar para os pacientes receberem atendimento
- E, acima de tudo, o melhor sistema de saúde do universo

Eles chamaram esta visão de Experiência Sharp. Como eles fariam com que as pessoas levassem esta ideia a sério, e não descartá-la como um outro esquema qualquer de gerenciamento que estivesse na moda? Eles pensaram em um show performático no qual uma equipe de executivos, incluindo Murphy, visitava todas as unidades de saúde da Sharp e compartilhava a nova visão. Só que eles realisticamente perceberam que isso levaria um ano. "E quando chegássemos ao 30º lugar, o primeiro lugar já não acreditaria mais em nós", disse Rhodes.

Então alguém sugeriu: por que não juntamos todos?

Parecia ridículo. A Sharp tinha 12.000 funcionários. Não havia um espaço de eventos em São Diego para caber todos eles. Além disso, eles dificilmente poderiam deixar seus pacientes de emergência na espera (a fim de discutir como melhorar o atendimento).

A equipe da Sharp, no entanto, continuava conversando e a resposta começava a tomar forma: seriam realizadas três sessões separadas durante dois dias, permitindo assim que os funcionários ficassem confortáveis em um centro de convenções de São Diego e mantivessem uma equipe central em todas as instalações para garantir que os pacientes não ficassem esperando. A logística era assustadora: entre outras coisas, era necessário garantir praticamente todos os ônibus disponíveis para locação em São Diego. (Na verdade, eles acabaram trazendo ônibus de Los Angeles e até mesmo do Arizona).

No dia 10 de outubro de 2001, a Sharp realizou seu encontro geral de funcionários. Os corredores estavam lotados de funcionários da Sharp que chegavam de ônibus, bonde, trem e barco. Murphy estava andando de um lado para o outro nervosamente. "Eu não sou aquele tipo de pessoa que gosta de um grande palco", disse ele. Só que quando ele subiu ao palco, ele falou abertamente sobre o desafio pela frente.

"Esta nova jornada exigirá coragem", disse ele. "Estamos traçando uma orientação diferente porque acreditamos que *devemos*, para sermos os melhores." Ele pedia às suas equipes para se comprometerem com a paixão e o propósito que os levaram a trabalhar na área da saúde. Acima de tudo, ele os desafiou a agir — para se apropriarem de uma missão: "Se pudermos dar quatro passos em um processo e reduzi-lo a um, vamos fazê-lo! Se os funcionários tiverem ótimas ideias para fazer algo melhor, vamos ouvi-los! Se um paciente reclamar de alguma coisa, vamos priorizar esta reclamação e tentar repará-la!"

Murphy então compartilhou a visão da Experiência Sharp: criar o melhor lugar para os funcionários trabalharem, para os médicos atuarem e para os pacientes receberem atendimento — e "acima de tudo, o melhor sistema de saúde do universo." Alguns funcionários até riram da audácia da frase, mas seu discurso chamou a atenção. "Estávamos acostumados a receber os planos de mudança por meio de um e-mail na tarde de sexta-feira", disse Kathy Rodean, enfermeira que participou do encontro geral dos funcionários. Mas, desta vez, Murphy dizia: '"Esta é a nossa visão, queremos que você faça parte dela e seja capaz de chegar onde queremos ir.' Esta era uma filosofia tão diferenciada que realmente uniu as pessoas".

Após o seu discurso, as pessoas tiveram a oportunidade de se voluntariar para uma das 100 "equipes de ação" em áreas como satisfação do funcionário, satisfação do paciente, recompensa e reconhecimento. A resposta foi extraordinária: *1.600 pessoas* se voluntariaram — e concordaram em arcar com um trabalho extra em apoio à missão.

"Quando terminamos a primeira sessão", contou Rhodes, "as pessoas estavam chorando, se abraçando e se cumprimentando... até os pessimistas tinham lágrimas nos olhos." Um executivo que tinha sido cético sobre o valor do evento disse a ela depois: *Precisamos fazer isso a cada trimestre.*

Na verdade, eles decidiram sediar outro encontro geral de funcionários no ano seguinte, e no próximo — até que se tornou uma querida tradição anual.

Aquele encontro iniciou algo grande na Sharp. Alimentada pelas equipes de ação, a mudança parecia acontecer em todas as frentes de uma só vez. Os sistemas de medição mudaram, as políticas mudaram, os hábitos mudaram. E, em virtude disso tudo, a experiência do paciente começou a mudar. Os funcionários da Sharp encontravam maneiras de prestar um serviço extraordinário.

A equipe de jardineiros havia notado que alguns pacientes não recebiam visitas ou flores, então começaram a podar rosas, colocar as flores em um vaso pequeno e levá-las para os quartos dos pacientes. (Eles chamaram o programa "Esta rosa é para você".) Os profissionais de saúde foram treinados a cumprimentar pacientes, se apresentarem e explicar suas funções — a resolução do problema que frustrara Rhodes durante a estada de seu pai. No hospital Sharp Coronado, os pacientes que recebiam alta ganhavam um pão de banana "preparado com amor". E, depois que voltavam para casa, muitos pacientes ficavam surpresos ao receber cartões manuscritos dos profissionais que os atendiam, com agradecimentos aos pacientes pela oportunidade de fazer parte da assistência deles.

Nos cinco anos que se seguiram ao primeiro encontro geral, a pontuação de satisfação dos pacientes nos hospitais da Sharp subiram nos rankings nacionais, de níveis percentuais baixíssimos a níveis altíssimos. A satisfação dos médicos subiu para 80%. A satisfação dos funcionários aumentou em 13% e a rotatividade de funcionários diminuiu em 14%. A receita líquida aumentou em meio bilhão de dólares. Em 2007, a Sharp ganhou o Prêmio Nacional de Qualidade Malcolm Baldrige, a mais alta honraria presidencial do país pela excelência em qualidade e desempenho.[1]

Esta transformação aconteceu em apenas um dia no centro de convenções? Dificilmente. Ela levou muitos anos e os esforços de milhares de pessoas. Mas o encontro geral de funcionários foi o primeiro momento marcante da mudança.

E este foi um momento com um personagem diferente dos outros que encontramos. Na última seção, vimos que momentos de orgulho surgem quando você se distingue como indivíduo. Em virtude de conquistas ou ações corajosas, *você* se sente *especial*. Só que, para os grupos, os momentos marcantes surgem quando *criamos um sentido compartilhado* – destacando a missão que nos une e substituindo nossas diferenças. *Somos* feitos para nos sentirmos *unidos*.

---

[1] Em 2016, o que teria sido o 16ª encontro geral de funcionários foi cancelado em virtude de uma ameaça de greve do sindicato dos enfermeiros. No final, a greve não aconteceu. Duas observações: (1) um grupo dos enfermeiros que protestavam marchava atrás de uma faixa que dizia "Somos a Experiência Sharp". Uma de suas demandas eram salários mais altos a fim de evitar a saída dos enfermeiros mais antigos, já que eles argumentavam que eram os profissionais mais dedicados à Experiência Sharp. Nossa melhor avaliação é que a greve ameaçada refletia as táticas padronizadas de negociação, e não uma nova reflexão sobre o que a Sharp havia se tornado nos 15 anos anteriores. (2) Os momentos de significado são importantes. Se pudéssemos, teríamos aconselhado a equipe de liderança a fazer todo o possível para continuar com o encontro geral, apesar da possibilidade da greve — era necessário tratá-lo como um território sagrado, da mesma forma que os países em conflito ainda competiriam juntos nas Olimpíadas. O encontro é um momento de propósito compartilhado. O bem-estar dos pacientes deve superar até mesmo um grande desentendimento entre as equipes da Sharp.

Como é possível criar momentos que unem os grupos? Os líderes da Sharp usaram três estratégias: criar um momento sincronizado, convocar para uma luta compartilhada e se conectar a um sentido. Vamos explorar todos os três e como eles podem ser aplicados a grupos que vão desde devotos religiosos até salva-vidas e zeladores.

2.

Pense na última vez que você riu em um grupo. Por que você estava rindo? A resposta é bem óbvia: porque alguém disse algo engraçado.

Na verdade, esta resposta óbvia está errada. O pesquisador Robert Provine e três assistentes perambularam pelos campi universitários e pelas calçadas da cidade, escutando conversas. Quando alguém dava uma risada, eles anotavam o que foi dito antes da risada.

Provine constatou que menos de 20% dos comentários que provocavam risadas não tinham nada de engraçados. Em contraste com as piadas que rimos dos comediantes, a maioria das risadas ocorreu após "comentários banais", como "Olha o André ali". Ou, "Tem certeza?". E ainda, "Foi um prazer conhecer você também". Mesmo as observações mais engraçadas que eles registraram podem não tirar sequer uma risadinha da gente. Dois destaques foram: "Você não precisa beber, apenas compre bebidas para nós" e "Você namora integrantes de sua espécie?"

Então, por que nós rimos? Provine constatou que o riso era 30 vezes mais comum em ambientes sociais do que nos privados. O riso é uma reação *social*. "O riso é mais sobre relacionamentos do que sobre o humor", concluiu Provine. Rimos para nos conectarmos a um grupo. Nossa risada diz: *eu estou com você. Eu faço parte do seu grupo.*

Nos grupos, estamos constantemente avaliando as reações e sentimentos a nível grupal. Nossas palavras e olhares são uma espécie de sonar social. *Você ainda está aí? Você está ouvindo o que estou ouvindo? Suas reações são como as minhas?* A risada em grupos é outra maneira de enviar sinais positivos de forma bidirecional. Estamos sincronizando nossas reações.

Este efeito de "sincronização" explica o motivo pelo qual era tão importante realizar o encontro geral da Sharp pessoalmente, com todos juntos no mesmo momento (ou o mais próximo possível do ideal que eles conseguiam enquanto cuidavam dos pacientes). "A *magnitude* de uma organização não pode ser replicada através de um memorando", disse Sonia Rhodes. "Quando você tem 4.000 profissionais de saúde sentados em uma audiência, que se levantam todos os dias para lidar com a assistência das pessoas, para curar suas vidas, isto é poderoso. A experiência é física... Eles se arrepiaram. A experiência foi compartilhada".

Os funcionários que participaram do encontro geral de funcionários da Sharp absorveram algumas mensagens fundamentais da situação: *Isso é importante.* (Nossos líderes não alugariam todos os ônibus em uma cidade para algo trivial). *Isso é real.* (Eles não podem desistir das coisas que disseram quando 4.000 pessoas os ouviram). *Estamos nisso juntos.* (Vejo um mar de rostos ao meu redor e estamos todos no mesmo time). *E o que estamos fazendo tem importância.* (Nos comprometemos com um propósito — cuidar daqueles que precisam — que é maior do que qualquer um de nós.)

Perceba quanto momentos de pico acontecem como o encontro da Sharp, ou seja, momentos sociais compartilhados: casamentos, festas de aniversário, celebrações de aposentadoria, batismos, festivais, formaturas, ritos de passagem, shows, competições e muito mais. Pense ainda em comícios e marchas políticas — nós ansiamos pelo contato *pessoal*, pelo reforço social, mesmo que seja realizado com estranhos. A ocupação coletiva das ruas quer dizer: *Isso é importante. Isso é real. Estamos nessa juntos. E o que estamos fazendo tem importância.*

As vozes "racionais" na sua organização irão argumentar contra os momentos de sincronização. Juntar todo mundo é sempre muito caro. Muito complicado. Não poderíamos simplesmente fazer um webinar? Não poderíamos apenas enviar os destaques via e-mail? (Lembre-se do que a enfermeira da Sharp disse: "Estávamos acostumados a receber os planos de mudança por meio de um e-mail na sexta-feira à tarde.")

O contato remoto é perfeitamente adequado para comunicação e colaboração do dia a dia. Só que um grande momento precisa ser compartilhado pessoalmente. (Afinal, ninguém interage através de ligações em um casamento ou formatura.) A presença de pessoas transforma ideias abstratas em uma realidade física e social.

3.

O antropólogo Dimitris Xygalatas estudou dois rituais realizados como parte do festival hindu de Thaipusam, nas Ilhas Maurício. No ritual mais brando de "baixa provação", os devotos oravam e cantavam por várias horas dentro e fora de um templo hindu. No ritual de "alta provação", os devotos se envolviam em uma "aplicação de várias agulhas e espetos, carregando estruturas pesadas de bambu e arrastando carrinhos presos por ganchos à pele por mais de 4 horas antes de subir uma montanha, descalços, para chegar ao templo de Murugan."

Depois, Xygalatas e sua equipe ofereceram aos dois grupos de pessoas — os devotos de baixa e alta provação — 200 rúpias (cerca de dois dias de salário) para preencher um questionário. Depois que receberam o dinheiro, eles tiveram a oportunidade de fazer uma doação anônima ao templo. Os devotos de baixa provação doaram uma média de 81 rúpias. Os devotos de alta provação foram substancialmente mais generosos, dando uma média de 133 rúpias, ou dois terços a mais do que o grupo de baixa provação. Mais interessante ainda foi o comportamento de um terceiro grupo de pessoas, "os observadores de alta provação" — pessoas que tinham andado ao lado dos seguidores de alta provação, só que não tinham passado por dificuldades físicas. Eles foram ainda mais generosos, dando uma média de 161 rúpias (cerca de 80% de tudo que receberam para a pesquisa).

Os pesquisadores concluíram que a dor percebida aumenta a "pró-socialidade" ou o comportamento voluntário para beneficiar os outros. Eles argumentaram que os rituais extremos — e especificamente a experiência compartilhada de dor — podem ser vistos como uma "tecnologia social para unir os grupos."

Tais rituais extremos estão na ponta de um espectro que tem, do lado oposto, os cursos corporativos de escalada em cordas, que simulam o perigo a fim de desencadear a ligação entre as equipes de trabalho. Na superfície, estas experiências parecem marcadamente diferentes: uma é horrível e psicologicamente insuportável, e a outra é um ritual religioso sagrado. A ideia que elas compartilham é a *luta*.

Se um grupo de pessoas desenvolve um vínculo rapidamente, é provável que seus integrantes já tenham passado por um momento de luta juntos. Um estudo constatou que, quando estranhos eram solicitados a realizar uma tarefa dolorosa juntos — em um caso, uma mão submersa em banheiras de água gelada para realizar a "retirada de algo" — eles sentiam uma maior sensação de união do que estranhos que haviam realizado a mesmo tarefa em uma água em temperatura ambiente. Esta conexão aconteceu mesmo que a tarefa não tivesse sentido! (O trote da universidade é um bom exemplo de um ritual de conexão sem sentido e doloroso.)

Imagine o vínculo que surge entre as pessoas que lutam juntas em uma tarefa que *significa algo:* ativistas que lutam para proteger uma floresta contra o desmatamento. Cofundadores de startups lutando para atender a próxima folha de pagamento. Missionários religiosos, em uma parte distante do mundo, suportando a rejeição diária a serviço de sua fé.

Qual é a lição prática aqui? Devemos impor dificuldades aos nossos funcionários para criar momentos marcantes? Não é bem assim. Porém, vale a pena observar que, se as condições certas estiverem presentes, as pessoas *escolherão* a luta e não irão evitá-la ou resistir a ela. As condições são as seguintes: o trabalho significa algo para eles, eles têm alguma autonomia para realizá-lo, e são eles que decidem participar ou não.

Estas são as condições que a Sharp honrou ao convocar os voluntários para se juntarem às "equipes de ação" para melhorar a experiência do paciente. O trabalho era significativo: atender melhor os pacientes. As equipes receberam autonomia e frequentemente tinha a confiança para formular as políticas do sistema de saúde em um determinado domínio. A participação foi voluntária e lá estavam os funcionários: 1.600 pessoas participaram do programa. Um movimento em massa das pessoas dispostas a lutar juntas.

Caso queira fazer parte de um grupo que se conecte com intensidade, realize uma tarefa realmente exigente e profundamente significativa. Todos vocês se lembrarão disso pelo resto de suas vidas.

4.

Para criar os momentos de conexão, podemos unir as pessoas para um momento de sincronização. Podemos convidá-las a participar de uma luta objetiva. A estratégia final está centrada em conectar as pessoas a um sentido maior. Em muitas organizações, nossas obrigações diárias — os e-mails, as reuniões, as listas de tarefas — podem nos dispersar do sentido de nosso trabalho. E esta ideia de sentido pode ser o diferencial entre um funcionário brilhante e um medíocre.

Em seu próximo livro, *Great at Work: How Top Performers Work Less and Achieve More* [Ótimos no trabalho: como as pessoas com maior produtividade trabalham menos e realizam mais, em tradução livre], o professor Morten Hansen da Universidade da Califórnia, em Berkeley, entrevistou 5.000 funcionários e gerentes para entender a composição dos funcionários de primeira linha. Entre outras constatações, ele descobriu que 17% dos funcionários "concordaram completamente" com a seguinte afirmação: "O que faço no trabalho contribui fortemente para a sociedade e vai além de ganhar dinheiro". Estas pessoas com uma forte ideia de sentido tendem a ocupar os rankings mais altos de desempenho, de acordo com a análise de suas chefias.

Em sua pesquisa, Hansen também explorou a distinção entre o *propósito* e a *paixão*. O propósito se define como a sensação de que você está contribuindo com outras pessoas, que seu trabalho tem um sentido mais amplo. A paixão é o sentimento de empolgação ou entusiasmo que você tem sobre o seu trabalho. Hansen estava curioso sobre o que teria um efeito maior sobre o desempenho no trabalho.

Ele agrupou alguns funcionários em categorias. Por exemplo, as pessoas que tinham paixão reduzida *e* propósito reduzido foram classificadas pelos seus chefes, em média, com 10% da capacidade de desempenho:

	PROPÓSITO ELEVADO	PROPÓSITO REDUZIDO
PAIXÃO ELEVADA		
PAIXÃO REDUZIDA		10%

Isso é péssimo, mas não é muito surpreendente: se você não está entusiasmado com o seu trabalho e acha que ele não tem sentido, provavelmente você não vai conseguir superar esta situação. O oposto também é verdade. Quando as pessoas tinham paixão elevada *e* propósito elevado, elas eram de primeira linha:

	PROPÓSITO ELEVADO	PROPÓSITO REDUZIDO
PAIXÃO ELEVADA	80%	
PAIXÃO REDUZIDA		10%

Mais uma vez, bastante previsível. E se os funcionários fossem fortes em apenas uma das características: paixão *ou* propósito? Quem atuaria melhor, o apaixonado ou o preenchido de propósito? Vamos começar com o apaixonado:

	PROPÓSITO ELEVADO	PROPÓSITO REDUZIDO
PAIXÃO ELEVADA	80%	20%
PAIXÃO REDUZIDA		10%

Esta é uma constatação chocante: as pessoas que são apaixonadas por seus empregos — que expressam altos níveis de entusiasmo em relação ao seu trabalho — ainda assim possuem desempenho fraco se não tiverem um senso de propósito. E aqui está a peça final do quebra-cabeça:

	PROPÓSITO ELEVADO	PROPÓSITO REDUZIDO
PAIXÃO ELEVADA	80%	20%
PAIXÃO REDUZIDA	64%	10%

O resultado é evidente. O propósito supera a paixão. Oradores da graduação, por favor, tomem nota: o melhor conselho não é "siga sua paixão!", mas sim "siga seu propósito!" (Melhor ainda, tente combinar os dois).

A paixão é individualista. Ela pode nos energizar, mas também nos isolar, porque minha paixão não é a sua. Por outro lado, o propósito é algo que as pessoas podem compartilhar. Ele une os grupos.

Como encontrar o propósito? Amy Wrzesniewski, professora de Yale que estuda como as pessoas trazem sentido ao seu trabalho, diz que muitas pessoas acreditam que precisam *encontrar* seu chamado, como se houvesse uma "entidade mágica que existe no mundo esperando para ser descoberta". Ela acredita que o propósito não é descoberto, mas sim, *cultivado*.

Os líderes organizacionais devem aprender a cultivar propósitos — unir pessoas que, de forma oposta, possam derivar para direções diferentes e perseguir paixões diferentes. O propósito pode ser cultivado em um momento de insight e de conexão. Observe este estudo com salva-vidas conduzido por Adam Grant, da Wharton School. Em um centro comunitário de recreação no Centro-Oeste dos Estados Unidos, Grant dividiu 32 salva-vidas remunerados em dois grupos. O primeiro grupo, chamado de "grupo do benefício pessoal", leu quatro histórias que descreviam como outros salva-vidas haviam se beneficiado, posteriormente, com as habilidades adquiridas no trabalho. O segundo grupo chamado de "grupo do sentido" leu quatro histórias sobre outros salva-vidas resgatando nadadores que se afogavam.

A diferença entre os dois grupos foi impressionante. Os salva-vidas do "grupo do sentido" voluntariamente se inscreveram para 43% a mais de horas de trabalho nas semanas seguintes à intervenção. As histórias aumentaram seu interesse pelo trabalho.

Além disso, os supervisores dos salva-vidas, que não sabiam qual conjunto de histórias os salva-vidas haviam lido, foram solicitados a avaliar o "comportamento de suporte" deles nas semanas seguintes. Os comportamentos de suporte foram definidos como "ações tomadas voluntariamente para beneficiar outros". O comportamento de suporte do grupo do sentido aumentou em 21%. Enquanto isso, não houve aumento no comportamento de suporte ou nas horas trabalhadas por parte do grupo do benefício pessoal.

Tenha em mente que estas diferenças de comportamento foram produzidas por nada mais do que uma sessão de 30 minutos, na qual os salva-vidas leram quatro histórias e conversaram sobre elas. Um "momento marcante" em miniatura, na verdade. Porém, seu impacto foi real. Esta intervenção reflete uma estratégia que chamaremos de "conexão com o sentido" — o ato de encontrar maneiras de lembrar as pessoas de seu propósito.

Intervenções semelhantes em outros domínios também são eficazes. Quando os radiologistas foram expostos às fotos dos pacientes cujos raios-X estavam sendo realizados, eles aumentaram tanto o número total quanto a precisão de seus procedimentos. Quando os enfermeiros, ao montar os kits cirúrgicos, passavam a conhecer o profissional de saúde que usava os kits, eles trabalhavam 64% mais tempo do que um grupo de controle e cometiam 15% menos erros. A conexão com o sentido tem importância.

Nem todos nós salvamos vidas ou atendemos pacientes. Às vezes, o propósito pode ser menos tangível. Qual é o "objetivo" orientador para uma equipe de marketing, para administradores de um servidor ou para o grupo de RH que cuida dos benefícios?

Todos eles têm um propósito, é claro. Só que às vezes é útil a pergunta constante: "Por quê?" Por que você faz o que faz? Pode haver muitos "porquês" no caminho de um determinado sentido. Pense, por exemplo, em um zelador do hospital:

- Por que você limpa os quartos de hospital? "Porque é isso o que meu chefe me diz para fazer."
- Por quê? "Porque evita que os quartos fiquem sujos."
- Por que isso é importante? "Porque isso torna os quartos mais higiênicos e mais agradáveis."
- Por que isso é importante? "Porque mantém os pacientes saudáveis e felizes."

Você sabe que chegou ao fim da linha quando alcança a *contribuição*. Quem é o beneficiário do seu trabalho e como você está contribuindo para ele? O zelador está contribuindo para a saúde e a felicidade dos pacientes. A equipe de marketing pode estar contribuindo para a confiança e o sucesso da equipe de vendas no campo. Os funcionários da área de benefícios podem estar contribuindo para a segurança financeira e a tranquilidade de seus colegas de trabalho.

Quando você entende a contribuição final que está fazendo, isso permite que você transcenda a lista de tarefas. A lista de tarefas de um zelador, por exemplo, é bastante concreta: Varrer, esfregar, limpar, higienizar, repetir. Porém, entender o propósito do trabalho permite inovar e improvisar. Um zelador de hospital estudado por Amy Wrzesniewski fazia questão de conversar com qualquer paciente que parecesse ansiar por conversas. O zelador havia percebido que muitos pacientes não tinham ninguém com quem conversar. Esse é o propósito. "Combater a solidão do paciente" não fazia parte de sua lista de tarefas, mas isso aumentava a contribuição que ele estava dando à saúde e felicidade dos pacientes.

Um senso de propósito parece desencadear comportamentos que vão além do normal. Na Sharp, como vimos, uma vez que os funcionários foram reconectados com o sentido de seu trabalho, eles começaram a ir além das atribuições do trabalho para criar momentos extraordinários para os pacientes. Uma paciente com câncer estava passando por sua quinta ou sexta sessão de quimioterapia, mas ela não estava respondendo ao tratamento. Ela queria dar um chá de bebê à sua nora grávida, mas sabia que nunca conseguiria sair do hospital antes que o bebê nascesse. Então, a equipe providenciou que ela realizasse o chá de bebê no hospital. Eles reservaram um belo jardim para ela e a incentivaram a decorar e organizar o espaço como ela gostava.

"Uma das últimas lembranças que a sua nora terá é que antes de sua sogra morrer, ela ofereceu um chá de bebê que havia planejado", disse a gerente da área de terapia intensiva do Hospital Sharp Memorial, Deborah Baehrens.

Este foi um momento marcante para a paciente, mas imagine como foi para os funcionários que fizeram isso acontecer. Eles voltaram para casa naquele dia se sentindo exaustos, mas satisfeitos. *Nós fizemos algo que importa, hoje.*

Este é um momento de sentido compartilhado. Ele instiga não somente o orgulho da realização individual, mas o profundo senso de conexão que vem da nossa subordinação a uma missão maior.

Depois do encontro geral de funcionários em São Diego, depois do riso compartilhado no escritório, depois do ritual religioso nas Ilhas Maurício e depois do chá de bebê no jardim do hospital, as pessoas se conectaram intensamente, já que percebem que a importância do que estão fazendo é maior e mais urgente do que qualquer uma delas.

11
Aprofunde os Laços

1.

A escola de ensino fundamental de Stanton, em Washington, D.C., era uma escola ruim. "Era a pior escola em um dos piores distritos do país, então poderia ser entendida como a pior escola do país", conta Susan Stevenson, ex-diretora executiva da Flamboyan Foundation, entidade voltada para a educação.

Em 2010, a escola teve um desempenho tão ruim que o distrito decidiu "reconfigurá-la", dispensando a equipe principal e administrativa a fim de começar do zero. Em junho, Carlie John Fisherow, de 28 anos, foi escolhida para liderar a recuperação.

Ela ficou preocupada com o que viu enquanto caminhava pelos corredores. Paredes em blocos de concreto, portas maciças e pesadas, grades nas janelas, escadarias deprimentes, iluminação inadequada e, em todos os lugares, um tom horrível de tinta amarela, como dentes sujos e amarelados. Um professor contratado por Fisherow disse: "O lugar não me lembrava uma escola de forma alguma. Ele me lembrava uma daquelas histórias tristes de orfanato."

A remodelação teria que esperar. A prioridade do planejamento era administrar o caos que havia sido deixado logo após a nova gestão. A decisão de transferir a administração da Stanton para a Scholar Academies, entidade que administra estes tipos de escola, foi anunciada muito tarde no ano letivo. Muitos pais ficaram furiosos por causa do aviso tardio e pela falta de informação. Os professores ficaram revoltados e atordoados porque não tinham ideia de que seus empregos estavam em perigo.

Fisherow entendia a raiva deles, mas ela tinha muito pouco tempo para aliviar as frustrações, pois precisava tomar decisões rápidas sobre a equipe de trabalho. Durante a última semana de aula, sua equipe entrevistou todos os professores e funcionários que trabalhavam na Stanton. As entrevistas, que aconteciam na biblioteca da escola, eram frequentemente interrompidas por crianças "balançando estantes de livros, xingando uns aos outros, pegando cadeiras e ameaçando jogá-las em outras crianças", disse Fisherow.

No final, a nova equipe de liderança da escola manteve apenas 9 dos 49 funcionários da escola. Uma vez que a nova equipe estava a bordo, ela reformulou o ambiente escolar deprimente: realizou uma limpeza completa, rebaixou o teto para melhorar a acústica, dobrou o número de luzes dos corredores, pendurou galhardetes de universidades e faixas inspiradoras por toda parte e, por fim, pintou o local com uma tinta verde alegre.

No outono de 2010, quando os alunos da Stanton passaram pela porta no primeiro dia de aula, eles entraram no que era efetivamente uma nova escola. Ela tinha um novo diretor, uma nova equipe, um novo currículo e uma nova pintura. Fisherow e sua equipe estavam confiantes de que, mesmo em um ano, poderiam fazer uma grande diferença para seus alunos.

No entanto, logo após o início das aulas, eles perceberam o quão difícil seria a recuperação. Na primeira semana de aula, Fisherow foi apresentada a um novo termo, *fuga*, que fazia referência a estudantes que deixavam suas salas de aula sem permissão. A fuga era uma epidemia em Stanton. Muitas salas de aula na escola tinham duas portas de vaivém, como aquelas de bar de faroeste, e Fisherow disse: "As crianças saíam por um lado e voltavam pelo outro. Elas circulavam para dentro e para fora de suas salas de aula o dia todo... pelo corredor, entre as escadas escuras, na lanchonete, no ginásio..."

A equipe não conseguia controlar a escola. Um número impressionante de 321 suspensões foi aplicado durante o primeiro ano, com muitas delas indo para o mesmo subconjunto de estudantes que se comportavam mal. Vinte e oito por cento de todos os alunos foram classificados como "ociosos", o que significa que eles perderam 10 ou mais dias de escola sem uma justificativa.

"O ano foi louco. Era como estar em trincheiras. Nós nos sentíamos como se estivéssemos em batalha", disse Fisherow. Nenhum de seus planos estava funcionando. Como disse um observador de Stanton, durante o ano letivo de 2010-2011, "a escola passou de 'muito ruim' para 'pior'". Então, no meio do ano escolar, Fisherow caiu nas escadas e quebrou sua perna.

"Na primavera, estávamos prontos para fazer qualquer coisa", disse Fisherow. "Estávamos desesperados para fazer algo diferente. Quando você está para baixo e deslocado, você está aberto a todos os tipos de ideias."

Durante a busca por soluções, Fisherow se reuniu com um representante da Flamboyan Foundation, uma fundação familiar voltada para a melhoria das escolas. A Flamboyan era conhecida por sua ênfase no "envolvimento familiar" — encorajando os pais a desempenhar um papel mais ativo e de suporte à educação de seus filhos. Fisherow sabia que este era um ponto fraco na escola Stanton. "Você pode pintar, colocar iluminação e galhardetes da faculdade, e trazer uma grande equipe, mas se não houver confiança das pessoas para quem você está prestando serviço, nada mais importa," disse ela.

Havia uma história de desconfiança entre pais e professores no sistema escolar de D. C. A diretora executiva da fundação, Susan Stevenson, se reuniu com grupos focais formados por 150 famílias de todo o distrito. "O que descobrimos foi realmente desanimador", disse ela. Os pais achavam que os professores eram ineficazes e indiferentes — estavam ali apenas para receber o pagamento. Muitos dos pais haviam frequentado as escolas públicas de D. C. e, muitas vezes, eram amargos quanto a sua própria experiência educacional.

Os professores sentiram que os pais não pareciam valorizar a educação. Eles raramente apareciam em eventos na escola. Foi difícil fazer com que eles aparecessem para uma reunião de pais e professores a respeito de seus próprios filhos. (Enquanto isso, os pais concluíam essencialmente o contrário — eles percebiam que os professores não estavam interessados em seus filhos. Então, não parecia valer a pena comparecer a eventos ou reuniões.)

Stevenson havia ouvido sobre um programa em Sacramento, na Califórnia, que foi criado para aumentar o envolvimento dos pais. Ele havia mostrado resultados promissores nos testes iniciais, e ela queria implementar o programa em D. C., em algumas escolas. Fisherow disse que "basicamente imploramos à Flamboyan que nos considerasse como escola-piloto."

No final do ano letivo, Fisherow se reuniu com os professores para que eles ouvissem como o programa-piloto funcionaria. Ela estava nervosa: "Minha equipe estava cansada, muito cansada naquele momento. Um treinamento de duas horas em uma quinta à noite... Eu pensei, *não tem como isso dar certo*".

Na reunião, os assessores da fundação revelaram a atividade que estaria no centro do plano: uma "visita domiciliar" na qual os professores visitariam os pais para falar sobre seus filhos antes do início do próximo ano letivo.

O conceito de "visita domiciliar" não era desconhecido para os professores. Muitas escolas administradas por entidades privadas, por exemplo, exigem visitas domiciliares. Só que, muitas vezes, o objetivo destas visitas domiciliares era pedir aos pais a assinatura de um "contrato" no qual eles se comprometiam a fornecer suporte de determinadas maneiras aos seus filhos.

A abordagem da Flamboyan Foundation às visitas domiciliares era bem diferente. Os professores foram proibidos de trazer qualquer papel para as visitas — nenhum contrato para assinar, nenhuma informação para revisar. O papel deles era simplesmente fazer perguntas e ouvir as respostas. As seguintes perguntas foram prescritas para eles:

"Me conte sobre as experiências de seu filho na escola. Me conte sobre suas próprias experiências na escola."

"Me conte sobre suas esperanças e sonhos para o futuro do seu filho."

"O que você quer que seu filho seja algum dia?"

"O que preciso fazer para ajudar seu filho a aprender com mais efetividade?"

Uma professora de matemática do quarto ano que estava lá naquela noite, chamada Melissa Bryant, disse: "Minha primeira reação foi 'isso é bobagem.'" Bryant havia dado aula em alguns bairros difíceis antes de chegar à Stanton — como South Philly, Harlem, Bedford-Stuyvesant — e ela estava descrente de que uma visita domiciliar iria funcionar.

Então, dois pais tomaram a palavra. A Flamboyan os havia levado de avião desde Sacramento, onde eles haviam recebido visitas domiciliares como parte do programa de lá. Eles conversaram sobre o que as visitas significaram para eles: foi a primeira vez que alguém perguntou sobre *seus* sonhos para seus filhos. Normalmente, quando a escola ligava, havia um formulário para preencher, ou um problema disciplinar para falar, ou um pedido de trabalho voluntário. Só que a visita domiciliar foi diferente. A professora estava no sofá deles, *ouvindo-os*.

Ao ouvir estes pais, a atitude de Bryant mudou. "Dizemos que valorizamos as vozes dos pais, mas nunca as escutamos *de verdade*", disse ela. "Isso me deu arrepios. Eu pensei, *uau, precisamos fazer mais.*"

A pesquisa da Flamboyan sugeriu que as visitas domiciliares poderiam ter efeitos profundos no engajamento dos pais, o que, por sua vez, poderia impulsionar os resultados dos alunos. "Foi como se uma luz se acendesse na sala", disse Fisherow." Nós pensamos, *isso pode ter um impacto enorme E nós podemos fazer isso.*"

Cerca de 15 professores concordaram em realizar visitas domiciliares naquele verão. O progresso inicial foi lento — os pais ficaram desconfiados no início. Então, um burburinho positivo sobre as visitas começou a se espalhar pela comunidade. "Os pais estavam *querendo* as visitas", disse Bryant. "Você conseguia ouvir uma conversa entre eles: 'Você recebeu uma visita domiciliar? Eu recebi.'" Uma professora foi parada na rua por um pai que estava aborrecido por ela ainda não lhe ter feito uma visita domiciliar.

No primeiro dia de aula, no outono de 2011, a diferença no clima da Stanton era palpável. Por um lado, muitos dos alunos já conheciam os rostos e os nomes de seus professores — eles já haviam visto seus futuros mestres em suas próprias salas de estar, conversando com suas mães. E esta familiaridade e confiança básicas resultaram em um melhor comportamento. Um dia, um problema na lanchonete fez com que cerca de 100 alunos fossem alinhados nas escadas. No ano anterior, teria sido um pandemônio. Neste ano, houve silêncio e ordem.

"Nossa escola *parecia ser* uma escola, de forma instantânea", disse Fisherow. "Eu não conseguia acreditar que o plano tivesse funcionado tão rápido."

O momento que foi realmente de cair o queixo, no entanto, aconteceu no primeiro mês do ano letivo, na noite anual do "Volta às Aulas". Os pais foram convidados a ir à escola, conhecer os professores de seus filhos e ver suas salas de aula. Normalmente, disse Bryant, a participação dos pais seria abaixo do esperado: "Todo ano — não apenas em Stanton, mas em todas as escolas em que já estive — este era apenas um dia para limpar minha sala. Ninguém aparece, exceto pelos mesmos três pais, e você já falou com eles porque eles vêm para tudo".

Apenas 25 pais haviam aparecido no ano anterior. Neste ano, otimista de que as visitas domiciliares fariam a diferença, a equipe montou 50 lugares no auditório.

Quinze minutos antes do programa começar, todos os 50 assentos já estavam ocupados. Então, eles adicionaram outros 100. Em mais 10 minutos, para o espanto da equipe, todos os assentos adicionais também se encheram. O corpo docente estava sentado, então eles esvaziaram seus lugares para dar lugar a mais pais. Quando finalmente Fisherow subiu ao palco para dar as boas-vindas à multidão, havia muita gente de pé. Mais de 200 pais foram para a escola!

"Houve um momento em que todos nós nos entreolhamos", disse Bryant. "Nós sentimos como se estivéssemos na série *Além da Imaginação.*"

Os momentos surpreendentes continuaram, um após o outro. A participação em conferências de pais e professores subiu de 12% dos pais no ano anterior para 73% em 2011-12. A ociosidade caiu de 28% para 11%. O desempenho escolar também melhorou: o número de alunos classificados como "proficientes" em leitura no teste do Sistema Global de Avaliação de D. C. (*Comprehensive Assessment System - CAS*) dobrou de 9% para 18%, e a proficiência em matemática triplicou de 9% para 28%. As suspensões foram praticamente extintas, de 321 para 24.

O engajamento familiar também não foi somente um breve "período de lua de mel." Na verdade, ele se fortaleceu com o tempo. Ano após ano, os sucessos se estabeleceram: mais visitas domiciliares. Mais participação dos pais. Melhor comportamento. Maiores pontuações nos testes. No ano letivo de 2013-14, as pontuações de proficiência no CAS da Stanton aumentaram para 28% em leitura e 38% em matemática.

Um aluno típico do terceiro ano em Washington, D.C., pode passar 7 horas por dia na escola, em um calendário de 180 dias letivos. Isso significa 1.260 horas na escola. Uma visita domiciliar de uma hora deveria ter um impacto irremediavelmente diluído. No entanto, aquela hora fez a diferença que reverberou durante todo o ano. Este é um momento marcante.

Como poderia uma intervenção tão pequena ter um efeito tão grande? Estamos acostumados a pensar em relacionamentos em termos de tempo: quanto mais tempo o relacionamento durar, mais próximo ele deve ficar. Mas os relacionamentos não prosseguem de forma constante e em incrementos previsíveis. Não há garantia de que eles se aprofundarão com o tempo. Quando você e seu tio tem aquela mesma conversa fiada todo Dia de Ação de Graças, não é uma surpresa que, 10 anos depois, você não se sinta mais próximo dele. Por outro lado, você já conheceu alguém e sentiu instantaneamente que gostou e confiou na pessoa?

O que veremos é que, se pudermos criar o tipo certo de momento, os relacionamentos podem mudar instantaneamente. Foi isso o que aconteceu em Stanton e pode acontecer em outras relações no trabalho e em casa.

O que há em determinados momentos que aprofundam nossos laços com os outros?

2.
O psicólogo social Harry T. Reis passou sua carreira estudando esse mistério. Em 2007, ele publicou um artigo provocativo chamado "Etapas para o amadurecimento da ciência do relacionamento." Este é um título modesto, pois, na verdade, ele é uma tentativa de escalar uma espécie de Everest acadêmico.

Reis desafia seus colegas pesquisadores a trabalhar rumo a uma teoria universal para explicar os relacionamentos. Por que alguns relacionamentos perduram enquanto outros desmoronam? Por que a intimidade se desenvolve entre alguns parceiros e não entre outros? O que, em suma, é o "circuito" de um relacionamento bem-sucedido?

Reis apresenta sua possibilidade ao "princípio central de organização" da ciência do relacionamento — um conceito que poderia unir a vasta e dispersa literatura sobre o tema. Ele pode ser capturado em uma frase: nossos relacionamentos são mais fortes quando *percebemos* que nossos *parceiros* são *responsivos* a nós. (O termo usado com frequência é a "percepção da capacidade de resposta dos parceiros").

A capacidade de resposta engloba três características:

Compreensão: Meu parceiro sabe como eu me vejo e o que é importante para mim.

Validação: Meu parceiro respeita quem eu sou e o que eu quero.

Cuidado: Meu parceiro toma medidas ativas e de apoio para ajudar a atender às minhas necessidades.

Perceba o quanto desta receita tem a ver com a *sintonização*. Queremos que nossos parceiros nos vejam da maneira como nos vemos, e queremos que eles nos aceitem e nos ajudem a conseguir o que queremos. A ideia é incrivelmente egoísta, francamente — eu, eu, eu! Na verdade, se trata de um egoísmo recíproco, já que nosso parceiro espera o mesmo.

Como seria a falta da capacidade de resposta? Você entra pela porta, desesperado, e seu parceiro nem percebe (anticompreensão). Quando você descreve um novo interesse ou paixão, seu parceiro parece desinteressado ou desconsiderado (antivalidação). Em uma situação em que um abraço, ou um comentário reconfortante seria a resposta, você tem como resposta um rosto sem expressão (anticuidado). A falta de resposta é corrosiva. Ela nos priva de nossa individualidade, nós não somos vistos ou tratados como especiais.[1]

Estudos mostram que o tratamento responsivo leva os bebês a se sentirem seguros e as crianças a se sentirem amparadas, ele torna as pessoas mais satisfeitas com seus amigos e aproxima os casais. A capacidade de resposta está correlacionada com a segurança do apego, da autoestima, do bem-estar emocional e uma lista de outros atributos positivos (até mesmo níveis mais saudáveis de cortisol diurno, que soa como um feitiço de Harry Potter, mas, na verdade, é um hormônio do estresse).

Então, quando nos perguntamos o que tornou as visitas domiciliares na escola primária de Stanton tão eficazes, a resposta é simples: a capacidade de resposta. Dê uma segunda olhada nessas quatro perguntas que os professores perguntaram aos pais:

---

1 Como um outro exemplo da falta de capacidade de resposta, não precisa ir muito longe, veja seu filho adolescente. Você diz algo e ele não percebe ou parece não ser capaz de traduzir suas instruções claras em ações coerentes (anticompreensão). Quando você tenta esclarecer o que você está pedindo, o adolescente vira os olhos (antivalidação). Em uma situação em que um "Ok, entendi" já seria uma ótima resposta, você obtém um sumário "Tanto faz!" (O "tanto faz" é o antitudo).

"Me conte sobre as experiências de seu filho na escola. Me conte sobre as suas experiências na escola." (*Compreensão*)

"Me conte sobre suas esperanças e sonhos para o futuro do seu filho". (*Validação*)

"O que você quer que seu filho seja algum dia?" (*Validação*)

"O que preciso fazer para ajudar seu filho a aprender com mais efetividade?" (*Cuidado*)

Lembre-se que a Flamboyan Foundation proibiu os professores de levarem documentos para as visitas. Agora, o motivo está claro: documentos genéricos são despersonalizados. *Aqui está o mesmo panfleto que estamos entregando a todos.* A capacidade de resposta não é compatível com uma atitude pré-moldada.

Reis estava certo sobre o vasto alcance do conceito da capacidade de resposta. No mundo dos negócios, a organização Gallup desenvolveu um conjunto de perguntas para avaliar a satisfação dos funcionários no trabalho. A Gallup constatou que as respostas positivas às perguntas estão associadas a quase todos os objetivos que um gerente típico se preocuparia: o envolvimento, a retenção, a produtividade e a lucratividade do funcionário — até mesmo a satisfação dos clientes da organização. A Gallup descobriu as seis perguntas mais reveladoras, e elas estão a logo a seguir. Observe que as três últimas também poderiam ter sido escritas pelo próprio Reis:

1. Estou a par do que se espera de mim no trabalho?
2. Tenho os materiais e equipamentos necessários para fazer o meu trabalho de forma adequada?
3. Tenho a oportunidade de fazer o que faço da melhor forma, todos os dias?
4. Recebi algum reconhecimento ou elogio por um bom trabalho nos últimos sete dias? (*Validação*)
5. Meu supervisor, ou alguém no trabalho, parece se importar comigo como pessoa? (*Cuidado*)
6. Existe alguém no trabalho que incentiva meu desenvolvimento? (*Compreensão* e *Cuidado*)

Se lembra de Keith Risinger, o gerente de vendas que treinou Bob Hughes para ouvir melhor e depois lhe presenteou com fones de ouvido Bose para celebrar seu progresso? Ele é um bom exemplo de um gerente com capacidade de resposta. Ele presta atenção aos membros de sua equipe, investe tempo neles e reconhece seus sucessos. Conforme a pesquisa da Gallup sugere, a capacidade de resposta importa tanto no trabalho quanto em casa.

O conceito tem potência semelhante no sistema de saúde. A capacidade de resposta está se tornando uma parte *esperada* do atendimento ao paciente. Os sistemas de saúde em todo o mundo (como a Sharp, do último capítulo) tornaram o tratamento mais respeitoso dos pacientes uma prioridade institucional.

O Instituto para a Melhoria do Sistema de Saúde (IHI), uma organização sem fins lucrativos mais conhecida por seu trabalho de redução de erros e infecções em hospitais, nos últimos anos, tem conduzido a cobrança por um atendimento centrado no paciente. A ex-CEO do IHI, Maureen Bisognano, tinha uma conexão pessoal com o assunto. Bisognano, a mais velha de nove irmãos, tinha um irmão mais novo chamado Johnny. Ele era bonito e inteligente e adorava o seu trabalho extra como gandula do Boston Celtics na adolescência.

Quando tinha 17 anos, ele foi diagnosticado com a doença de Hodgkin. A doença progrediu rapidamente e, durante vários anos, Johnny passou várias vezes pelos hospitais. Maureen o visitava com frequência, e ela se lembra do desfile de médicos em seu quarto. "Eles falavam por cima dele e a respeito ele, mas quase nunca com ele", disse ela.

Quando Johnny tinha 20 anos, sua doença estava em seus estágios finais. Um dia ele veio ao apartamento de Maureen e disse a ela: "Eu não vou conseguir." Ela não sabia o que dizer ou fazer. "Ele estava pronto para enfrentar a morte, mas eu não estava", disse ela.

Naquela época — antes que os cuidados paliativos se tornassem comuns — até mesmo um paciente à beira da morte recebia cuidados intrusivos. (*Especialmente* um paciente à beira da morte). Johnny passava a maior parte do tempo em hospitais sendo monitorado, sondado e tratado por cuidadores que eram bem-intencionados, mas sem capacidade de resposta — eles nunca chegaram a perguntar qual era a perspectiva *dele*.

Até que um dia, no Hospital Peter Bent Brigham (atualmente o Brigham and Women's Hospital), um médico veio visitá-lo. Maureen estava sentada ao lado da cama de Johnny. O médico se virou para o irmão e disse: "O que *você* deseja fazer, Johnny?"

"Eu quero ir para casa", respondeu Johnny.

O que aconteceu em seguida surpreendeu Maureen. O médico pediu a jaqueta dela. Ele a pegou, colocou em torno de Johnny, e em seguida, o levou da cama do hospital para o carro dela.

Johnny voltou para a casa de sua família e passou seus últimos dias na companhia das pessoas que mais o amavam. Ele morreu alguns dias depois de seu 21º aniversário.

Décadas mais tarde, Maureen Bisognano leu um artigo no *New England Journal of Medicine* que a fez se lembrar da experiência com seu irmão. Os autores, Michael J. Barry e Susan Edgman-Levitan, escreveram: "Os médicos, por sua vez, precisam renunciar ao seu papel de autoridade única e paternalista e se capacitarem para se tornarem preparadores ou parceiros mais eficazes — aprendendo, em outras palavras, a perguntar: 'O que importa para você?', assim como 'O que está acontecendo?'"

A pergunta "O que importa para você?" atingiu Bisognano em cheio. Era, no fundo, a mesma pergunta que aquele médico compassivo fizera a seu irmão. Esta também foi uma questão — agora percebida por Maureen — que capturava a essência do cuidado centrado no paciente. Em discursos diante de centenas de profissionais de saúde, ela os convidaria a perguntar a seus pacientes "não apenas 'O que está acontecendo?', mas sim 'O que importa para você?'" Era um grito de guerra por mais capacidade de resposta.

A questão capturou imediatamente a mente de muitos médicos e enfermeiros. Depois de ouvir Bisognano palestrar em Paris, no ano de 2014, Jen Rodgers, uma enfermeira de uma unidade pediátrica na Escócia, levou a questão para casa com ela. Ela forneceu papel e canetas coloridas às crianças de sua enfermaria e as incentivou a desenhar em uma folha intitulada "O que importa para mim."

What Matters To Me

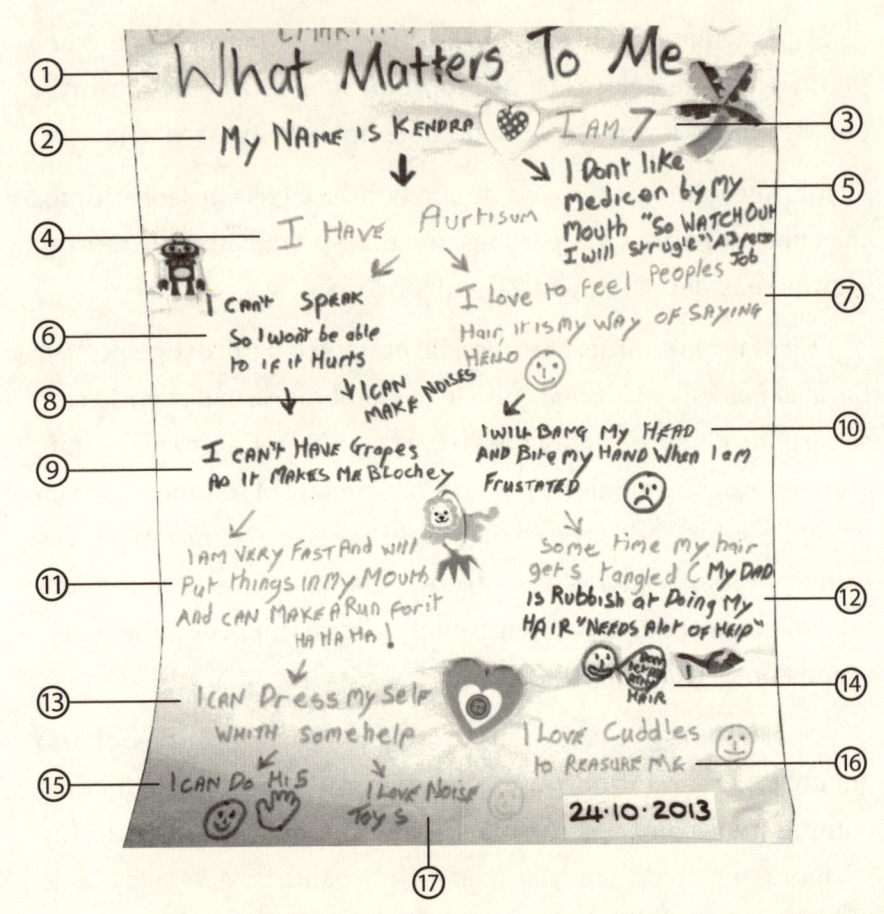

① What Matters To Me
② My Name is Kendra
③ I am 7
④ I Have Aurtisum
⑤ I Dont like medicen by my Mouth "So WATCH OUt I will strugle" AJ Job
⑥ I Can't Speak So I wont be able to if it Hurts
⑦ I love to Feel Peoples Hair, it is my way of SAYING HELLO
⑧ I CAN MAKE NOISES
⑨ I CAN'T HAVE Grapes As It MAKES ME BLochey
⑩ I WILL BANG MY HEAD AND BITE my HAND When I am FRUSTATED
⑪ I AM VERY FAST And will PUT things IN MY MOUTH AND CAN MAKE A Run For It HA HA HA!
⑫ Some time my hair gets tangled C MY DAD IS Rubbish at Doing My HAIR "NEEDS Alot of Help"
⑬ I CAN Dress my self WHITH Some help
⑭ [don't pull my hair]
⑮ I CAN DO HIS
⑯ I Love Cuddles to REASURE ME
⑰ I Love Noise Toys

24·10·2013

(Tradução — 1. O que importa para mim | 2. Meu nome é Kendra | 3. Tenho 7 anos | 4. Eu tenho autismo | 5. Eu não gosto de remédio pela minha boca, então cuidado, eu vou me debater | 6. Eu não consigo falar, então não vou conseguir falar quando doer | 7. Eu amo sentir o cabelo das pessoas, é a minha forma de dizer 'olá' | 8. Eu consigo fazer barulhos | 9. Eu não posso comer uvas porque elas me deixam vermelha | 10. Eu vou balançar minha cabeça e morder minha mão quando estiver triste | 11. Eu sou muito rápida, coloco coisas na minha boca e consigo correr com elas HA HA HA! | 12. Às vezes meu cabelo fica enrolado e meu pai é muito ruim para ajeitar. Meu cabelo "precisa de muita ajuda". | 13. Eu consigo me vestir com um pouco de ajuda | 14. Não puxe meu cabelo! | 15. Eu consigo fazer isso | 16. Eu amo abraços que me confortam | 17. Eu amo brinquedos barulhentos).

Uma dessas crianças era Kendra, de sete anos, que acabara de se internar na enfermaria infantil para se preparar para uma cirurgia. Ela tinha autismo e nunca havia falado uma palavra sequer. Seu pai ficava com ela para ajudá-la a se comunicar com a equipe.

Porém, 24 horas depois da internação de Kendra, seu pai sofreu uma suspeita de parada cardíaca. Ele teve que ser levado para outro hospital, deixando Kendra sozinha, aterrorizada e incapaz de falar por si mesma.

Entretanto, ela havia terminado seu desenho 'O que importa para mim', e isto abriu uma porta para o mundo dela. "Meu nome é Kendra", escreveu ela. "Eu tenho autismo. Eu não consigo falar, então não vou conseguir falar quando doer. Eu não gosto de remédio pela minha boca, então cuidado, eu vou me debater. Adoro sentir o cabelo das pessoas. Esta é a minha maneira de dizer "olá". (Veja o desenho dela na página 254.)

Os profissionais de enfermagem usaram seu desenho como guia para cuidar dela. Sem isso, segundo Rodgers, os enfermeiros poderiam facilmente interpretar mal o comportamento dela. Imagine-os lidando com uma criança difícil de entender, que agarra os cabelos deles e se debate ao receber medicação oral. Ela poderia ter sido considerada agressiva. Ela poderia ter ficado confinada em seu quarto, o que teria lhe causado ainda mais estresse.

Seu pai se recuperou rapidamente e se juntou a ela dentro de alguns dias. Nesse meio tempo, os enfermeiros cuidaram de Kendra, honrando os pedidos da garotinha. Eles a confortavam. ("Eu amo carinho para me tranquilizar", ela escreveu.) Eles evitavam medicamentos orais, quando possível, sabendo que ela não gostava disso. Eles sempre a cumprimentavam com um toque de mãos.

Eles a deixavam sentir os cabelos deles, e eles penteavam o dela. ("Meu pai é péssimo em fazer penteados.") Seu relacionamento foi totalmente transformado por causa de uma pergunta simples: "O que importa para você?"

Rodgers disse que a experiência com Kendra convenceu alguns de seus colegas céticos de que sempre valeria a pena realizar esta pergunta. Hoje, o desenho "O que importa para você?" se tornou uma prática padrão para todas as enfermarias infantis na Escócia.

E foi por causa do suporte de Maureen Bisognano e do IHI que esta pergunta responsiva foi adotada por médicos e enfermeiros em todo o mundo. Como vimos nas visitas domiciliares da escola Stanton, com o tipo certo de momento, os relacionamentos podem mudar instantaneamente.

3.

A capacidade de resposta é importante nas relações complexas e emocionais entre profissionais da saúde e pacientes, mas também desempenha um papel nas interações mais triviais e cotidianas. Quando você está enfurecido com uma má prestação de serviço, por exemplo, há chances de que seja por falta dessa referida capacidade de resposta. Você está sentado em uma mesa de restaurante e ninguém lhe reconhece por 10 minutos. Você é questionado no balcão de aluguel de carros se quer comprar um seguro adicional, mesmo que você nunca tenha adquirido um seguro na vida. Você aguarda na linha por um longo tempo e, quando um representante finalmente lhe atende, você é *desafiado a comprovar sua identidade*.

Aqui vai um caso de implicância dos autores do seu livro: reservamos muitos voos e sempre classificamos os resultados por duração. (Nós queremos sempre os mais curtos). Por quase vinte anos, realizamos a classificação por duração. No entanto, nenhuma vez, sequer um site de viagens armazenou nossa preferência. Enquanto isso, Chip acidentalmente clicou em um link da Hello Kitty meses atrás e, até hoje, ele ainda está sendo perseguido na Internet por anúncios de malas de gatinhos fofos. Por que a Internet tem uma memória fotográfica para cliques em anúncios e uma amnésia sobre o que realmente nos interessa?

O que conecta esses aborrecimentos, é claro, é a falta de compreensão, validação e cuidado. Nós odiamos ser tratados de forma impessoal: *Você não é especial. Você é um número.*

Os analistas da Corporate Executive Board (CEB) estudaram as chamadas de atendimento ao cliente e as classificações que os clientes forneceram depois. Para a surpresa dos pesquisadores, apenas metade das classificações dos clientes eram atribuíveis à chamada específica pela qual acabavam de passar. A outra metade refletia a maneira como eles haviam sido tratados anteriormente. (Por exemplo, se o cliente tivesse feito seis chamadas anteriores para resolver um problema, mesmo que na sétima ele fosse tratado de forma brilhante, não importava.)

A equipe da CEB chamou a memória do tratamento anterior dos clientes de "bagagem". A maioria dos atendentes em call centers tinha o instinto de *evitar* a bagagem do cliente. Se eles vissem nos registros que o cliente havia sido transferido muitas vezes, eles não mencionavam este fato. Por que trazer isso à tona? Era como derramar sal na ferida, eles imaginavam. Seria melhor apenas resolver o problema o mais rápido possível.

Então, a CEB realizou um conjunto de estudos sobre a arte de "manuseio da bagagem". Em um call center, os pesquisadores pediram aleatoriamente que alguns atendentes ignorassem, enquanto outros considerassem a bagagem do cliente. Por exemplo, digamos que um cliente ligou repetidamente sobre problemas de bateria com um tablet novo. Compare as respostas dos representantes:

ATENDENTE QUE IGNORA A BAGAGEM N° 1: Obrigado pela sua compra. Eu entendo que você está tendo um problema com a bateria. Vamos começar indo até a seção "configurações" do tablet para verificar se você não está usando algum recurso que esteja esgotando sua bateria mais rapidamente que o normal.

ATENDENTE QUE CONSIDERA A BAGAGEM N°2: Obrigado pela sua compra. Eu entendo que você está tendo um problema com a bateria... Hum, de acordo com o nosso sistema, parece que você ligou várias vezes sobre isso, certo? Ok, obrigado. Você pode me dizer o que já tentou e o que funcionou, ou não, para ajudar a preservar a vida útil da bateria? Então vamos conduzi-lo a partir daí em vez de repetir coisas que você já tentou.

O manuseio da bagagem possui uma capacidade de resposta: ele demonstra a compreensão e a validação de uma experiência anterior frustrante de um cliente. E o efeito que esta iniciativa teve nas chamadas foi impressionante: os clientes classificaram a qualidade de sua experiência com o atendente n° 2 quase duas vezes mais alta que a outra, e a percepção do esforço que tiveram que investir para resolver o problema despencou 84%.

Em seu artigo de referência sobre a capacidade de resposta, Harry Reis havia se dedicado a explicar um "princípio central de organização" nos relacionamentos. Seu foco principal estava naquilo que torna os laços pessoais mais fortes. Porém, nós vimos o amplo alcance do princípio: ele é capaz de explicar não apenas o que torna os parceiros mais felizes no casamento, mas também o que faz os funcionários se sentirem notados e valorizados, o que faz os pacientes se sentirem respeitados em seu tratamento e até mesmo o que torna os clientes satisfeitos em um atendimento telefônico.

Se quisermos mais momentos de conexão, precisamos ter mais capacidade de resposta aos outros.

4.

A capacidade de resposta não leva necessariamente à intimidade. Os atendentes telefônicos que lidam com as "bagagens" tiveram, afinal de contas, uma capacidade de resposta, mas não houve despedidas emocionantes ao final da ligação. No entanto, quando a capacidade de resposta está associada à abertura, a intimidade pode se desenvolver rapidamente.

Veja como isso acontece: uma pessoa revela algo e espera para ver se a outra pessoa compartilhará algo de volta. Se ocorrer a reciprocidade, ela é um sinal de compreensão, validação e cuidado. *Eu ouvi você, eu entendo e aceito o que você está dizendo, e eu me importo com você o suficiente para revelar algo sobre mim mesmo.* Um parceiro que não responde — como alguém sentado em um voo que coloca seus fones de ouvido logo depois de fazer um comentário — encerra a reciprocidade, congelando, assim, o relacionamento.

Esta troca de turnos pode ser incrivelmente simples. Em um estudo realizado em um ponto de ônibus, um pesquisador abordou estranhos com um dos dois comentários "prontos" a seguir. O comentário de "baixa intimidade" foi: "Bem, meu dia acabou. E o seu?"

O comentário de "alta intimidade" mostra como pode ser fácil iniciar o ciclo de tomada de turnos. Tudo o que o pesquisador tinha a dizer era: "Estou muito feliz por este dia ter acabado, pois tive um dia muito agitado. E você? Como está?" Este é o comentário de *alta* intimidade! Nessa escala, um aperto de mão provavelmente seria classificado como obsceno. Mesmo assim, essa pequena revelação provocou comentários significativamente mais íntimos de volta.

> **PESQUISADOR EM CAMPO:** "Estou muito feliz por este dia ter acabado, pois tive um dia muito agitado. E você? Como está?
>
> **SUJEITO (jovem mulher):** Eu não. Eu tive um ótimo dia.
>
> **PESQUISADOR EM CAMPO:** Você teve um ótimo dia?
>
> **SUJEITO:** Um dia incrível. Eu saí hoje com uma pessoa de quem gostei muito, por isso eu tive um ótimo dia.

Neste cenário, o pesquisador revela algo pessoal, o sujeito retribui e o pesquisador responde mais, aprofundando mais a troca. A intimidade se desenvolve em etapas. Certamente todos nós temos um relacionamento com a dinâmica oposta, na qual nossas respostas podem soar programadas: "Trabalhando duro, Dave?" "Nada, quase sem trabalho." "Ah, sim." "Dia vai, dia vem." "Sim." "Ok, até mais." Esta é uma relação em um platô permanente.

A intimidade aumenta com a tomada de turnos. Para um exemplo emblemático disso, observe este estudo do psicólogo social Art Aron e quatro colegas chamado "A geração experimental da proximidade interpessoal". (Que, a propósito, teria sido um ótimo nome alternativo para o *The Bachelor*.[2])

No estudo, alguns estudantes universitários em uma aula de psicologia se voluntariaram a se juntar em pares com um outro estudante desconhecido da turma. Cada par recebeu 36 perguntas numeradas em pedaços de papel em um envelope, para serem sorteadas uma de cada vez e respondidas por ambas as pessoas.

O exercício foi dividido em três rodadas de 15 minutos cada. À medida que progrediam, as questões se tornavam cada vez mais íntimas. Aqui estão três perguntas como exemplo de cada rodada:

RODADA 1:

Pergunta 1: Entre qualquer pessoa no mundo, quem você convidaria para jantar?

Pergunta 4: O que constituiria um dia "perfeito" para você?

Pergunta 8: Cite três coisas que você e seu parceiro parecem ter em comum.

---

2 Brincadeiras à parte, *The Bachelor* e programas similares são magistrais em estimular o amor instantâneo (momentos de conexão) por razões que veremos daqui a pouco. Observe, no entanto, a facilidade com que os produtores evocam momentos de elevação: há belas paisagens e comida deliciosa (apelo sensorial), além de novas experiências (quebra do roteiro) e empolgação competitiva (aumento das apostas). Trata-se da construção clássica do pico.

RODADA 2:

Pergunta 13: Se uma bola de cristal pudesse lhe dizer a verdade sobre sua personalidade, sua vida, seu futuro ou qualquer outra coisa, o que você gostaria de saber?

Pergunta 15: Qual é a maior conquista da sua vida?

Pergunta 21: Quais funções o amor e o afeto desempenham em sua vida?

RODADA 3:

Pergunta 26: Complete esta frase: "Eu gostaria de ter alguém com quem eu pudesse compartilhar..."

Pergunta 28: Diga ao seu parceiro o que você gosta sobre ele, seja muito honesto desta vez, dizendo coisas que você pode não dizer a alguém que acabou de conhecer.

Pergunta 33: Se você morresse nesta noite sem oportunidade de se comunicar com ninguém, o que mais se arrependeria de não ter contado a alguém? Por que você ainda não contou isso para este alguém?

Ao final, o par foi separado e solicitado a preencher uma pequena pesquisa que incluía a escala IOPV (Inclusão de Outro na Própria Vida), que é uma medida de proximidade. A pontuação média da IOPV dos participantes foi de 3,82, a escala tem um máximo de 7.

Mas o que 3,82 representa? Considere que os pesquisadores pediram a outro grupo de estudantes no campus que classificasse seu "relacionamento mais próximo, mais profundo, mais presente e mais íntimo" — possivelmente sua namorada, namorado, mãe ou melhor amigo — na mesma escala do IOPV. E 30% desses alunos classificaram seu "relacionamento mais íntimo" com *menos de* 3,82.

Agora, pense sobre isso. Dois estranhos se sentaram juntos e tiveram 45 minutos de conversa. Isto é um almoço rápido ou uma longa chamada para um suporte técnico. No entanto, no final, eles se sentiram tão próximos da pessoa estranha quanto 30% dos estudantes universitários se sentem *do relacionamento mais íntimo em suas vidas*!

Isso se chama alquimia interpessoal.

As 36 perguntas de Art Aron ficaram famosas — há até um aplicativo que você pode baixar se quiser testá-las com alguém. (Ele se chama "36 *questions*" na versão em inglês e "36 *perguntas para fall in love*", em português.) No entanto, de certa forma, as perguntas são irrelevantes. Não são estas questões específicas que criam intimidade — é a tomada de turnos. Outro conjunto de 36 perguntas poderia funcionar da mesma forma, desde que correspondessem ao crescente ciclo de vulnerabilidade criado por Aron.

A descoberta fundamental, no entanto, é que *este ciclo não começará naturalmente*. É necessário começá-lo.

Para explorar isso mais a fundo, desafiamos um grupo de leitores da seguinte forma: "Em algum dia, na próxima semana, quando você estiver conversando com um amigo ou membro da família, vá além da conversa fiada. Compartilhe algo real — talvez um desafio ou um conflito que você esteja enfrentando em casa ou no trabalho. Posicione-se como vulnerável e confie que seu parceiro irá retribuir, permitindo assim que você leve a conversa para um nível mais alto."

As pessoas ficaram surpresas com a resposta que receberam. Segue abaixo o relato de um homem chamado Mike Elam:

> *Eu tive uma conversa com uma gerente no escritório que começou como uma reunião de atualização do projeto, mas eu segui com a conversa para além do projeto. Antes desta reunião, éramos apenas colegas no trabalho e realmente sabíamos muito pouco um do outro além de nossas funções na empresa. Descobri que ela estava, na verdade, se mudando para a área de Phoenix ainda este ano e que continuaria a trabalhar no projeto a distância. A razão para a mudança foram problemas de saúde com seu cônjuge. Nós então conversamos sobre essas questões, pois ele tem esclerose múltipla e estava tendo problemas para se locomover no inverno em sua casa de vários andares, e então eles decidiram se mudar. Em seguida, discutimos todas as preocupações e dores de cabeça para deixar a casa atual pronta para vender e o processo de empacotamento para mudanças, etc.*
>
> *A primeira pergunta não precisava ser muito profunda ou pessoal, mas era como "descascar uma cebola". Estávamos indo um pouco mais fundo em cada "troca de camada" e, quando terminamos, havíamos avançado bem. O exercício mudou totalmente a dinâmica das minhas discussões de trabalho e o relacionamento com esta pessoa.*

Relacionamentos não se aprofundam naturalmente. Na falta de ação, eles vão estacionar. Como Elam disse anteriormente: "Antes desta reunião, éramos apenas colegas no trabalho e realmente sabíamos muito pouco um do outro além de nossas funções na empresa." Este é um relacionamento congelado. No entanto, como vimos, atuar com uma capacidade de resposta para os outros é capaz de criar laços mais fortes: vínculos entre professores e pais, médicos e pacientes, atendentes de um call center e clientes, colegas de trabalho e até estranhos em um experimento de laboratório. Esses laços podem continuar a se fortalecer com uma velocidade surpreendente.

Um momento marcante de conexão é capaz de ser tanto breve quanto extraordinário.

MOMENTOS DE CONEXÃO
UMA REVISÃO TURBILHONANTE

1. Os momentos de conexão nos unem às pessoas. Sentimos afeto, união, empatia, validação.

2. Para desencadear momentos de conexão em grupos, devemos criar um sentido compartilhado. Isso pode ser feito por três estratégias: (1) criação de um momento sincronizado, (2) convocação a uma luta compartilhada, e (3) conexão a um sentido.

    - *O comprometimento da Sharp com a experiência do cliente teve todos os três elementos: (1) a reunião geral dos funcionários, (2) as "equipes de ação" voluntárias, e (3) um chamado geral por melhorias fundamentais na forma como os clientes eram atendidos.*

3. Grupos se unem quando lutam juntos. As pessoas aceitarão uma luta quando a escolha de participar ou não for delas, quando tiverem autonomia para trabalhar e quando a missão for significativa.

    - *O estudo de Xygalatas sobre os devotos religiosos conclui que a experiência compartilhada de dor pode ser vista como uma "tecnologia social para unir os grupos".*

4. "A conexão com o sentido" reconecta as pessoas com o propósito de seus esforços. Isso é motivador e incentiva o trabalho "além do normal."

    - *A pesquisa de Hansen: Quando se trata de desempenho, o propósito intenso supera a paixão intensa.*

5. Nos relacionamentos individuais, acreditamos que os relacionamentos se aproximam com o tempo. Só que isso não diz tudo. Às vezes, relacionamentos longos alcançam platôs. E, no momento certo, os relacionamentos podem se aprofundar rapidamente.

    - *Fisherow e sua equipe deram uma reviravolta na conturbada escola de ensino fundamental Stanton apostando, em parte, em curtas visitas domiciliares aos pais antes do início da escola.*

6. Segundo o psicólogo Harry Reis, o que aprofunda as relações individuais é a "capacidade de resposta", composta por: compreensão mútua, validação e cuidado.

    - *Os professores da escola Stanton mostraram capacidade de resposta ao ouvir as esperanças dos pais em relação a seus filhos.*

    - *Na área da saúde, os profissionais de saúde saíram da questão "O que está acontecendo?" para "O que importa para você?"*

    - *Os atendentes de call center que "lidam com a bagagem" validam as experiências passadas dos clientes.*

7. A capacidade de resposta está associada à abertura que conduz à intimidade. Isso acontece via "tomada de turno".

- *A experiência das 36 perguntas de Art Aron faz com que estranhos se tornem íntimos em 45 minutos!*

---————— **Momento prático 5** ———---

Como Combater uma Mentalidade Individualista?

Eis a situação: No jantar, os vice-presidentes de vendas e de marketing de uma grande empresa finalmente reconheceram algo que ambos já sabiam há muito tempo: seus departamentos têm um relacionamento disfuncional. Embora as áreas de marketing e vendas devam funcionar lado a lado, suas equipes estão operando de forma individualista. A equipe de marketing cria sofisticados materiais promocionais e de publicidade, e a equipe de vendas reclama que os materiais não refletem a forma como os clientes pensam sobre os produtos da empresa. A área de vendas insiste que os produtos venderiam melhor a um preço menor, mas o marketing zomba que a equipe de vendas está apenas buscando um acordo rápido, ao invés de estabelecer conversas mais profundas sobre as virtudes do produto. Embora esta história seja fictícia, conflitos semelhantes são muito comuns.

O desejo: Os executivos estão cansados da falta de colaboração. Suas equipes não estão em guerra, na verdade — eles estão apenas muito confortáveis em permanecer em suas próprias esferas. Os dois líderes estão determinados a fazer com que suas equipes trabalhem juntas de forma mais eficaz, mas sabem que isso exigirá um choque no sistema.

Como criamos os momentos marcantes?

Qual é o momento? O momento precisa ser criado. Os VPs agendam uma reunião externa de dois dias. A questão é: Como eles podem projetar uma reunião que se torne um momento marcante para suas equipes?

Adicione ELEVAÇÃO:

1: Saia do script. A reunião fora de um local tradicional sai do script. Trata-se de uma mudança de ambiente, uma ruptura de rotinas.

2: Aumente o apelo sensorial, aumente as apostas. Quando a reunião começa, os participantes são levados para um carro de Fórmula 1 no estacionamento. Equipes são formadas, com área de vendas e marketing misturadas, e treinadas para atuar como uma "equipe de um box de F1." As equipes competem para ver quem consegue trocar os pneus do carro mais rapidamente. Em cada tentativa, as equipes ficam cada vez melhores em colaborar. É pura diversão. No final, as equipes estão se divertindo e fazendo brincadeiras — porém ficam muito sérias quando é sua hora de agir como a equipe do "pit stop". Depois, de volta à sala de reuniões, as equipes discutem suas experiências e o que elas significam para uma colaboração eficaz.

Adicione o INSIGHT:

1: Encare a realidade. Os líderes surpreendem o grupo ao convidar um cliente para conversar com eles. O cliente discute o "efeito chicote" na interação entre as equipes de marketing e vendas. "É como se eu estivesse falando com duas empresas diferentes", diz ele.

2: Encare a realidade e se force em direção ao insight. Antes da saída para o local externo, dois funcionários da área de marketing e dois de vendas foram "colocados" em equipes opostas por uma semana. Então, na reunião fora do local tradicional, eles compartilham o que aprenderam:

os profissionais de marketing inseridos nas vendas apresentam "O que o marketing não entende sobre vendas" e suas contrapartes apresentam "O que as vendas não entendem sobre marketing."

Adicione o ORGULHO:

1: Reconheça os outros. Os departamentos não funcionaram bem juntos de forma geral, mas houve exceções. As pessoas que conseguiram fazer essas exceções acontecerem receberam o prêmio 'Química Coletiva': um pacote de Mentos e uma garrafa de Coca-Cola diet (se esta combinação parece intrigante, dê um Google a respeito). Após a reunião, os dois vice-presidentes mantêm um suprimento de Mentos e Coca Diet escondidos em seus escritórios para que eles possam distribuir mais prêmios espontaneamente à medida que suas equipes ganham.

2: Pratique a coragem. Uma das razões pelas quais as equipes de vendas e marketing não colaboram é que sua comunicação tende a ser passivo-agressiva. Eles são educados uns com os outros quando estão face a face, mais tarde, eles reclamam com os colegas e se revoltam. Logo, fora do local tradicional, as pessoas praticam "conversas cruciais". A sessão é tão acertada que o termo conversa crucial se torna uma espécie de piada interna. De volta ao escritório, as pessoas frequentemente se aproximam dizendo: "Podemos ter uma conversa crucial?" (Mas apenas com um toque de brincadeira, já que o humor desativa a dificuldade de iniciar a discussão).

3: Multiplique os marcos significativos. As duas equipes definem metas para si mesmas — momentos em que vão celebrar. Os momentos que eles escolhem incluem o seguinte: (1) a primeira vez que um funcionário de vendas trocar mais e-mails em uma semana com a equipe de marketing do que com a equipe de vendas, (2) a primeira vez que alguém de ambos os grupos influenciar o outro na conquista de mais recursos, e (3) a primeira vez que alguém resolver um problema para a outra equipe.

Adicione CONEXÃO:

1: Observe que muitas das atividades já discutidas seriam eficazes na criação de conexões, incluindo a experiência como equipes de F1, as apresentações incorporadas e a prática de "conversas cruciais". Muitas vezes, o mesmo "momento" incluirá mais de um elemento de um momento marcante.

2: Crie um sentido compartilhado. O ato de realizar uma ação fora do local tradicional é, em si, um sinal poderoso. O encontro físico de todos juntos, fora do escritório, envia a seguinte mensagem: Estamos nessa juntos. Ele é um momento sincronizado.

3: Crie um sentido compartilhado. Ao final da reunião, os executivos desafiam suas equipes a colaborar em um plano para abordar um cliente importante em potencial. Eles devem formular o plano e apresentá-lo aos dois vice-presidentes em duas horas. É uma missão difícil, mas é precisamente a dificuldade que ajuda a unir os integrantes da equipe **uns aos outros.**

Reflexões finais: Há duas coisas que queremos destacar sobre este caso: (1) A criação de um momento é fundamental em uma situação política e complexa como esta. O momento é um ponto de demarcação que se anuncia: antes deste retiro, estávamos individualizados. Depois deste retiro, nos comprometemos a trabalhar juntos. O contexto compartilhado proporciona um momento social e objetivo: Se eu me comportar mal, você pode chamar minha atenção porque sabe que eu sei que me comprometi a fazer o melhor. (2) A razão pela qual muitas pessoas odeiam as reuniões é que a emoção é deliberadamente eliminada. Os participantes sentam e ouvem as apresentações programadas. Mas isso é uma escolha, não uma inevitabilidade. Também será muito fácil conduzir uma reunião que tenha drama, sentido e conexão. Você não consegue unir duas equipes simplesmente falando de união. Eles devem experimentar a união. É isso que proporciona um momento marcante.

12
Traga Importância aos Momentos

1.

Depois de perceber como os momentos podem ser importantes, fica fácil identificar as oportunidades para moldá-los. Observe, por exemplo, a situação de uma estudante do ensino médio à espera das cartas de admissão das faculdades. Anos atrás, as cartas de admissão chegariam pelo correio, agora, é provável que elas venham via e-mail. Porém suas emoções são as mesmas. Quando chega o momento, o estômago dela se agita. Ela respira fundo, abre a carta e procura freneticamente por palavras-chave e frases e — ali está! — a doce palavra *Parabéns*! Ela solta um grito de alegria e lê de novo. Sete vezes.

Este é um momento de orgulho e elevação, mas, sejamos honestos, a universidade merece muito pouco crédito por trazer importância ao momento. Uma carta? Um e-mail? Isso é o melhor que eles podem fazer? Tenha em mente que, para os adolescentes, o jogo de espera é um momento clássico de transição. Como poderíamos aumentar o pico?

Ao aplicarmos apenas as ferramentas deste livro, podemos apresentar muitas sugestões:

- Inclua uma camiseta, moletom ou chapéu da instituição. O aluno não deveria se sentir imediatamente como parte da família? (*Aumento do apelo sensorial.*) Para valorizar o crédito institucional, o MIT foi ainda mais longe e enviou seu pacote de admissão em um tubo recheado com um pôster, um imã de geladeira e, o melhor de tudo, confetes! (*Saída do script.*)

- Incentive os alunos a postarem uma foto de si mesmos usando as roupas da escola nas mídias sociais com uma hashtag que lhes permita se conectar com os outros admitidos. (*Criação de um sentido compartilhado.*)

- Entregue as notícias em um vídeo personalizado do diretor da área de admissões, enviado diretamente para o telefone do aluno: "Katie, eu só queria dizer a você o quanto estamos empolgados porque você vai se juntar à nossa equipe!" (*Aprofundamento dos laços por meio da capacidade de resposta.*) Agora, obviamente, a Universidade Estadual de Ohio não pode enviar tantas mensagens de vídeo, mas as instituições menores não poderiam, ou deveriam explorar esta vantagem?

- Acrescente um certo nível de antecipação ao enviar mensagens de texto aos alunos, informando que a decisão deles estará disponível online exatamente às 17h58m e que eles devem usar um determinado código secreto para fazer o login. (*Aumento das apostas.*)

- Peça a um aluno do primeiro ano para enviar uma mensagem para os alunos recém-aceitos na noite após receber a carta de admissão, dando os parabéns e perguntando se há alguma dúvida. (*Aprofundamento dos laços por meio da capacidade de resposta.*)
- Inclua um conjunto de fotos que destaque a experiência de ser um aluno do primeiro ano: *10 coisas que você deve definitivamente tentar fazer no seu primeiro semestre* (a coleção de filmes estrangeiros da biblioteca, a parede de escalada do ginásio, o jogo de futebol americano ou o arquivo do museu de cartas de amor literárias...). (*Multiplicação dos marcos.*)

É assim que imaginamos você utilizando as ideias deste livro. Pense em um momento específico e depois se desafie: *Como posso trazer elevação a ele? Como posso ativar o insight? Como posso aumentar o sentido de conexão?* A vida é cheia de momentos com "cartas simples em um envelope", esperando serem transformados em algo especial.

Um pouco de atenção e energia podem transformar um momento comum em algo extraordinário. Nós vimos formaturas do ensino médio transformadas em momentos marcantes — não apenas para os formandos, mas para os alunos do sexto ano na plateia! (*O Signing Day da YES Prep.*) Vimos uma piscina de hotel comum se tornar mágica pela presença de um disque-picolé. Vimos o poder de gestos simples: um professor que elogia um aluno, um casal que registra suas brigas em um diário, um pastor que dá a um aprendiz a chance de pregar na Vigília Pascoal. Além disso, vimos como as mudanças massivas costumam depender de momentos únicos: os funcionários da Sharp se encontram e se reconectam sob o mesmo teto. Os professores da escola Stanton visitam os pais em suas casas — e realmente os *ouvem* — pela primeira vez. Um facilitador da CLTS mexe um cabelo em um copo de água enquanto uma multidão assiste o fato com um horror impressionante.

No entanto, qual é a *recompensa* por todos esses momentos? É possível medir isso? Esta recompensa é visível? Ela é sim — pense em todos os resultados tangíveis que foram criados por momentos melhores: mais receita (dados da Forrester, Southwest Airlines). Maior satisfação e lealdade do cliente (Magic Castle). Funcionários mais motivados (dados sobre reconhecimento). Funcionários mais *eficientes* (propósito versus paixão). Além de muitas recompensas de natureza mais pessoal: mais felicidade (visitas de gratidão). Relacionamentos mais próximos (capacidade de resposta). Autotransformação (momentos de Patinho Feio e Cinderela na escola, um esforço em direção ao insight).

Os momentos marcantes levam a inúmeros resultados positivos e mensuráveis, mas, em nossa opinião, eles não são um meio para um fim. Eles são os fins por si só. A criação de experiências mais memoráveis e significativas é um objetivo digno — seja para seu trabalho, para as pessoas de quem você gosta ou para você pessoalmente — independentemente de quaisquer impactos secundários. Qual professor não gostaria de desenvolver uma lição sobre a qual os alunos ainda refletissem anos depois? Qual executivo da área de serviços não gostaria de criar uma experiência de pico para os clientes? Quais pais não gostariam de fazer com que as memórias dos seus filhos perdurassem por décadas?

Nossas boas intenções para criar esses momentos são muitas vezes frustradas por problemas e pressões que parecem urgentes. Os administradores escolares não param de falar sobre a avaliação estadual que está por vir, então o professor deixa de planejar sua aula especial e realiza sua aula para o teste. Alguns clientes se queixam de um "buraco", então o gerente reserva o momento de pico que está pensando e se esforça para responder.

No curto prazo, priorizamos a correção de problemas em vez da criação dos momentos, e esta escolha geralmente parece uma troca inteligente. Com o tempo, no entanto, este tiro sai pela culatra. Bronnie Ware, uma enfermeira de cuidados paliativos que atendia pacientes ao longo das semanas finais de suas vidas, escreveu um texto comovente chamado "Antes de Partir". Ela compartilhou os cinco arrependimentos mais comuns das pessoas que ela veio a conhecer:

1. Eu gostaria de ter tido a coragem de viver uma vida fiel a mim mesmo, não a vida que os outros esperavam de mim. ("A maioria das pessoas não honrou nem a metade de seus sonhos e teve que morrer sabendo que isso se devia às escolhas que eles fizeram ou não fizeram.")
2. Eu gostaria de não ter trabalhado tanto.
3. Eu gostaria de ter tido a coragem de demonstrar meus sentimentos. ("Muitas pessoas reprimiram seus sentimentos para manter a paz com os outros.")
4. Eu gostaria de ter mantido contato com meus amigos.
5. Eu queria ter sido mais feliz. ("Muitos não perceberam até o final que a felicidade é uma questão de escolha. Eles ficaram presos em velhos padrões e hábitos.")

É impressionante como muitos dos princípios que encontramos serviriam como antídotos para estes arrependimentos comuns:

1. O ato de nos forçarmos para a descoberta do nosso limite,
2. Termos a intenção de criar de picos (ou momentos perfeitos, na frase de Eugene O'Kelly) em nossas vidas pessoais,
3. Praticar a coragem ao falarmos com honestidade — e de buscar parceiros que sejam receptivos a nós em primeiro lugar,
4. O valor da conexão (e a dificuldade de criar os picos),
5. A criação de momentos de elevação e o ato de sair do script para ir além dos padrões e hábitos antigos.

Os pacientes de Ware eram pessoas que haviam deixado que as exigências do presente interferissem em suas esperanças para o futuro. Na vida, por vezes, nos esforçamos tanto para consertar as coisas que nos esquecemos de construir os picos.

2.

Por fim, gostaríamos de compartilhar um "momento de insight" nosso que surgiu no curso de nossa pesquisa. Tudo começou com uma história contada por uma mulher chamada Julie Kasten.

No ano de 1999, contou Kasten, ela estava sentada em sua mesa de escritório em Washington, D.C., espiando a mulher da mesa vizinha.

Kasten, de 24 anos, trabalhava para uma empresa de consultoria muito respeitada. Ela havia ingressado na empresa cerca de 18 meses antes, atraída pela chance de trabalhar na área de comunicações de marketing. A mesa ao lado dela estava reservada para o uso de executivos de fora da cidade enquanto visitavam o escritório de Washington. Kasten não conhecia a mulher que estava usando a mesa naquele dia. No entanto, a mulher mudou sua vida.

"Ela estava elegantemente vestida... Terninho azul. Bem costurado. Passado. Ela ficava com os outros visitantes", contou Kasten. "Ela ficava no telefone praticamente durante todo o dia. E o que me impressionou foi o *entusiasmo* dela.

"Eu sabia que ela estava olhando para as paredes em branco ao redor dela — iguais às minhas. Só que ela era tão habilidosa com o que estava fazendo e, obviamente, estava se divertindo."

Um dado momento, ocorreu a Kasten que a mulher estava fazendo o mesmo trabalho que ela estaria fazendo um dia se ela tivesse uma promoção na empresa.

Os próximos pensamentos de Kasten vieram como uma sacolejada.

Se o sucesso nesta função se parece com isso, eu não o quero. Ela está energizada com o que ela está falando. Só que isso me aborrece até a morte.

"Eu me imaginei querendo ser como ela era", disse Kasten, "só que falando sobre outra coisa."

Naquele momento, ela sabia que iria deixar o emprego.

Kasten começou a planejar sua saída. Alguns meses depois, ela visitou um orientador de carreiras, na esperança de descobrir um trabalho que melhor atendesse aos seus interesses. Foi quando a vida dela mudou pela segunda vez.

O orientador ouviu suas aspirações e ofereceu algumas ferramentas — como testes de personalidade e avaliações de habilidades — para esclarecer o tipo de trabalho que ela queria fazer. Munido com estes dados, o orientador sugeriu algumas carreiras que poderiam se encaixar no perfil dela. Porém, Kasten já havia decidido. Ela se lembra de olhar para o orientador, pensando, *eu quero fazer o que você faz.*

Alguns meses depois, no outono de 1999, Kasten estava matriculada em uma pós-graduação para orientação de carreiras. No ano de 2016, ela completou 14 anos como orientadora de carreiras.

Dois momentos de choque mudaram a carreira de Kasten. Nenhum deles foi previsto. Eles apenas aconteceram, ela agiu e, de repente, sua vida mudou.

A experiência de Kasten foi um momento clássico de "cristalização do descontentamento", tal como descrevemos no capítulo 5. Ficamos impressionados com a rapidez das realizações dela e estávamos interessados em colecionar outros momentos de cristalização. Então, enviamos a história de Kasten para os assinantes de nossa newsletter, perguntando se alguém havia passado por algo similar. Nossa pergunta foi certeira. Recebemos mais de 400 respostas, muitas delas dolorosamente pessoais — histórias de casamentos em colapso e amor renascido, histórias de carreiras abandonadas e abraçadas.[1] Aqui está uma amostra:

- Suresh Mistry estava trabalhando como gerente assistente no Lloyds Bank em Londres. Todos os dias ele se sentava em sua mesa com um relatório chamado "inadimplentes", que listava todos os clientes corporativos que tinham violado seus limites de cheque especial ou de empréstimo. Ele tinha que decidir se deveria suspender os limites dos clientes ou deixá-los passar. Em frente a ele estava seu

---

1 Para que você não pense que temos um exército de leitores entusiastas que respondem a todas as nossas perguntas, deixe-nos mencionar o caso de uma newsletter anterior, no qual pedimos histórias de tomada de decisão e recebemos exatamente duas respostas, uma das quais foi um teste ansioso do Dan para ver se a ferramenta de pesquisa estava funcionando corretamente.

gerente, que também estava sentado com um relatório de "inadimplentes". "A única diferença era que os números da lista dele tinham um 0 adicional", escreveu Mistry. "Eu lidava com 10 mil libras. Ele lidava com 100 mil libras. Foi então que avistei o diretor da divisão em seu escritório de vidro no canto. Ele se sentava atrás de uma grande mesa com uma folha de papel na frente dele. Sim, você já adivinhou: uma lista de "inadimplentes" da cifra de 1 milhão de libras. Eu vi meu futuro exposto na minha frente e me desesperei." Em uma semana, Mistry se candidatou a um novo emprego em vendas e marketing, um campo que ele desfruta há mais de 20 anos.

- Warren Talbot e sua esposa, Betsy, ambos com 37 anos, estavam jantando com amigos em um restaurante em Seattle. Alguém perguntou: "O que você faria se soubesse que não viveria até os 40?" Warren e sua esposa se voltaram um para o outro e, sem margem de discussão, disseram: "Viajaríamos pelo mundo." A questão não era conversa fiada para eles — os Talbots tinham um amigo próximo que estava no hospital depois de sofrer um aneurisma cerebral. Eles sabiam como a vida podia ser curta. Na manhã seguinte, eles marcaram uma data para dali a dois anos (dia 1º de outubro de 2010) para começar a viagem deles pelo mundo. Durante esses dois anos, eles planejaram e economizaram dinheiro, venderam tudo o que possuíam e, em seguida, saíram de Seattle exatamente na data que haviam marcado. A primeira parada deles: uma casa de terra batida no norte do Equador. "Viajamos em tempo integral por mais de três anos", escreveram os Talbots, "e agora possuímos uma casa nas colinas do sul da Espanha, que usamos como base, e continuamos a explorar. Nós dois temos 45 anos agora e não há um momento em que tenhamos nos arrependido da escolha que fizemos naquela noite, há 8 anos atrás."

- Nancy Schaufele estava no final dos seus 20 anos, uma dona de casa com dois filhos pequenos. Seu marido acabara de ser diagnosticado com câncer. Certa manhã, ela estava sentada em sua varanda, tomando café, preparando-se para o dia seguinte. "E então, me dei conta", escreveu ela. "Eu, possivelmente, teria que criar dois filhos sozinha. Realmente sozinha. Sem habilidades, sem qualificação educacional e sem marido. Foi um momento de desespero. Tipo um raio que cai do céu." Ela resolveu voltar a estudar, para aprender as habilidades necessárias para iniciar uma carreira. Mas quando ela foi se matricular, ela disse, "minhas pernas estavam bambas". Ela estava ansiosa, intimidada. Ela chegou ao prédio da administração, começou a chorar, deu a volta e foi para casa. "Quando cheguei em casa e entrei pela porta, a primeira coisa que vi foi a minha filha de 2 anos brincando com o pai dela. Lembro de, naquele momento, me fazer esta pergunta difícil: 'Como eu poderia encorajar minha filha a ser "mais" se eu não conseguia sequer me matricular em uma faculdade?' Eu dei a volta novamente e voltei para a faculdade." Ela terminou a faculdade e a pós-graduação, fundou um negócio, o vendeu e agora presta consultoria a mulheres empresárias e empreendedoras.

Quando começamos a ler essas histórias poderosas, pensamos que estávamos lendo sobre epifanias. Momentos "Eureka!" Mas o que nos ocorreu, quando lemos mais delas, é que essas não eram histórias sobre realizações súbitas. Estas foram histórias sobre *ação*.

Julie Kasten visitou um orientador de carreiras. Suresh Mistry se candidatou a um novo emprego. Warren Talbot e sua esposa marcaram uma data para viajar pelo mundo. Nancy Schaufele deu a volta e se matriculou na faculdade.

Muitas vezes, o que parece ser um momento do acaso é, na verdade, um momento de intencionalidade. Acreditamos que a situação pela qual Kasten, Mistry e os outros passaram, na forma de um choque de insight, foi, na verdade, um tapa na cara causado pela *percepção de que eles são capazes de AGIR* e, em seguida, voluntariamente agitar suas vidas em uma nova direção. Eles não estavam *recebendo* um momento, eles estavam se *apoderando* de um momento.

Há uma distinção essencial nestas ações. Alguns momentos marcantes são orquestrados. Muitos outros que vimos, porém, se encontram *submersos:* alguns funcionários de um hotel descobrem que um garotinho deixou para trás sua girafa de pelúcia e decidem fazer algo especial para ele. Um homem decide puxar uma conversa trivial com seu colega de trabalho e percebe o quanto eles têm em comum. Um mentor escolhe ficar a noite toda com seu residente que testemunhou uma tragédia.

Isto é o que esperamos que você tire deste livro: ficar alerta para a promessa que os momentos carregam. Estes momentos não precisam ser "produzidos". Sim, examinamos alguns momentos que levaram muito tempo e dinheiro para serem planejados: o encontro geral dos funcionários da Sharp. O Signing Day. O Julgamento da Natureza Humana. E, sim, muitas vezes é necessário um esforço real para elevar um momento de forma correta — era importante que o julgamento tenha sido realizado em um tribunal e não no refeitório da escola. Mas, tenha em mente, que estes são eventos que ocorrem uma vez por ano!

Muitos dos momentos deste livro, no entanto, são gratuitos e não produzidos — momentos do tipo que surgem todos os dias. Você elogia um colega pelo modo como ele tratou uma emergência do cliente. (*Reconhecer os outros*.) Você pergunta a seus filhos na mesa de jantar: "No que você fracassou nesta semana?" (*Se forçar em direção ao insight*.) Você e um colega decidem se encontrar depois do trabalho para comer um bolo juntos. (*Sair do script*.)

Os momentos mais preciosos são, frequentemente, os que custam menos. Em junho de 2007, a filha de três anos de Darcy Daniel, Wendy, teve uma dor de estômago. Um médico na cidade rural de Vermont, onde eles viviam, descobriu que ela tinha uma severa infecção por *E. coli*, que desencadeou uma progressão crescente de ameaças à saúde: seus rins começaram a falhar e ela passou semanas em diálise. Dores horríveis no estômago causaram a remoção de uma parte do cólon, duas vezes. Infecções de repetidas cirurgias levaram à insuficiência cardíaca, ela desfaleceu e teve que ser ressuscitada. Ela precisava desesperadamente de um transplante de rim, mas nenhuma das muitas pessoas que se ofereceram era compatível.

Ela passou o Halloween no hospital, sua fantasia foi colocada por cima dela, pois ela tinha muitos tubos saindo de seu corpo para usá-la. O dia de Ação de Graças passou. Um dia, em dezembro, pouco antes do Natal, começava a nevar lá fora. Para uma criança de Vermont, era cruel ter que observar a neve através das janelas. Wendy adorava fazer bonecos de neve, andar de trenó. Ela não saia há dois meses.

A enfermeira-chefe do setor, Cori Fogarty, e uma funcionária da área de atendimento ao paciente, Jessica Marsh, elaboraram um plano. Se Wendy não pudesse brincar na neve, elas trariam a neve para ela. Só que era mais complicado que isso. Por causa do problema cardíaco de Wendy, a equipe monitorava cada mililitro de água que ela consumia. Então, Jessica encheu um urinol com neve, pesou, deixou derreter e depois despejou o líquido em um cilindro graduado. Agora eles sabiam como traduzir o peso da neve em seu volume de água. Em seguida eles encheram novamente o balde com a quantidade certa de neve, de forma que, se Wendy a ingerisse toda, tal como as crianças de três anos estão propensas a fazer, ela ficaria bem.

Quando trouxeram o recipiente com neve para o quarto de Wendy, ela se iluminou. "Eu nunca vi tanta alegria e pura inocência no rosto de uma criança", disse Marsh.

"Você consegue imaginar", conta Darcy, "uma criança que só via o interior de um quarto de hospital há meses, que só conhecia os sons das máquinas e das campainhas, a televisão, o ruído do ar condicionado, que só conhecia a esterilidade das bandejas de refeição, a cama de hospital coberta de plástico, o estetoscópio pendurado sobre a cabeça, recebendo uma tigela de neve?"... Foi uma felicidade, uma alegria. Ela achava que era a melhor coisa do mundo... Isso a fez lembrar de sua casa.

O longo pesadelo de Wendy acabou. Ela recebeu um transplante renal bem-sucedido e, desde então, tornou-se uma menina saudável. Ela joga futebol, faz triatlo e ganhou medalhas nas olimpíadas dos transplantados. Misericordiosamente, ela esqueceu muito de sua provação de saúde, mas sua mãe não.

Darcy escreveu em um post de um blog, anos depois, sobre o balde de neve: "São por esses momentos de compaixão e espontaneidade que somos gratos, quando olhamos para trás. É fácil esquecer a monotonia dos intermináveis dias que se estenderam durante sua recuperação. Só que este momento de brilho, nós nunca esqueceremos."

Um momento marcante é assim. Uma explosão de magia — cuidadosa, divertida, emocional — que foi transformada em realidade por dois profissionais de saúde que achavam que uma menina doente merecia se libertar.

Esta é a responsabilidade de todos nós: desafiar a constância esquecível do trabalho cotidiano e da vida ao criar alguns momentos preciosos.

E se todas as organizações do mundo oferecessem aos novos funcionários uma experiência inesquecível no primeiro dia?

E se todo estudante tivesse uma experiência acadêmica que fosse tão memorável quanto a formatura?

E se cada paciente fosse perguntado: "O que importa para você?"

E se você ligasse para aquele amigo agora e tentasse fazer aquela viagem acontecer?

E se não nos bastasse apenas *nos lembrar* dos momentos marcantes das nossas vidas, mas os *concretizar*?

Temos a capacidade de criar momentos que proporcionam elevação, insight, orgulho e conexão. Estes minutos, horas e dias extraordinários — são eles que tornam a vida significativa. Afinal de contas, estes momentos são possíveis de criar porque são nossos.

Apêndice

O Ato de Lidar Com os Momentos de Trauma

Primeiramente, lamentamos que você esteja nesta seção. Seja o que for que você esteja enfrentando, saiba que existem outras pessoas que passaram pelo mesmo que você está passando e as experiências delas podem lhe dar motivos para ter esperança mesmo em meio ao trauma.

Momentos de trauma causam dor e sofrimento profundos. O fato menos intuitivo é que eles também, em alguns casos, produzem crescimento positivo, um fenômeno chamado de "crescimento pós-traumático." Este crescimento não torna a tragédia menos trágica e não cura a dor implícita. No entanto, os pesquisadores Richard Tedeschi e Lawrence Calhoun descobriram que "um grande bem pode vir de um grande sofrimento."

O crescimento pós-traumático foi documentado entre pessoas que perderam um cônjuge, veteranos de combate, refugiados forçados a fugir de seu país de origem, pacientes com HIV ou câncer, pais com filhos muito doentes, e pessoas que foram agredidas ou abusadas sexualmente. Alguns estudos descobriram que os sobreviventes de trauma relatam mudanças pessoais positivas em um nível *mais alto* do que as pessoas que não sofreram trauma.

A seguir, são apresentadas cinco recomendações para encontrar um grande bem em um grande sofrimento. As recomendações são inspiradas nos cinco domínios em que sobreviventes de trauma relatam regularmente sobre um crescimento positivo. (Estes cinco domínios são extraídos do trabalho dos pesquisadores Tedeschi e Calhoun sobre crescimento pós-traumático. Este apêndice tem como base massiva um artigo específico de análise do trabalho destes autores — veja a citação no final do apêndice. Todas as citações vêm do artigo analítico.)

Procure por pequenos picos. As pessoas que sofreram traumas muitas vezes relatam que têm uma maior capacidade de desfrutar de pequenas coisas na vida que antes seriam ignoradas: um belo jardim, uma xícara de café forte, uma manhã com o filho. Hamilton Jordan, ex-assessor presidencial de Bill Clinton, disse:

> *Depois do meu primeiro câncer, até as menores alegrias da vida adquiriram um significado especial — assistir a um belo pôr do sol, um abraço de meu filho, uma gargalhada com Dorothy [a esposa]. Este sentimento não diminuiu com o tempo. Depois do meu segundo e meu terceiro cânceres, as simples alegrias da vida estão em toda parte e são ilimitadas. Desde então, passei a valorizar minha família e amigos, contemplar o resto da minha vida em uma vida que, certamente, não dou por garantida.*

A professora de geologia Sally Walker, que sobreviveu a um acidente aéreo que matou 83 pessoas, disse: "Quando cheguei em casa, o céu estava mais claro, prestava atenção à textura das calçadas. Era como estar em um filme... [Agora] Tudo é um presente."

No capítulo 3, contamos a história de Eugene O'Kelly, que foi diagnosticado com câncer cerebral terminal e foi informado de que tinha três meses de vida. Em resposta, ele começou a criar uma série de "Momentos Perfeitos" que ele podia compartilhar com seus entes queridos — como, por exemplo, desfrutar de uma boa refeição e passear pelo Central Park. Ele ficou maravilhado pelo modo como esses momentos especiais permitiram que ele vivesse "um mês em uma semana."

Comemore e honre os relacionamentos. Certa vez, uma mãe, ao descrever a morte de seu filho, disse: "Quando ele morreu, as pessoas simplesmente saíram da toca" para ajudar. Ela experimentou uma apreciação renovada por seus amigos. Ela passou a estimar mais o marido.

No entanto, nem todos os amigos entram em contato. Muitas pessoas que passam por traumas perceberam que, em tempos difíceis, você descobre quem são seus verdadeiros amigos. Depois de deixar as relações que não apoiam e se dedicar àquelas que apoiam, as pessoas, muitas vezes, emergem se sentindo mais seguras e cuidadas. Elas também descobrem que adquiriram um elevado senso de compaixão e empatia por outros que estão sofrendo ou passando por alguma dor.

No capítulo 11, discutimos maneiras de criar relacionamentos mais próximos, incluindo a ideia de "capacidade de resposta", que diz que os relacionamentos crescem quando os parceiros compreendem, validam e cuidam uns dos outros. Como um sobrevivente de um trauma, você está em uma boa posição para ser responsivo aos outros, já que você é capaz de entender o que outros que sofreram um trauma estão passando. Além disso, você está em uma posição de validar os pensamentos e reações delas, pois já teve que enfrentar a tragédia. Agora, você tem a capacidade de fornecer apoio amoroso de maneiras que podem parecer mais complicadas para outras pessoas. Por exemplo, muitos pais que perderam um filho acham que seus amigos acabaram parando de mencionar a criança, temendo que a menção possa desencadear lembranças dolorosas. Só que os pais que perderam um filho sabem que a criança nunca vai deixar a mente. Logo, fazer um comentário como "Mark adoraria este jogo de férias, este jogo de futebol ou este carro novo" é mais provável de ser recebido como atencioso e caloroso do que a abertura de uma ferida antiga.

Reconheça sua força. Certa vez, um pai em luto disse: "Eu posso lidar melhor com as coisas. As coisas que costumavam ser uma 'grande coisa' agora não são mais." As pessoas usam o trauma como um teste de sua capacidade de se forçar, de suportar dificuldades e de perseverar. Muitos dizem: "Se eu posso lidar com isso, então eu posso lidar com praticamente qualquer coisa."

No capítulo 6, compartilhamos a história de um jovem psiquiatra, Michael Dinneen, que se culpou pelo suicídio de um paciente que aconteceu em seu turno de trabalho. Seu mentor ficou com ele durante a noite, o ajudando a perceber que ele poderia suportar a dor e a insegurança. Como resultado da experiência, Dinneen foi motivado a se tornar um mentor — por décadas, ele tem sido uma fonte de força para os outros, mostrando-lhes que eles podem superar as dificuldades.

Identifique novas possibilidades. Indivíduos que estão sofrendo trauma, às vezes, encontram-se identificando novas possibilidades para suas vidas: novos trabalhos, novas paixões, novos caminhos.

Um estudo realizado por Elaine Wethington, socióloga médica em Cornell, descobriu que um terço das pessoas que foram demitidas caracterizou o evento como positivamente impactante em suas vidas. Além disso, quase 45% das pessoas que tiveram uma doença grave disseram o mesmo! Não estamos aqui negando a experiência de impacto negativo que dois terços das pessoas tiveram ao serem demitidas. Porém, algumas pessoas acham que quando uma porta se fecha, outra se abre.

Busque um insight espiritual. Muitos sobreviventes de um trauma encontram conforto na prática espiritual durante sua luta. Certa vez uma pessoa disse: "Eu acredito que Deus me fez passar por isso. Cinco ou seis anos atrás eu não acreditava nisso. E eu não sei o que faria sem Ele agora." Os pesquisadores Tedeschi e Calhoun observam que mesmo as pessoas não religiosas podem passar por um "maior envolvimento com questões existenciais fundamentais e que o engajamento com isso pode ser encarado como uma espécie de crescimento pessoal."

Nenhuma das análises acima pretende estabelecer que lidar com o trauma é simples, ou que seu próprio "crescimento" deve ser o foco de suas energias. Uma citação do rabino Harold Kushner, que perdeu um filho, capta o que significa estar aberto a este crescimento, embora deseje que isso nunca tivesse acontecido:

> *Eu sou uma pessoa mais sensível, um líder religioso mais eficaz, um conselheiro mais compreensivo por causa da vida e da morte de Aaron do que eu jamais teria sido sem ela. No entanto, eu imediatamente desistiria de todos estes ganhos se pudesse ter meu filho de volta. Se eu pudesse escolher, eu abriria mão de todo o crescimento espiritual e profundidade que surgiram em meu caminho por causa de nossas experiências...Infelizmente, não posso escolher.*

Outras Leituras Recomendadas

Para mais informações sobre a pesquisa acadêmica da qual este apêndice foi elaborado, consulte: Richard G. Tedeschi e Lawrence G. Calhoun (2004). "Posttraumatic Growth: Conceptual Foundations and Empirical Evidence," *Psychological Inquiry* 15: 1–18. Os pesquisadores têm um teste de crescimento pós-traumático, chamado Posttraumatic Growth Inventory — PTGI (Inventário de Crescimento Pós-Traumático) e você pode encontrá-lo na Internet. Também recomendamos o excelente *Option B: Facing Adversity, Building Resilience, and Finding Joy* de Adam Grant e Sheryl Sandberg. Veja também:

- Jane McGonigal (2015). *SuperBetter: The Power of Living Gamefully*. Nova York: Penguin.
- James Pennebaker e John Evans (2014). *Expressive Writing: Words That Heal*. Enumclaw, WA: Idyll Arbor.

Agradecimentos

Deixamos aqui nossos profundos agradecimentos aos leitores que contribuíram com comentários sobre os primeiros rascunhos deste livro. Este não foi um compromisso pequeno que pedimos a você — passar horas lendo um livro meio cozido e compartilhando conosco o que estava funcionando e o que não estava. Os comentários de vocês levaram a algumas mudanças grandes e muitas outras pequenas, todas positivas (incluindo salvar outros leitores de muitas piadas sem graça). Obrigado também às pessoas que se juntaram a nós para discussões em grupo em Washington, D.C., Atlanta e Nova York. O livro ficou muito melhor graças às suas ideias. Saibam disso.

Um sincero obrigado aos que nos mostraram ideias ou histórias que entraram no livro: para Joe McCannon, por destacar a ideia de "luta compartilhada", para Nella Garcia e Mark DiBella, por compartilharem a história do *Signing Day*, a Cheryl Fergerson, Addie Simmons e Victor Mata, por compartilharem parte de seu tempo no *Senior Signing Day* de 2016, a Angela Duckworth e Lauren Eskreis-Winkler, por inspirações e sugestões de pesquisa, a Fred Houston, por compartilhar a tradição de aposentadoria da Deloitte. A Patricia Dinneen, pela conexão com Michael Palmer, a Robert

Heuermann, pelo fragmento dos Simpsons da "haste de carbono inanimado", a William Fultz, pela ideia do baú do tesouro, a Matt Dixon, pela discussão da ideia de ataque/defesa no capítulo 3, a Rabbi Naphtali Lavenda, por compartilhar a história da dramatização rabínica, a Megan Burns, por nos encorajar a investigar os dados da Forrester e a Laura Tramm e Roxana Strohmenger, por nos ajudarem com a análise, a Frank Tooley, Katie Boynton e Mike Overly, por nos ajudarem a resolver o mistério da instrução de segurança de voo — e por lutar contra a burocracia da Southwest (olá, departamento jurídico!) para nos dar permissão de contar a história, e a Eli Finkel, por sua identificação cirúrgica da "capacidade de resposta" como o ingrediente fundamental que faltava em nossa escrita inicial sobre a ideia de conexão.

Várias pessoas também nos ajudaram ao longo do caminho: Soon Yu, Paul Maloney, Darren Ross, Nick Stroud, Bridget Stalkamp e Megan Burns.

Agradecemos a Lorna Lippes e Maya Valluru pela assistência na pesquisa (e especialmente por sofrerem na busca de centenas de resenhas críticas na Internet sobre experiências da área de serviço). Christy Darnell, obrigado por gerenciar o feedback de nossos leitores. A Dave Vance, por suas inspirações cômicas, e a Peter Griffin por sua magia editorial.

Temos a sorte de ter parceiros como Christy Fletcher e sua equipe na Fletcher & Company, bem como nossa nova equipe na Simon & Schuster, onde nos reunimos com nosso primeiro editor, Ben Loehnen.

Nada do nosso trabalho seria possível sem o amor e o apoio de nossa família. Amamos vocês: mamãe, papai, Susan, Susan Joy, Emory, Aubrey, Amanda, Josephine, Oksana, Hunter e Darby.

Notas

Capítulo 1: Os Momentos Marcantes

3 Sênior *Signing Day*. Esta história se baseia nas entrevistas de Dan com Donald Kamentz em fevereiro de 2015 e com Chris Barbic em maio de 2016, além de trocas de e-mail com ambos. Estão incluídas também a entrevista de Dan com Mayra Valle em julho de 2016 e a participação no *Signing Day* de maio de 2016, em Houston.

8 Baldes cheios de água gelada a 13 graus. O estudo sobre baldes de gelo, o conceito do pico-fim e a negligência de duração são de D. Kahneman, B.L. Fredrickson, C.A. Schreiber e D.A. Redelmeier (1993). "When More Pain Is Preferred to Less: Adding a Better End," Psychological Science 4: 401-5.

10 A lembrança dos momentos emblemáticos: os picos, os fossos e as transições. Daniel Kahnzeman, o psicólogo que ganhou o Prêmio Nobel de Economia, começou este trabalho com uma enxurrada de artigos interessantes nos anos 90, incluindo artigos sobre como as pessoas experimentam o consumo de clipes curtos de filmes e como os pacientes passam pelas colonoscopias.

A pesquisa confirma consistentemente a importância de momentos extremos (os picos e os fossos). Conforme Carey Morewedge observa em uma análise no campo da utilidade prevista, quando os fãs de beisebol são questionados a recordar de um jogo, eles normalmente se lembram do jogo mais fantástico possível. Quando os pacientes da colonoscopia são solicitados a relembrar um procedimento, eles colocam foco no momento mais doloroso. Quando os turistas em férias ciclísticas de três semanas na Califórnia são questionados a recordar do passeio, eles tendem a se concentrar nos melhores momentos.

Conforme sugerimos no primeiro capítulo, acreditamos que é mais útil pensar em termos de "picos e transições" do que "picos e fins". Uma das razões é a falta de nitidez entre os fins e os inícios que aludimos. Um outro ponto é que há muita pesquisa sobre a importância dos inícios. Mencionamos que 40% das memórias da faculdade vêm do mês de setembro, outro dado é que as primeiras seis semanas do primeiro ano geram mais memórias de longo prazo do que todo o primeiro ano (o que sugere uma maneira imediata de cortar as despesas da faculdade).

De maneira mais geral, há mais evidências de que as informações que chegam no início de uma experiência recebem mais atenção e foco. As memórias tendem a mostrar os efeitos de primazia (maior memória para coisas no início de uma sequência) e efeitos de recência (maior memória ao final de uma sequência). O trabalho sobre as percepções dos outros mostra que as informações no início da interação possuem um foco sobrecarregado.

Para um bom resumo da pesquisa que foi feita sobre a utilidade prevista, consulte o texto de Carey K. Morewedge (2015), "Utility: Anticipated, Experienced, and Remembered," em Gideon Keren e George Wu, eds., The Wiley Blackwell Handbook of Judgement and Decision Making, pp. 295–30. Malden, MA: Wiley.

O estudo da colonoscopia é de Daniel Kahneman e Donald A. Redelmeier (1996). "Patients' Memories of Painful Medical Treatments: Real-time and Retrospective Evaluations of Two Minimally Invasive Procedures," Pain 66(1): 3-8. A tarefa da água fria está no trabalho de Daniel Kahneman, Barbara L. Fredrickson, Charles A. Schreiber e Donald A. Redelmeier (1993). "When More Pain Is Preferred to Less: Adding a Better End," Psychological Science, 4(6): 401-5. A pesquisa sobre memórias para eventos universitários está resumida em David B. Pillemer (2000). Momentous Events, Vivid Memories: How Unforgettable Moments Help Us Understand the Meaning of Our Lives. Cambridge, MA: Harvard University Press. A importância do mês de setembro nas memórias universitárias está na p. 126.

10 **Magic Castle Hotel.** A descrição do Magic Castle veio de visitas pessoais de Chip e Dan e conversas entre Chip, o diretor de operações e o gerente-geral do Magic Castle Hotel LLC, Darren Ross. As estatísticas da resenha foram consultadas no dia 20 de janeiro de 2017: https://www.tripadvisor.com/Hotel_Review-g-32655-d84502-Reviews-Magic_Castle_Hotel-Los_Angeles_California.html.

Capítulo 2: O Ato de Pensar em Momentos

21 **Luvas cheias de formigas-bala furiosas.** https://www.globalcitizen.org/en/content/13-amazing-coming-of-age-traditions-from-aroundth/.

22 **A experiência do primeiro dia da John Deere.** A história vem das entrevistas de Dan com Lani Lorenz Fry, em janeiro de 2016 (e trocas de e-mail subsequentes), com Lewis Carbone, em dezembro de 2015, e com Mukul Varshney (escritório da Índia) em janeiro de 2016.

26 **A história do "casamento reverso" vem de Kenneth Doka**, em uma entrevista de Dan com Doka em janeiro de 2016.

27 **A teoria dos pedidos de Ano-Novo e do "novo começo"**. A citação de Katherine Milkman é de uma entrevista com Stephen Dubner no podcast Freakonomics, disponível em http://freakonomics.com/2015/03/13/when-willpower-isnt-e-noughfull-transcript/. Os dados da academia estão no texto de Hengchen Dai, Katherine L. Milkman e Jason Riis (2014). "The Fresh Start Effect: Temporal Landmarks Motivate Aspirational Behavior," Management Science 60(10): 2563–82, http://dx.doi.org/10.1287/mnsc.2014.1901.

28 **Os aniversários mais significativos**. Adam L. Alter e Hal E. Hershfield (2014). "People Search for Meaning When They Approach a New Decade in Chronological Age," PNAS 111, disponível em http://www.pnas.org/content/111/48/17066.

30 **As insígnias Fitbit**. Da experiência de um dos autores (Dan). O Chip ainda está tentando acumular milhas suficientes para sua insígnia do coala. Para mais exemplos das insígnias Fitbit, consulte http://www.developgoodhabits.com/fitbit-badge-list/.

31 **Sobre locações de automóveis**. Eric A. Taub (no dia 27 de outubro de 2016). "Let the Lessee Beware: Car Leases Can Be the Most Binding of Contracts," New York Times, https:// www.nytimes.com/2016/10/28/automobiles/let-the-lessee-beware-carleases-can-be-the-most-binding-of-contracts.html.

32 **A assistência médica da Intermountain**. Leonard L. Berry, Scott W. Davis, e Jody Wilmet (outubro de 2015). "When the Customer Is Stressed," Harvard Business Review.

32 **25% das interações positivas** começaram como falhas de serviço. Mary Jo Bitner, Bernard H. Booms, e Mary Stanfield Tetreault (1990). "The Service Encounter: Diagnosing Favorable and Unfavorable Incidents," Journal of Marketing 54: 71–84.

33 **A série "MRI Adventure" de Doug Dietz**. A história da ressonância magnética de Dietz tem como base sua palestra no TED, https://www.youtube.com/watch?v=-jajduxPD6H4, além da entrevista com Dan em julho de 2016. A citação de levar 1 minuto para colocar as crianças na mesa, ao invés de 10, veio da entrevista, assim como a citação sobre Bobby e o teleférico. As outras citações vêm do TED Talk. Algumas descrições são tiradas de documentos compartilhados por Dietz. A estatística de 80% e a queda na necessidade de sedação no hospital infantil estão em http://www.jsonline.com/business/by-turning-medical-scans-into-adventures-ge-easeschildrens-fears-b99647870z1-366161191.html.

39 **Transição nas corridas para os armários escolares**. Oriunda da comunicação de Chip com Michael Reimer, em outubro de 2016.

39 **O tributo ao Mac OS 9**. Transcrito de https://www.youtube.com/watch?v=2Ya-2nY12y3Q.

40 **A aposentadoria Deloitte**. Dan participou de uma dessas celebrações em junho de 2016, em Washington, D.C.

Capítulo 3: Construa os Picos

49 **Escola de Ensino Médio Hillsdale e o Julgamento da Natureza Humana**. Esta história foi tirada das entrevistas de Dan e subsequentes trocas de e-mails em janeiro de 2016 com Greg Jouriles, Susan Bedford, Jeff Gilbert e Greg Lance, além de documentos compartilhados por eles, incluindo uma transcrição de uma fala Greg Lance em uma aula de Chip em novembro de 2009. Chip e Dan também participaram do julgamento em dezembro de 2016.

58 **35.000 escolas de ensino médio**. http://www2.ed.gov/about/offices/list/ovae/pi/hs/hsfacts.html.

60 **A receita do coquetel rastreada**. Da entrevista de Chip com Darren Ross em junho de 2015.

60 **Uma exceção a esta lógica**. Matthew Dixon, Nick Toman e Rick Delisi escreveram um livro inteligente e prático chamado *The Effortless Experience*, que relata os resultados de um estudo de 97.000 interações de atendimento ao cliente via telefone ou Internet (Dan escreveu o prefácio do livro). Os autores constataram que "não há praticamente diferença alguma entre a lealdade dos clientes cujas expectativas são superadas e aquelas cujas expectativas são simplesmente atendidas". Eles acrescentam que "as empresas tendem a subestimar o benefício de simplesmente atender às expectativas dos clientes". Em outras palavras, se um cliente está ligando a respeito de um problema com seu cartão de crédito ou serviço de TV a cabo, ele só quer consertá-lo rapidamente. Ele não quer ser se sentir "encantado". É muito encantador resolver o problema sem transferi-lo ou fazê-lo repetir o que disse. Esta é uma situação em que ser "esquecível acima de tudo" é uma coisa boa. Então, se o seu trabalho envolve a resolução de problemas com o cliente de forma remota (seja via telefone ou pela internet), esqueça a construção de picos. Em vez disso, concentre-se em preencher os fossos, ou seja, atrasos ou transferências que irritam o cliente. E, para aprender maneiras práticas de preencher estes fossos, leia o livro! Matthew Dixon, Nick Toman e Rick Delisi (2013). The Effortless Experience. Nova York: Portfólio

60 **"Para exceder as expectativas do cliente"**. Da ligação de Dan com Len Berry, em agosto de 2016.

61 **A experiência do cliente**. O plano A e o plano B. A pesquisa de experiência do cliente é descrita na obra de Rick Parrish com Harley Manning, Roxana Strohmenger, Gabriella Zoia e Rachel Birrell (2016). "The US Customer Experience Index," 2016, Forrester. A CX Index é uma marca comercial da Forrester Research, Inc.

64 **Somos obcecados por problemas e informações negativas**. RF Baumeister, E. Bratslavsky, C. Finkenauer e KD Vohs (2001). "Bad Is Stronger than Good," Review of General Psychology 5: 323-70.

66 **Nota de rodapé sobre despesas com casamento**. Andrew M. Francis e Hugo M. Mialon (2014). "'A Diamond Is Forever' and Other Fairy Tales: The Relationship Between Wedding Expenses and Marriage Duration," Social Science Research Network, https://papers.ssrn.com/sol3/papers2.cfm?abstract_id=2501480. Nos próximos capítulos, discutiremos os "momentos de conexão". Estes pesquisadores também constataram que ter mais pessoas em um casamento levou à redução da probabilidade de separação.

70 **Eugene O'Kelly**, Claro como o Dia (título da obra traduzida no Brasil). Eugene O'Kelly e Andrew Postman (2005). Chasing Daylight: How My Forthcoming Death Transformed My Life. Nova York: McGraw-Hill.

Capítulo 4: Saia do Script

75 **Joshie, a girafa no Ritz**. A história de Joshie está em http://www.huffington post.com/chris-hurn/stuffed-giraffe-shows-wha_b_1524038.html.

76 **Conceito de um script**. Os exemplos do hambúrguer e da festa de aniversário são de um livro de dois psicólogos que fizeram o máximo para estudar o impacto dos scripts: Roger C. Schank e Robert P. Abelson (1977). Scripts, Plans, and Knowledge. Hillsdale, NJ: Lawrence Erlbaum.

78 **Surpresa estratégica e a "surpresa bem direcionada"**. Consideramos um ponto relacionado em nosso livro Ideias que Colam, que explica como tornar a comunicação mais fixável. O livro Ideias que Colam discutiu a diferença entre "surpresa enigmática" e "surpresa central" no contexto de tornar as mensagens inesperadas. Uma surpresa central é aquela que ajuda a atrair a atenção para a mensagem-chave sendo expressa (em oposição a uma piada barata ou de duplo sentido que chama atenção, mas é irrelevante). Da mesma forma, neste capítulo, estamos recomendando a "surpresa estratégica", que é gerada pela quebra de um script conhecido de uma maneira que reforce os objetivos estabelecidos (como na história do Ritz).

79 **"Surpresas agradáveis"**. Estatística de John C. Crotts e Vincent P. Magnini (2011). "The Customer Delight Construct: Is Surprise Essential?" Annals of Tourism Research 38(2): 719-22. Citado no livro de Tania Luna e LeeAnn Renninger (2015). Surprise: Embrace the Unpredictable and Engineer the Unexpected. Nova York: Penguin Books, p. 137.

79 **Pret A Manger**. A citação do "sorriso no meu rosto" está no livro de Matt Watkinson (2013). The Ten Principles Behind Great Customer Experiences. Harlow, Inglaterra: Pearson, p. 107. As outras citações estão em http://www.standard.co.uk/news/london/pret-a-manger-staff-give-free-coffee-to-their-favou rite-customers-sandwich-chain-boss- revela-10191611.html.

81 **As instruções de segurança no voo da Southwest Airlines**. As piadas sobre segurança de voo estão em placas em forma de nuvens em uma parede na sede corporativa da Southwest em Dallas, perto da cafeteria. O preço de tabela de um Boeing 737-800 é de US$ 72 milhões, mas as companhias aéreas não pagam este valor. Os preços reais que elas pagam são altamente secretos, mas ocasionalmente alguns dados vazam a respeito de um negócio ou outro, um blogueiro citou recentemente alguns exemplos escondidos nas demonstrações financeiras da companhia aérea e o preço atual parece ser de US$ 50 milhões ou mais: http://blog.seattlepi.com/aerospace/2009/07/01/how-much-is-a-shiny-new-boeing--737-worth-not72-million/. Chip elaborou uma oficina para a Southwest em julho de 2016. As estatísticas na análise dos anúncios de segurança de voo são de Frank Tooley, Katie Boynton e Mike Overly, entre agosto de 2016 e janeiro de 2017.

83 **O empreendedor em série, Scott Beck**. De uma entrevista de Dan com Scott Beck em janeiro de 2015.

85 **Exemplos de um "Surpresa do Sábado"**. Várias respostas da pesquisa, em março de 2016.

86 **Reunião da VF Corporation "fora do escritório"**. Os detalhes sobre as reuniões vêm das entrevistas de Chip com Stephen Dull em julho de 2016, e com Soon Yu em julho, agosto e dezembro de 2016. Divulgação completa: Chip foi convidado a realizar várias palestras e workshops na VF Corporation, e foi lá que ele conheceu Soon Yu e aprendeu sobre esta história. A história da mochila da JanSport é contada em um vídeo interno chamado "Ideias Brilhantes" (em alinhamento com as recomendações do nosso livro *Switch*, a VF fez um esforço em divulgar as situações de ideias brilhantes nas quais a mudança já estava acontecendo e através das quais as pessoas tinham produzido algumas vitórias claras pelo fato de saírem do escritório).

90 **Montante de $1,6 bilhões.** Estimativa de Dull feita com a projeção de cada um dos responsáveis do projeto. Eles tiveram que justificar o impacto dos seus negócios nos líderes corporativos da VF. Projeções costumam ser muito otimistas. Portanto, Dull, Yu e sua equipe adotaram uma abordagem conservadora para contabilizar apenas a receita prevista dos primeiros três anos para a maioria dos produtos. A soma foi de mais de US$ 1,6 bilhões. Eles também acompanharam as receitas de ideias que já haviam chegado ao mercado e, no momento, a VF havia trazido ao mercado cerca de um terço do portfólio com receita em potencial de US$ 1,6 bilhões.
91 **A explosão mnésica.** Dorthe Berntsen e David M. Rubin (2004). "Cultural Life Scripts Structure Recall from Autobiographical Memory," Memory & Cognition 32(3): 427-42. A citação de Hammond é de Claudia Hammond (2012). Time Warped: Unlocking the Mysteries of Time Perception. Toronto: House of Anansi Press.
93 **O efeito excêntrico** tem como base um estudo de Vani Pariyadath e David Eagleman (2007). "The Effect of Predictability on Subjective Duration," PLoS ONE 2(11), disponível em http://journals.plos.org/plosone/article?id=10.1371/journal.pone.0001264. Eagleman explica o efeito excêntrico como decorrente do tédio neste link: http://blogs.nature.com/news/2011/11/on_stretching_time.html.
93 **A queda livre de 45 metros.** Descrição do estudo e resultados no texto de Bulkhard Bilger chamado "The Possibilian" - New Yorker, 25 de abril de 2011.
95 **"Nos sentimos mais vivos" quando as coisas são incertas.** Citação encontrada na introdução de Luna e Renninger, Surprise, p. xx.
97 **Momento prático 2: atualizar uma reunião.** Este cenário é baseado em uma conversa entre o Rev. Frey e Dan, em julho de 2016.

Capítulo 5: Encare a Realidade

105 **Os marcos médicos mais importantes da BMJ.** Sarah Boseley (19 de janeiro de 2007). "Sanitation Rated the Greatest Medical Advance in 150 Years", http://www.theguardian.com/society/2007/jan/19/health.medicineandhealth3.
105 **Cerca de um bilhão de pessoas.** World Health Organization, http://www.who.int/water_sanitation_health/mdg1/en/.
107 **"Melhor ainda do que na minha casa"**, "Shit Matters", vídeo disponível em https://www.youtube.com/watch?v=_NSwL1TCaoY#t=11.
107 **60 países ao redor do mundo.** Da página inicial da CLTS: http://www.cltsfoundation.org/.

107 Um facilitador CLTS chega. A maior parte da descrição da caminhada está presente no manual da CLTS, que pode ser baixado no link abaixo. Há ainda alguns toques adicionais de uma entrevista entre Dan e Kar em janeiro de 2016. Kamal Kar (2008). Manual do Saneamento Total Conduzido pela Comunidade. http://www.communityledtotalsanitation.org/sites/communityledtotal sanitation.org/files/cltshandbook.pdf.

111 Queda de 34% para 1%. O declínio da evacuação a céu aberto é proveniente do relatório anual da CLTS, 2014–15, e do relatório CLTS "Igniting Action/Asia".

111 "A verdade nua e crua estava ali". Citação da entrevista de Dan com Kar.

113 Scott Guthrie, Microsoft Azure. História apresentada em http://fortune.com/micro soft-fortune-500-cloud-computing/.

115 Instituto para Desenvolvimento de Cursos (CDI). Dan entrevistou Michael Palmer em junho de 2015 e participou do CDI em julho de 2015. As citações do professor são desse workshop. Dan também entrevistou Christ (janeiro de 2016) e Lawrence (agosto de 2015). Os dados da avaliação do curso e a cotação "melhorado ao cubo" estão presentes no link http://cte.virginia.edu/programs/course-design-institute/testi monials/.

Capítulo 6: Se force em direção ao insight

121 Lea Chadwell abre uma padaria. Dan entrevistou Chadwell em julho de 2016. Agradeço a Brian Kurth da PivotPlanet pela apresentação.

124 Benefícios do self-insight. Rick Harrington e Donald A. Loffredo (2011). "Insight, Rumination, and Self-Reflection as Predictors of Well-Being," Journal of Psychology 145(1). Um agradecimento à Tasha Eurich por nos inspirar a conferir essa literatura. Se você achar isso interessante, você deve procurar o livro de Tasha sobre self-insight (2017), Insight: Why We're Not as Self-Aware as We Think, and How Seeing Ourselves Clearly Helps Us Succeed at Work and in Life. Nova York: Crown Business.

125 Estudar no exterior em Roma. Resposta a uma pesquisa realizada pelos autores em dezembro de 2015.

126 Reflexão ou ruminação. Consulte os capítulos 5 e 6 do livro Insight, de Tasha Eurich (citação acima).

126 A ação leva ao insight. Ficamos impressionados conosco quando nos ocorreu esta breve citação de ação/insight, mas algumas pesquisas rápidas nos mostraram que Steve Chalke já dizia isso há nove anos.

126 **O suicídio do paciente de Michael Dinneen.** Dan entrevistou Dineen sobre essa história em junho de 2015 e Ridenour em junho de 2016.

130 **Sermão de Honig para o domingo de Páscoa.** Honig contribuiu com esta história em março de 2016 e realizamos uma troca de e-mails em janeiro de 2017.

131 **Padrões elevados + garantia.** A pesquisa está no trabalho de David Scott Yeager et al. (2014). "Breaking the Cycle of Mistrust: Wise Interventions to Provide Critical Feedback Across the Racial Divide," Journal of Experimental Psychology 143(2): 804-24.

134 **Faixa preta em Seis Sigma.** Esta história foi originalmente publicada em uma pesquisa respondida por Dale Phelps, em março de 2016, e em entrevistas subsequentes de Dan com Phelps e Ranjani Sreenivasan em agosto de 2016.

137 **Blakely, Spanx.** A maior parte da história de Blakely, incluindo a maioria de suas citações, é retirada do capítulo da obra de Gillian Zoe Segal (2015). Getting There: A Book of Mentors. Nova York: Abrams Image. A linha do tempo dos eventos presentes no estudo de caso foi extraída de http://www.spanx.com/years-of--great-rears. A citação "imune à palavra 'não'" é de uma palestra que Blakely deu à cúpula corporativa da revista Women's Summit em março de 2016. A citação é tanto perspicaz quanto divertida. http://www.inc.com/sara-blakely/how-spanx-founder-turned-5000-dollars-into-a-billion-dollar-undergarment-business.html.

143 **Momento prático 3: Panda Garden House.** Este nome foi inspirado por uma reportagem do Washington Post que analisou os nomes de quase todos os restaurantes chineses do país. Segundo os autores, "os americanos foram treinados na expectativa de ter comida chinesa em lugares com nomes do tipo 'Golden Dragon Buffet'. Se você abrisse um restaurante chinês chamado 'Dorchester Meadows', provavelmente seria um fracasso". De Roberto A. Ferdman e Christopher Ingraham (8 de abril de 2016) no artigo "We Analyzed the Names of Almost Every Chinese Restaurant in America This Is What We Learned," Wonkblog, https://www.washingtonpost.com/news/wonk/wp/2016/04/08/we-analyzed-the-names-of-almost-every-chinese-restaurant-in-america-this-is-what-we-learned/?utm_term=.e32614cde10a.

Capítulo 7: Reconheça o Outro

151 **Kira Sloop, cantora.** A história vem de entrevistas de Dan com Sloop em agosto de 2015 e janeiro de 2016.

154 **Cinderelas e Patinhos Feios.** Gad Yair (2009). "Cinderellas and Ugly Ducklings: Positive Turning Points in Students' Educational Careers—Exploratory Evidence and a Future Agenda," British Educational Research Journal 35(3): 351–70.

155 **Quatro estudos semelhantes de motivação no trabalho.** Carolyn Wiley (1997)."What Motivates Employees According to Over 40 Years of Motivation Surveys," *International Journal of Manpower* 18(3): 263-80.

156 **O principal motivo para as pessoas deixarem empregos.** Bob Nelson (1997). *1501 Maneiras de recompensar os funcionários.* Rio de Janeiro: Sextante.

157 **Alguns conselhos de especialistas em reconhecimento.** Conselho de Luthans Stajkovic (2009). "Fornecer reconhecimento para melhoria de desempenho". Na obra *"Handbook of Principles of Organizational Behavior"* West Sussex: Wiley, p. 239-52.

158 **Preparação do quarto dos fundos/um erro percebido.** As duas citações aqui vieram de um grupo de pessoas que se inscreveram no MTurk da Amazon para participar das pesquisas.

159 **Keith Risinger, fone de ouvido da Bose.** A história de Risinger vem de entrevistas com Chip e Risinger em janeiro de 2016 e outubro de 2014, e com Dan e Risinger em janeiro de 2016. Dan entrevistou Hughes em janeiro de 2016. Um fato interessante sobre Hughes: ele é um jogador profissional de softball. Um membro de elite do esporte, na verdade. Seu status profissional significa que ele está proibido de jogar softball em ligas de recreação, portanto, nada de ter ideias para uma equipe do seu escritório.

162 **DonorsChoose.** Dan entrevistou Ahmad e Pace em julho de 2016 e Julie Prieto em maio de 2016 e setembro de 2016. Barbara Cvenic forneceu as informações em outubro de 2016 sobre o efeito positivo dos agradecimentos em doações subsequentes. Obrigado também a Missy Sherburne e Cesar Bocanegra pelo toque adicional de ideias.

164 **Aproximadamente um milhão de agradecimentos.** E-mail de Julia Prieto em agosto de 2016: "Nosso ano acabou com um total de 90.422. Este total, multiplicado pelo número médio de agradecimentos em cada envelope (11), nos proporciona um valor de 994.642."

167 **Exercício de Seligman para uma carta de gratidão.** Esta versão do exercício está presente em https://www.brainpickings.org/2014/02/18/martin-seligman-gratitude-visit-three-blessings /.

167 **Carta de Glassman para sua mãe.** Glassman registrou o intercâmbio que ocorreu na Internet, para que você possa perceber as emoções pelas quais ambos passaram durante a ligação. Transcrito do vídeo: https://www.youtube.com/watch?v=oPuS7SITqgY, acessado no dia 17 de julho de 2016. Os outros fatos e a citação "quase intocável" são de uma entrevista entre Dan e Glassman realizada em julho de 2016.

169 **Os participantes da visita de gratidão** estão ainda mais felizes um mês depois. M. E. P. Seligman, T. A. Steen, N. Park, e C. Peterson (2005). "Positive Psychology Progress: Empirical Validation of Interventions," *American Psychologist* 60: 410-21.

Capítulo 8. Multiplique os Marcos

172 **Couch to 5K**. Dan entrevistou Josh Clark em maio de 2016 e Nancy Griffin (mãe de Clark) em julho de 2016. A citação "O temido W5D3" é de um post no blog: https://pleasurenotpunishment.wordpress.com/2012/03/17/the-dreadedw5d3/.

173 **Centenas de milhares participaram**. A hashtag #c25k no Instagram foi usada para marcar mais de 225.000 postagens. https://www.instagram.com/explore/tags/c25k/?hl=en, acessado em 10 de fevereiro de 2017.

175 **"Dragões Alucinantes"**. A citação é de Steve Kamb (2016). *Level Up Your Life: How to Unlock Adventure and Happiness by Becoming the Hero of Your Own Story*. Nova York: Rodale, p. 65.

184 **Scott Ettl lê biografias presidenciais**. A história de Scott Ettl tem como base uma entrevista com Dan em julho de 2016.

186 **Nove milhões de corredores em maratonas**. Eric J. Allen, Patricia M. Dechow, Devin G. Pope, e George Wu (julho de 2014). "Reference-Dependent Preferences: Evidence from Marathon Runners," NBER Working Paper No. 20343.

188 **Cal Newport e a "obsessão com a conclusão"**. Citado no blog: https://www.scotthyoung.com/blog/2007/10/18/the-art-of-the-finish-how-to-go-frombusy--to-accomplished/.

Capítulo 9: Pratique a Coragem

189 **O ato dos assentos de Nashville**. Este estudo de caso é baseado em um episódio chamado "Ain't Scared of Your Jails" (Não tenho medo de suas cadeias), da brilhante série "Eyes on the Prize: America's Civil Rights Years (1995)" da PBS. A maior parte da série, incluindo este episódio, pode ser encontrada no YouTube. As imagens de vídeo das oficinas de Lawson começam em torno dos cinco minutos do episódio em "Ain't Scared of Your Jails". A citação de Taylor Branch vem da sua descrição definitiva do movimento dos direitos civis na obra *"Parting the Waters: America in the King Years* 1954–63 (1988). Nova York: Simon & Schuster, p. 286. Os dados das prisões estão na página 290. A citação de Lawson sobre a necessidade de "disciplina e treinamento intensos" é de um documentário de

Steve York sobre a história da estratégia de ação não violenta. Ele se chama "A Force More Powerful," International Center on Nonviolent Conflict, 1999, https://www.youtube.com/watch?v=_CGlnjfJvHg, acessado no dia 2 de março de 2017.

195 **O estudo de Rachman** sobre os operadores do esquadrão antibombas. S. J. Rachman (março de 1982). "Development of Courage in Military Personnel in Training and Performance in Combat Situations," U.S. Army Research Report 1338.

196 **Superação do medo de aranhas**. As etapas 1, 3, 7 e 9 são de Jayson L. Mystkowski et al. (2006). "Mental Reinstatement of Context and Return of Fear in Spider-Fearful Participants," *Behavior Therapy* 37(1): 49-60. A estatística das duas horas é de Katherina K. Hauner et al. (2012). "Exposure Therapy Triggers Lasting Reorganization of Neural Fear Processing," *Proceedings of the National Academy of Sciences* 109(23): 9203-08. A citação "não andavam na grama por medo de aranhas" está em http://www.livescience.com/20468-spider-phobia-cured-therapy.html.

198 **Intenções de implementação**. Peter M. Gollwitzer (1999). "Intenções de Implementação: Strong Effects of Simple Plans," *American Psychologist* 54: 493-503.

200 **Dar voz aos valores**. O histórico desta ideia veio de uma entrevista com Dan em junho de 2010. As citações de Mary Gentile vieram de uma sessão de perguntas e respostas em seu site: http://www.givingvoicetovaluesthebook.com/about/.

201 **Dramatização rabínica**. O estudo de caso é de Paul Vitello (10 de fevereiro de 2010). "Rabbis in Training Receive Lessons in Real-Life Trauma," *New York Times*, http://www.nytimes.com/2010/02/10/nyregion/10acting.html, e entrevista de Dan em fevereiro de 2017 com o rabino Menachem Penner. Nossos agradecimentos ao Rabino Naphtali Lavenda por chamar nossa atenção para a história.

203 **A falha do D.A.R.E**. Um relato popular acessível da meta-análise de Wei Pan está presente em http://www.scientificamerican.com/article/why-just-sayno-doesnt-work/. A análise de Pim Cuijpers (2002) está no texto "Effective Ingredients of School-Based Drug Prevention Programs: A Systematic Review," *Addictive Behaviors* 27: 1012.

204 **Plante uma questão difícil**. Uma resposta a uma pesquisa do autor em novembro de 2016.

204 **85% dos trabalhadores** se sentiram incapazes de levantar questões. Frances J. Milliken (2003). "An Exploratory Study of Employee Silence: Issues That Employees Don't Communicate Upward and Why," http://w4.stern.nyu.edu/emplibrary/Milliken.Frances.pdf.

205 **Estudo sobre o cara corajoso, mas errado.** Charlan Nemeth e Cynthia Chiles (1988). "Modelling Courage: The Role of Dissent in Fostering Independence," *European Journal of Social Psychology* 18: 275-80.

208 **Momento prático 4**: Procedimento de reunião Goldsmith. Larissa McFarquhar (21 de novembro de 2009). "The Better Boss," *New Yorker*.

Capítulo 10: Crie um Sentido Compartilhado

218 **Encontro geral dos funcionários da Sharp Healthcare**. Esta história tem como base as entrevistas de Dan com Sonia Rhodes em setembro de 2016 e fevereiro de 2017 e entrevistas de Chip com Mike Murphy em setembro de 2016 e Lynn Skoczelas em junho de 2016. Um agradecimento especial à Lynn Skoczelas, que organizou um dia inteiro de grupos focais com mais de vinte participantes para que as pessoas dentro da Sharp conversassem com Chip sobre a transformação da empresa. Um histórico adicional está em uma apresentação de Rhodes chamada: "Making Health Care Better: The Story of the Sharp Experience," https://www.oumedicine.com/docs/excel/sharpe experience--sonia-rhodes-(4-29-11).pdf?sfvrsn=2, acessado no dia 7 de março de 2017. A citação de "melhor sistema de saúde do universo" é desta apresentação citada acima. A história também usa detalhes de um livro de Rhodes e de Gary Adamson (2009). *The Complete Guide to Transforming the Patient Experience*. Nova York: HealthLeaders Media.

222 **Disparada da pontuação de satisfação dos pacientes**. As estatísticas aqui apresentadas sobre satisfação do paciente e dos médicos, receitas, etc. faziam parte do pedido do Prêmio Baldridge e também são citadas em DG Lofgren et al. (2007). "Marketing the Health Care Experience: Eight Steps to Infuse Brand Essence into Your Organization," *Health Marketing Quarterly* 23(3): p. 121.

225 **O riso é uma reação social.** A descrição do estudo de Provine e o comentário são de um texto no The Guardian que ele escreveu: https://www.theguardian.com/books/2012/sep/02/why-we-laugh-psychology-provine.

227 **Rituais de baixa provação.** Dimitris Xygalatas et al. (2013). "Extreme Rituals Promote Prosociality," *Psychological Science* 24: 1602. Como os pesquisadores souberam quem deu o quê, se as doações foram "anônimas"? Eles numeraram os envelopes e os questionários para que eles pudessem combinar os dois, mantendo assim o anonimato dos participantes. O resultado sobre "observadores de alta provação" está no texto de Ronald Fischer e Dimitris Xygalatas (2014). "Extreme Rituals as Social Technologies," *Journal of Cognition and Culture* 14:

345-55. O resultado para estranhos que realizam as tarefas em água gelada está presente no texto de Brock Bastian et al. (2014). "Pain as Social Glue: Shared Pain Increases Cooperation," *Psychological Science* 25(11): 2079-85.

230 **Propósito/Paixão**. O material sobre propósito/paixão de Hansen é de um esboço preliminar do seu próximo livro: *Great at Work: How Top Performers Work Less and Achieve More*.

232 **"uma entidade mágica ... esperando para ser descoberta"**. Esta citação de Wrzesniewski é de Angela Duckworth (2016). *Grit: The Power of Passion and Perseverance*. Nova York: Scribner, p. 153.

232 **O estudo com salva-vidas**. Adam M. Grant (2008). "The Significance of Task Significance: Job Performance Effects, Relational Mechanisms, and Boundary Conditions," *Journal of Applied Psychology* 93(1): 108–24.

233 **Enfermeiros e radiologistas**. Adam M. Grant (2014), in Morten Ann Gernsbacher, ed., Psychology and the Real World, 2ª ed. Nova York: Worth.

234 **O zelador do hospital que combate a solidão do paciente**. Amy Wrzesniewski, Nicholas LoBuglio, Jane E. Dutton, e Justin M. Berg (2013). "Job-Crafting and Cultivating Positive Meaning and Identity in Work," *Advances in Positive Organizational Psychology* 1: 281-302.

235 **O chá de bebê da Sharp**. Esta história é de uma entrevista em grupo realizada por Chip em junho de 2016, que contou com a participação de Baehrens.

Capítulo 11: Aprofunde os Laços

238 **A recuperação da escola Stanton**. A história de Stanton foi tirada das entrevistas de Dan em janeiro de 2016 com Susan Stevenson, Carlie John Fisherow, Melissa Bryant e Anna Gregory nas Escolas Públicas do Distrito de Colúmbia (DCPS). Além disso, ela tem como fonte documentos fornecidos por Stevenson. Os dados de suspensão e evasão foram fornecidos pela Flamboyan Foundation e verificados por Anna Gregory na DCPS. As DCPS forneceram a definição de evasão escolar. Os dados de desempenho dos anos subsequentes estão em documentos da Flamboyan, verificados pela Fisherow ou pela DCPS. Mais precisamente, as pontuações de leitura e matemática são das DCPS: https://assets.documentcloud.org/documents/1238775/2014-dc-casscores-by-school.pdf.

247 **Capacidade de resposta**. H. T. Reis (2007). "Steps Toward the Ripening of Relationship Science," *Personal Relationships* 14: 1-23. Este artigo surgiu quando Reis ganhou um prêmio de "distinto acadêmico" de uma sociedade da área de psicologia para pesquisadores que estão estudando os relacionamentos próxi-

mos. Este tipo de reconhecimento deu a ele uma plataforma em uma conferência profissional para apresentar um caso a seus colegas pesquisadores. Nesta plataforma, Reis usou este artigo como resposta para apresentar o caminho por onde a pesquisa deveria seguir.

247 **Um cortisol diurno mais saudável.** A constatação está presente em http://www.ncbi.nlm.nih.gov/pubmed/26015413.

248 **As seis perguntas mais reveladoras da Gallup.** Marcus Buckingham e Curt Coffman (1999). *First Break All the Rules*. Nova York: Simon & Schuster.

250 **Johnny, o irmão mais novo de Bisognano.** A história de Bisognano vem de uma entrevista com Dan em agosto de 2016, salvo indicação contrária. As citações "eles falam sobre ele" e "eu não vou conseguir" vieram do link http://theconversationproject.org/about/maureen-bisognano/. A pergunta "O que importa para você?" é de Michael J. Barry e Susan Edgman-Levitan (2012). "Shared Decision Making—The Pinnacle of Patient-Centered Care," *New England Journal of Medicine* 366 : 780-81. Divulgação completa: Após escrevermos sobre outro aspecto do trabalho do IHI em um livro anterior, o *Switch*, Dan foi convidado para dar várias palestras para o IHI. Lá ele conheceu Maureen Bisognano e descobriu esta história.

252 **Kendra tinha autismo.** Esta história vem de uma conversa de Dan com Jen Rodgers em fevereiro de 2017.

256 **O tratamento da "bagagem" em call centers.** Dados sobre o tratamento de bagagens a partir de uma pesquisa documental fornecida pela diretoria executiva da empresa. O contexto foi uma ligação de Dan para Matt Dixon e Eric Braun em agosto de 2016.

258 **Conversas de alta e baixa intimidade** no ponto de ônibus. Z. Rubin (1974). "Lovers and Other Strangers: The Development of Intimacy in Encounters and Relationships: Estudos experimentais de autorrevelação entre estranhos em pontos de ônibus e em salas de embarque do aeroporto podem fornecer pistas sobre o desenvolvimento de relacionamentos íntimos", *American Scientist* 62(2): 182-90.

259 **As 36 perguntas de Art Aron.** A. Aron et al. (1997). "The Experimental Generation of Interpersonal Closeness: A Procedure and Some Preliminary Findings," *Personality and Social Psychology Bulletin* 23: 363-77.

262 **A conversa do escritório de Mike Elam.** De uma resposta da pesquisa da Elam em março de 2016 e posterior troca de e-mails em agosto de 2016.

265 **Momento prático 5:** Como combater uma mentalidade individualista? A experiência da equipe automobilística não existe previamente. É necessária a contratação de um fornecedor para trazer a experiência para o seu local externo. Dan já viu e

é bem legal. Veja mais em http://www.bobparker.ca/pitcrewblog/. A expressão "conversas cruciais" é baseada em um livro popular e útil de Kerry Patterson, Joseph Grenny, Ron McMillan e Al Switzler (2002). *Crucial Conversations: Tools for Talking When Stakes Are High*. Nova York: McGraw-Hill Education.

Capítulo 12: Traga Importância aos Momentos

270 **O pacote de aceitação do MIT.** http://toastable.com/2010/lets-get-personal/.

273 **Arrependimentos do partir.** http://www.bronnieware.com/regrets-of-the-dying/.

274 **Julie Kasten**. Uma entrevista de Dan com Julie Kasten em junho de 2015.

277 **Suresh Mistry, Warren e Betsy Talbot e Nancy Schaufele**. As histórias foram coletadas de agosto a setembro de 2016 após o envio de uma newsletter no início de agosto de 2016.

280 **Wendy e a neve**. Uma história tirada das entrevistas de Dan com Darcy Daniels, Jessica Marsh e Cori Fogarty em outubro de 2016 e de um post do blog de Darcy https://bravefragilewarriors.wordpress.com/2016/04/03/snow-day-in-thehospital/.

Índice

A

adolescência, 21
A Experiência Cullowhee, 154
água potável, 107
ambiente, 22
aniversários, 21
apreciação plena, 158
aprendizado mútuo, 91
Aprofundamento dos laços, 274
atletas, 2
atributos positivos, 251
autocompreensão, 128
autoestima, 153

B

baile de formatura, 52

C

calor humano, 222
capacidade de resposta, 260
Carolyn Wiley, 158
cartas de matrícula, 3
casamentos, 21
celebrar, 20
chefe, 19
choque de realidade, 115
Chris Barbic, 1
Claudia Hammond, 93
CLTS, 112
colegas, 19
comemorar, 175
comportamental, 109
Compreensão, 250
conexão, 15, 171
contato pessoal, 230
Cool Runnings, 175
coragem, 207
criar, 6
cristalização do descontentamento, 14, 280
crítica sábia, 133
cultura, 21

D

dados, 83
David Rubin, 92
David Scott Yeager, 133
design thinking, 34
direitos civis, 193
Donald Kamentz, 1
Dorthe Berntsen, 92
Dr. Kamal Kar, 108

E

Eagleman, 94
efeito excêntrico, 94
elevação, 14
emoções, 273
encorajar, 175
envolvimento, 22
épico, 17
epifania, 1
esforço consciente, 32
estresse, 257
evento anual, 3
evolução gradual, 21
expectativas, 78

experiência, 6, 37, 63, 78
   Experiência do Primeiro Dia, 22
   Experiência Sharp, 223
explosão mnésica, 92
extraordinário, 59

F

feedback, 40
fossos, 21

G

George Washington, 187

H

Houston, 1

I

idade adulta, 21
incluído, 20
inovação, 90
insight, 14
intelectual, 22
intimidade, 261
investimento, 20

J

James Lawson, 196
John Lewis, 193

julgamento
   da Natureza Humana, 51
   de Golding, 51

K

Kira Sloop, 153

L

lacuna de reconhecimento, 158

M

Magic Castle, 12
marcante, 19
marcos, 21
   motivacionais, 180
medidas decisivas, 32
memórias, 5
momento
   de pico, 24
   emblemático, 27
   marcante, 5, 232
      positivos, 16
   prático, 41
   projetado, 114
   tensos, 31
motivar, 38
Multiplicação dos marcos, 275

N

National Signing Day, 1
novo funcionário, 20

O

orgulho, 15, 155

P

paixão, 225
pensar os momentos, 30
pico negativo, 131
picos, 16
poder de elevação, 87
primeiro dia, 19
princípio do pico-fim, 131
propósito, 235
protesto de Nashville, 193
psicólogos, 8

R

realidades desconfortáveis, 116
reconhecido, 20
recuperação de serviços, 32
regra do pico-fim, 9
resistência, 197
reverência, 195

revolução, 107
rituais terapêuticos, 25
Roy Baumeister, 14, 113

S

sabedoria, 18
Saneamento Total Liderado pela Comunidade, 109
Scott Guthrie, 114
script, 78
segregação, 196
self-insight, 143
Senior Signing Day, 2
sentido compartilhado, 227
sentimento, 90
social, 22, 174
sonhos, 246
surpresa
　do Sábado, 86
　estratégica, 80

T

talento, 29
terapia de exposição, 201
tesouro, 17
trabalho, 19
transições, 21

V

Validação, 250
valor agregado, 85
valores, 204
vínculo, 16
visita de gratidão, 169
vulnerabilidade, 32

W

workshop, 90

Y

YES Prep, 2

Z

zelo do convertido, 173